# 北京女子高等师范学校研究

王芳◎著

中国社会科学出版社

## 图书在版编目（CIP）数据

北京女子高等师范学校研究／王芳著．—北京：中国社会科学出版社，
2022.7

ISBN 978-7-5227-0641-2

Ⅰ.①北…　Ⅱ.①王…　Ⅲ.①女子大学—师范大学—教育史—研究—
北京　Ⅳ.①G659.29

中国版本图书馆 CIP 数据核字（2022）第 137009 号

| | | |
|---|---|---|
| 出　版　人 | 赵剑英 | |
| 责任编辑 | 伊　岚 | |
| 责任校对 | 张爱华 | |
| 责任印制 | 张雪娇 | |

| | |
|---|---|
| 出　　版 | 中国社会科学出版社 |
| 社　　址 | 北京鼓楼西大街甲 158 号 |
| 邮　　编 | 100720 |
| 网　　址 | http：//www.csspw.cn |
| 发 行 部 | 010-84083685 |
| 门 市 部 | 010-84029450 |
| 经　　销 | 新华书店及其他书店 |

| | |
|---|---|
| 印刷装订 | 北京市十月印刷有限公司 |
| 版　　次 | 2022 年 7 月第 1 版 |
| 印　　次 | 2022 年 7 月第 1 次印刷 |

| | |
|---|---|
| 开　　本 | 710×1000　1/16 |
| 印　　张 | 17.5 |
| 插　　页 | 2 |
| 字　　数 | 285 千字 |
| 定　　价 | 99.00 元 |

# 序

　　中国近代的女性虽有机会进入学校学习，但接受高等教育的途径比较单一。1919 年以前，全国尚无任何国立女子高校，中学毕业后有志于升学的女性除入教会大学或出国留学外，少有其他的选择。在民族主义及新文化运动的推动下，近代国人自办的女子教育事业，迎来了向高等教育推进的有利形势。1919 年北京女高师的成立，实开我国近代国立女子高等教育之先河。它的历史地位集中表现在以下三个方面。

　　第一，北京女高师是五四新文化运动的重镇之一。新文化运动组织者到校讲学，宣传"文学革命"，提倡新教育及女性自立。他们的弘文励教，极大地提升了女高师的社会地位和影响力，同时促进整个学校形成了思想解放、积极向上的校园氛围。受新文化运动的启蒙和指引，师生们积极致力于社会文化的建设。她们主张兼容新旧文化，庐隐、苏雪林等逐渐成长为五四新文学的知名女作家，为中国现代新文学的发生作出了不可磨灭的贡献。

　　第二，北京女高师是五四时期妇女解放运动的一面旗帜。它顺应时代潮流，通过革新教育观念、校园氛围及管理思路，培养了大批具有引领妇女解放自觉意识和责任心的新女性。在校期间，学生们广泛宣传妇女解放思想，主动献身于妇女解放事业，促进了她们主体意识的觉醒和社会责任感的增强。更为重要的是，部分学生觉悟到妇女解放与社会革命的关系，主动投身革命，从而为推动中国近代妇女解放运动贡献了力量。

　　第三，北京女高师是五四时期教育建设的一支生力军。就女子教育而言，北京女高师是全国女子教育的模范，对女子的初、中等教育均产生了重要的影响。就新教育运动而言，一方面，师生们密切关注国外新教育的发展，积极推进西方教育家来华讲学；另一方面，她们对本国教育的民主化和科学化进行了理论探讨和实践。

北京女高师的办学历史虽然不长，但办学成效卓著，在中国高等教育史，尤其是五四时期的社会文化史上占有重要的地位。本书正是以北京女高师为研究对象，通过考察其在五四时期社会变迁、文化转型中的定位，展现北京女高师与五四时期思想文化、妇女解放、教育变革之间的关系。

# 目　　录

# 绪　　论

## 一　选题缘起

近些年来，在中国近现代教育史研究领域，一些长期被忽视的教育群体（如教育机构、流派等）逐渐引发了学者的兴趣，各种专题性研究也陆续展开，这无疑扩大了人们的视野。不过，至今仍有许多教育机构尚未得到充分的发掘，这其中就包括本书的研究对象——国立北京女子高等师范学校①（以下简称北京女高师或女高师）。事实上，这种研究现状与该校在中国近代教育史及社会文化史上的重要地位是不相称的。

首先，在中国近代教育史上，北京女高师实为我国近代早期女子教育的典范。它办学悠久，底蕴深厚，前承京师女子师范学堂，后启北京女子师范大学，成为该校历史上声名鹊起的黄金时期。作为中国近代第

---

① 北京女高师是中国近代第一所国立女子高等学府。其前身是 1908 年由御史黄瑞麟奏请设立的京师女子师范学堂。至 1912 年，改称北京女子师范学校。1917 年呈请改组高等师范学校，并于当年增设教育国文专修科，设立附属中学，预备改组事宜。1919 年 4 月，经教育部批准，正式更名为国立北京女子高等师范学校。1924 年，北京女高师升格为国立北京女子师范大学。1925 年 5 月，在校长杨荫榆的高压管治下，北京女师大酿成了轰动中外的"女师大风潮"。1927 年，张作霖政府将北京国立 9 校合并为京师大学校，北京女师大成为其中的一部。1928 年，国民政府实行大学区制，将北京九所国立高校合并为国立北平大学，北京女子师范大学改组为国立北平大学第二师范学院，专门招收女生。1929 年教育部停止实行大学区制，批准北京大学、北平师范大学等高校独立，恢复其原有称谓，但是北平大学第二师范学院等 7 所院校则继续保持北平大学的合校建制，只是名称略有更易。如同年 12 月，北平大学第二师范学院更名为国立北平大学女子师范学院。1931 年 7 月，该校正式并入北平师范大学，由此成为今日百年名校北京师范大学的源头之一。

一所国立女子高校，女高师确立了现代意义上的办学宗旨和学科体系，开创了女子高师教育的办学模式，发凡起例，功不可没。同时，女高师办学严谨，成效卓著，在短短 5 年之内，培养了大量的英才，对我国近代教育的发展做出了重要的贡献。

其次，就中国近代社会文化史而言，北京女高师可谓五四时期社会文化的重镇。师生们密切关注时政和思潮的变迁，直接参与并见证了中国社会文化由传统向现代的转型。以五四新文化运动为例，北京女高师积极邀请新文化运动组织者到校讲学，宣传民主和科学思想。受他们的启蒙和指引，师生们不仅响应"文学革命"的号召，为中国现代新文学的发展做出了不可磨灭的贡献，而且积极投身社会改造运动，探索国家救亡之道。此外，女高师在五四时期的妇女解放及教育发展方面，贡献良多。

由此可见，无论是从近代教育史还是从社会文化史的研究视角来看，北京女高师都有着不可替代的历史地位和重要的研究价值。通过对这所高师学校的考察，不仅能丰富和深化中国近代教育史、社会文化史的研究，而且有助于我们更深刻地认识和把握中国近代高师教育发展的经验教训，为当前面临的高师院校转型提供一些历史启示。

## 二　学术史综述

北京女高师不仅是荟萃当时全国女学精华和培育优秀人才的主要基地，而且还是参与和见证近代社会文化转型的重要组织力量。据笔者所知，近年来有几本以此为专门研究对象的论著，但仍有进一步探讨的空间。下面就北京女高师的研究现状作系统地梳理，以期促进今后的研究。

### （一）中国教育史论著对北京女高师的研究

从 1904 年至今，中国教育史研究已走过了百年历程，经历了 20 世纪二三十年代和 80 年代以来的两次高潮，涌现出大量的研究成果。以民国第二次学制改革为契机，中国教育史迎来了第一次研究高潮，教育史研究的各个领域都出现了一批极富生命力的著作。其中的部分教育史著作，均对当时北京女高师的办学情况有所简介。①

　　进入 20 世纪 80 年代以来，我国教育史学进入第二次研究高潮。这一时期，除大量的教育通史、断代史著作陆续出版之外，一些新的研究领域不断地被开拓，出现了一批专门教育史学的研究成果。起初，研究者大多将注意力集中于精英教育史，从而形成以教育思想和教育制度为主体的研究范式。相比知名度高的北京大学、清华大学、南开大学，女高师的名气不算大，故诸多教育论著及专业教材对它少有深入的研究。② 即便是女子教育专著，也多是简略的介绍，未展开详述。③

　　近年来，很多学者注意到以往的教育史研究所存在的问题，并由此探索研究范式的转换。他们倡导在关注重大事件、重要人物的同时，应使研究重心下移，更多地聚焦于基层和边缘地带，注重对非精英群体和个人日常教育生活的研究。其中"教育叙事"因对日常教育真相的接近，故颇受重视，成为教育学科的热门话题。受其影响，主要有以下两部研究北京女高师的著作。一是姜丽静的《历史的背影：一代女知识分子的教育记忆》④，

---

　　① 参见庐绍稷《中国现代教育》，商务印书馆 1923 年版；程谪凡《中国现代女子教育史》，中华书局 1936 年版；蔡芹香《中国学制史》，世界书局 1923 年版；姜琦《女子教育问题及现状》，商务印书馆 1925 年版。

　　② 参见曲士培《中国大学教育发展史》，山西教育出版社 1996 年版；涂又光《中国高等教育史论》，湖北教育出版社 1997 年版；董宝良《中国近现代高等教育史》，华中科技大学出版社 2007 年版；申晓云《动荡转型中的民国教育》，河南人民出版社 1994 年版；熊安明《中华民国教育史》，重庆出版社 1997 年版；孙培青、杜成宪《中国教育史》，华东师范大学出版社 2008 年版；曲铁华《中国教育史》，武汉大学出版社 2011 年版；毛礼锐、沈灌群《中国教育通史》（第 5 卷），山东教育出版社 1988 年版；海峰、史静寰《高等教育史》，高等教育出版社 2010 年版；金以林《近代中国大学研究》，中央文献出版社 2000 年版，这些论著较少论及北京女高师。

　　③ 杜学元：《中国女子教育通史》，贵州教育出版社 1995 年版；雷良波：《中国女子教育史》，武汉出版社 1993 年版；卢燕贞：《中国近代女子教育史（1895—1945）》，文史哲出版社 1989 年版，以上论著对女高师有所提及。值得一提的是，熊贤君的《中国女子教育史》（山西教育出版社 2006 年版）对女高师的创办、课程设置和教学方面进行了较为详细的论述，在同类女子教育史著作中实属难能可贵。

　　④ 姜丽静：《历史的背影：一代女知识分子的教育记忆》，教育科学出版社 2012 年版。

以北京女高师首届毕业生程俊英①、冯沅君②、庐隐③为个案，通过重点考究她们与女高师之间的关联，力图揭示其思想、知识和志趣变化的心路历程及其背后动因。此外，她针对北京女高师的历史沿革、办学方式、历史地位、研究现状、研究地位等分别发表相关论文进行探讨④，主张借助微观史学中日常生活史和心态史的研究方法，使女高师研究别具一格。二是张素玲的《文化、性别与教育：1900—1930 年代的中国女大学生》⑤，探讨了北京女高师的变迁以及学生状况，重点揭示了女高师的革命性。事实上，北京女高师既有高涨的革命热情，也有浓厚的学术氛围，应该多视角地展现其丰富性。

此外，国内的大学校史研究往往站在大学自身的立场，侧重于学校的成长史。与宏观的教育史相比，这种校史研究更能体现一所大学发展的具体语境以及鲜明特点。不过，这样的校史研究也存在一定的问题，大多偏重于梳理发展的历程，较少关注其与外部环境的互动关系。北京女高师作为北京师范大学的前身之一，其发展史理应是北京师范大学校

---

① 程俊英（1901—1993），福建福州人。我国著名的古典文学研究专家。1917—1922 年就读于北京女子师范学校国文专修科及北京女子高等师范学校国文部，与庐隐、王世瑛、陈定秀并称为"四公子"。其学术成果累累，长于古典文学研究，是《诗经》研究的权威之一。代表作有《诗经译注》《诗经注析》《诗经漫话》《中国大教育家》等。

② 冯沅君（1900—1974），原名淑兰，笔名淦女士、沅君、易安、大琦，河南省唐河县人。我国著名的新女性作家、文学史专家。1917—1922 年就读于北京女子师范学校国文专修科及北京女子高等师范学校国文部。毕业后考入北京大学研究所国文门，成为该所的第一名女研究生。1932 年赴法国巴黎大学学习，获得文学博士学位。1935 年回国后，她先后在河北女子师范学院、武汉大学、东北大学等校任教至中华人民共和国成立前夕。1949 年起，一直任山东大学中文系教授。代表作品有《卷葹》、《春痕》、《劫灰》、《中国诗史》（与陆侃如合著）、《中国文学史》、《古优解》、《古剧说汇》等。

③ 庐隐（1898—1934），原名黄淑仪，又名黄英，福建闽侯县人。1919—1922 年就读于北京女子高等师范学校国文部，是五四时期著名的女作家，与冰心、林徽因并称"福州三大才女"。代表作有《一个著作家》《海滨故人》《象牙戒指》《曼丽》等。

④ 参见姜丽静《北京女子高等师范学校非常规办学的成功经验与启示》，《国家教育行政学院学报》2009 年第 12 期；姜丽静《北京女子高等师范学校首届女大学生的教育生活史研究》，《内蒙古师范大学学报》（教育科学版）2008 年第 9 期；姜丽静、廖志强《边缘处的别样行走——关于"女高师"的研究现状、研究地位及研究视角》，《高教探索》2010 年第 2 期；姜丽静《从边缘到中心：重新解读北京女子高等师范学校》，《高等教育研究》2009 年第 11 期；姜丽静《高等教育创办的非常规个案：北京女子高等师范学校》，《教育学报》2009 年第 5 期。

⑤ 张素玲：《文化、性别与教育：1900—1930 年代的中国女大学生》，教育科学出版社2007 年版。

史的论述要点。遗憾的是，目前所见北京师大的校史著作①，因篇幅或体例的限制，对女高师的历史多语焉不详。

随着女高师研究的不断深入，部分论著有所突破和创新，何玲华的《新教育·新女性：北京女高师研究（1919—1924）》②便是一本较系统的专著。该书的创新之处在于，以北京女高师为个案，探讨近代女子教育与妇女运动、生活间的关系，摆脱就教育论教育的单线模式，而是在教育与女性二维互动中展现北京女高师的丰富性。不过，此书在以下几方面略显不足：一是史料发掘与应用存在诸多疏漏、失误之处；二是论者仅涉及女高师的校园"书写"，而对于丰富多彩的校外"书写"及与现代文学间的关系未能涉及。此外，张素玲的《民国时期两所女子大学的比较研究》③，以北京女高师与金陵女子大学为例，比较二者的教育特色。该文对这两所学校的比较，拓宽了笔者研究北京女高师的视野。

综上所述，中国教育史论著对北京女高师虽多有涉及，但系统的个案研究尚付阙如。因此，仍有可开拓的学术空间。

（二）中国妇女史论著对北京女高师的探讨

中国妇女运动史论著涉及北京女高师的内容，主要集中于其在反帝爱国运动、妇女解放运动中的历史活动和影响。如马庚存论述了女高师的反帝爱国运动及中共第一位女党员缪伯英④；刘巨才详细描述了女高师参加五四爱国运动、女权运动同盟会以及女子工读互助团的情况⑤；吕美颐、郑永福对女高师在五四时期妇女解放运动中的表现亦有所关注⑥。上述以客观史实描述为主，为笔者的研究奠定了基础。

近年来，妇女史研究正逐渐摆脱以政治史为主线的传统模式，注重

---

① 如北京师范大学校史编写组《北京师范大学校史（1902—1982）》，北京师范大学出版社1984年版；马新国、刘锡庆《北京师范大学百年图志》，北京师范大学出版社2002年版；北京师范大学党委办公室、校长办公室《北京师范大学纪事》，北京师范大学出版社2012年版等。

② 何玲华：《新教育·新女性：北京女高师研究（1919—1924）》，中国社会科学出版社2007年版。

③ 张素玲：《民国时期两所女子大学的比较研究》，《高教探索》2010年第5期。

④ 马庚存：《中国近代妇女史》，青岛出版社1995年版。

⑤ 刘巨才：《中国近代妇女运动史》，中国妇女出版社1989年版。

⑥ 吕美颐、郑永福：《中国妇女运动（1840—1921）》，河南人民出版社1990年版。

借鉴新理论如角色理论、社会性别理论、主体构建理论等进一步拓展学术领域，为中国妇女史研究注入了强劲的活力。如蒋美华的《20世纪中国女性角色变迁》①，从角色变迁的视角出发，对近代以来尤其是辛亥革命、五四时期和改革开放以后中国女性角色的变迁作了全面系统的考察。论者在谈及五四时期现代女性角色模式的构建时，列举了北京女高师学生在政治、经济、教育及生活角色方面的变化，为笔者进一步思考北京女高师对近代新女性的培养提供了较好的借鉴；罗苏文的《女性与近代中国社会》②，论述了女性与近代社会诸多层面如教育、经济、民俗、政治等之间的关系，其中涉及北京女高师学生与近代高等教育、妇女运动和女性主体意识觉醒等方面的内容。

综上所述，尽管女子教育是中国妇女史研究的重点之一，但多为宏观性研究，缺乏对女子高等教育的个案分析。在此情势下，北京女高师在此领域中较少获得应有的学术关注。

（三）中国近代社会文化史论著中有关女高师的研究

"教育与社会变革""教育与文化转型"是近年来学界颇为瞩目的一个选题视角。现有的专题研究主要集中于综合性大学③，关于高师院校与近代文化的研究成果寥寥，代表性的有武增峰的博士论文《中国近代高师与近代文化》④，论者突破了高师教育本身的范围，把近代高师看作一个文化现象，从文化的角度解析近代高师与近代文化的互动关

---

① 蒋美华：《20世纪中国女性角色变迁》，天津人民出版社2008年版。

② 罗苏文：《女性与近代中国社会》，上海人民出版社1996年版。

③ 代表性成果如下：［美］魏定熙著，金安平、张毅译的《北京大学与中国政治文化（1898—1920）》（北京大学出版社1998年版）从政治文化的角度，审视北京大学的早期历史，将北京大学的建立和发展放在中国政治文化，尤其是20世纪20年代的政治文化背景中进行研究，讨论早期知识精英如何在急剧的政治文化转型中寻求新的定位，进而将北京大学转变为中国政治运动中心。王东杰的《国家与学术的地方互动：四川大学国立化进程（1925—1939）》（生活·读书·新知三联书店2005年版）从民族国家统一的视角，细致考察四川大学国立化的进程，探讨中国现代的国家统一运动在大学这一场域中的体现。许小青的《政局与学府：从东南大学到中央大学（1919—1937）》（中国社会科学出版社2009年版），则是选取从东南大学到中央大学转变的进程为个案来研究现代国家、政党与大学之间的关系。王喜旺的《学术与教育互动：西南联大历史时空中的观照》（山西教育出版社2008年版）从学术史与教育史互动的视角切入，深入地揭示了西南联大所发生的学术与教育互相作用的复杂面相。

④ 武增峰：《中国近代高师与近代文化》，博士学位论文，北京师范大学，2003年。

系；杨彩丹的博士论文《北京高师与近代文化》①，不仅关注了北京高师的内部情况，而且更多地把北京高师放在民国初年这一转型时期的语境下加以考察，展现了北高师与近代文化之间的关系。丛小平的《师范学校与中国的现代化：民族国家的形成与社会转型（1897—1937）》②，将师范学校看作具有社会功能的机构，着重探讨了20世纪前40年中国师范学校的社会历史趋势，以及其在政治与社会变革中的作用。同时，该书亦考察了女子师范学校在20世纪促进女性社会地位提高过程中的作用。Sun Yen-Chu以北京女高师及女师大为例，揭示了20世纪20年代中国国立女子高等教育的发展历程，及在社会变革中的作用。③该文的特色在于运用了12位女高师及女师大校友的访谈资料，这有助于加深笔者对女高师的认知。以下就北京女高师的相关研究成果作一概要介绍，以便在说明前人成就的基础上，继续探索研究的空间。

学界对北京女高师的相关人物如蔡元培、李大钊、鲁迅、许寿裳、陈中凡及杨荫榆的研究为数不少。1923年7月，北京女高师校长许寿裳聘请鲁迅兼任国文系讲师。他的教学及讲演，对女高师学生及现代女子教育都有重要的影响；④他支持学生的进步运动，作为"女师大风潮"中的焦点人物，备受研究者的关注。⑤此外，零星可见蔡元培、李大钊与北京女高师的研究⑥，均侧重于论述蔡元培、李大钊对女高师的影响。

许寿裳（1883—1948），我国著名的教育家、纪传文学家。曾先后在浙江两级师范学堂、北京大学、北京高等师范学校、北京女高师、中山大学、北平女子文理学院、台湾大学等任教。无论在日本，还是在中国，许寿裳研究都处于方兴未艾的阶段。如钟小安的《许寿裳评传》⑦，

①　杨彩丹：《北京高师与近代文化》，博士学位论文，北京师范大学，2009年。

②　丛小平：《师范学校与中国的现代化：民族国家的形成与社会转型（1897—1937）》，商务印书馆2014年版。

③　Sun Yen-Chu, *Chinese National Higher Education for Women in the Context of Social Reform 1919—1919: A Case Study*, Doctoral Dissertation, New York University, 1985.

④　参见何玲华《从女高师到女师大：鲁迅与现代女子教育》，《江西社会科学》2006年第9期；顾明远《鲁迅的教思想与实践》，人民教育出版社2000年版等。

⑤　参见许寿裳著、马会芹编《挚友的怀念——许寿裳忆鲁迅》，河北教育出版社2000年版；韩文宁《"驱羊运动"中的鲁迅》，《民国春秋》1997年第2期等。

⑥　如何玲华《蔡元培与北京女高师》，《高校理论战线》2007年第9期；傅开梅《李大钊和北京女子高等师范学校》，《兰台世界》2013年第1期。

⑦　钟小安：《许寿裳评传》，中国社会科学出版社2012年版。

是目前学术界较为全面研究其生平活动的著作，其中对许寿裳与女高师及女师大的相关史实亦有较详细的论述；张直心、王平的《风潮起伏中的掌校者——许寿裳在浙江两级师范与北京女高师》①，探讨了许寿裳执掌北京女高师的活动及其在教育管理中的缺陷，有助于笔者进一步思考许寿裳与女高师发展的问题。

陈中凡（1888—1982），我国著名的教育家和学者。1917 年毕业于北京大学，先后执教于北京女高师、东南大学、广东大学、东吴大学、金陵大学、暨南大学等，为我国近代高等教育的发展做出了贡献。目前学术界对陈中凡的研究，除注重史料的发掘和整理外②，多集中于传记和回忆录③，关于陈中凡在教育及学术方面的研究尚不多见。鉴于此，笔者在充分收集资料的基础上，加强对陈中凡与北京女高师关系的探讨。

杨荫榆（1884—1938），是我国近代历史上第一位国立女子高校的女校长，因其坎坷的人生经历及与"女师大风潮"的关系而备受瞩目④。事实上，杨荫榆竭力维持女子高师的独立建制，最终将其改建成中国第一所女子师范大学，这份功劳是值得肯定的。这一点却是许多论者所未曾注意到的。

通过上述简要的回顾，我们可以发现，有关女高师与社会文化的研究还是大有可为的，不仅一些重要的女高师人物、社团及刊物缺乏深入的研究，而且女高师与当时政治、社会文化间的复杂关系更是值得进一步思考的问题。

---

① 张直心、王平：《风潮起伏中的掌校者——许寿裳在浙江两级师范与北京女高师》，《鲁迅研究月刊》2010 年第 7 期。

② 主要有陈中凡《陈中凡论文集》，姚柯夫编，上海古籍出版社 1993 年版；吴新雷《清晖山馆友声集——陈中凡有朋书札》，江苏古籍出版社 2000 年版；陈中凡《清晖集》，姚柯夫编，书目文献出版社 1987 年版。

③ 参见朱煊《忆陈中凡教授》，《档案与建设》2005 年第 3 期；姚柯夫《陈中凡教授传略》；吴新雷《学林清晖——文学史家陈中凡》，南京大学出版社 2003 年版；查锡奎《经历三个不同历史时代的著名学者陈中凡》，《人物春秋》2002 年第 4 期等。此外，程俊英《陈中凡老师在女高师》，载朱杰人、戴从喜编《程俊英教授纪念文集》，华东师范大学出版社 2004 年版，以亲身经历叙述了陈中凡在北京女高师的教学活动，具有一定的史料价值。

④ 相关论文有魏善玲《杨荫榆与"女师大风潮"》，《江西大学学报》2010 年第 4 期；宋凤英《杨荫榆的复杂人生》，《文史天地》2008 年第 5 期；祁建《中国第一个女大学校长杨荫榆》，《兰台内外》2008 年第 3 期；［日］樱庭弓子《女校长之梦——北京女子师范大学校长杨荫榆》，王惠敏译，《鲁迅研究月刊》1994 年第 2 期等。

（四）中国现代文学史论著中有关女高师的研究

相关研究大多着重探讨北京女高师国文部第一届学生的生活经历与文学创作的关系。如王绯的《空前之迹——1851—1930：中国妇女思想与文学发展史论》①，主要以毕业于女高师的现代女作家庐隐、苏雪林、石评梅、冯沅君为例，探寻北京女高师与近代妇女思想、文学之间的互动关系；朱艳丽的《北京女高师作家文学创作中的两性关系》，以北京女高师的四位作家庐隐、冯沅君、苏雪林和石评梅的文学作品为研究对象，"通过对文本中出现的几类典型的两性人物形象的分析，探析处于萌芽状态的两性关系构想的发生基础、话语层面的意义构成，并对它进行'五四'社会现实的关照"②；林峥的《女高师的新教育与"新女性"的塑造》③，从演说和话剧着眼，揭示其对女高师国文部首届学生思想启蒙、白话书写、人格塑造等方面的深刻影响。值得关注的是，王翠艳的《女子高等教育与中国现代女性文学的发生——以北京女子高等师范为中心》④，通过对女高师与中国现代女性文学关系的考察，探讨中国现代女子高等教育诞生与现代女性文学发生之间的同步关系，颇具新意。

上述研究成果，从不同的学科领域出发，丰富了我们对女高师教育情况及历史影响的认知。有鉴于此，本书的难点在于：一方面，本书立足于北京女高师与五四时期社会文化的关系，如何透过学校的教育活动把握其所蕴含的思想文化，这无疑需要敏锐的洞察力和开阔的视野；另一方面，如何在已有研究成果的基础上创新，这无疑增加了难度。总体说来，本书的创新之处有三：其一，史料较翔实。笔者尽力认真、全面地搜集史料，包括档案文献、资料汇编、相关人物的回忆录、文集和日记等，尤其对 30 多种五四时期的报刊，进行了仔细地爬梳钩稽，从而保证了史料的多元化。其中有些史料还是首次使

---

①　王绯：《空前之迹——1851—1930：中国妇女思想与文学发展史论》，商务印书馆 2004 年版。

②　朱艳丽：《北京女高师作家文学创作中的两性关系》，硕士学位论文，新疆大学，2011 年。

③　林峥：《女高师的新教育与"新女性"的塑造》，《云梦学刊》2009 年第 5 期。

④　王翠艳：《女子高等教育与中国现代女性文学的发生——以北京女子高等师范为中心》，文化艺术出版社 2007 年版。

用，这为本书增色不少。其二，研究视角有新意。本书打破了以往就教育论教育的传统模式，将北京女高师置于近代文化视野下作深入考察，揭示其间隐含的诸种社会文化内涵。其三，在充分掌握资料的基础上，本书对一些已有论断或存在分歧的问题提出了自己的见解。例如，北京女高师的"改大运动"以及其与新文学运动的关系等问题，文本做出了较客观的解读。

### 三　时间界定

目前，北京女高师的时间界定主要有以下三种：一是 1919—1924 年，基本依照"北京女子高等师范学校"之名的确立和更改为时限①；二是 1917—1924 年，指自筹备改组到升格为女子师范大学的 7 年时间②；三是 1919—1931 年，即从北京女高师成立到并入北平师范大学。③

本书将女高师的时间界定在 1919—1924 年，主要基于两点考虑：一方面，它在学校发展史上构成了一个较为完整的历史阶段；另一方面，此阶段是校史上的黄金时期，不仅确立了现代意义的办学宗旨、学科体系以及办学模式，而且也是其在近代中国高等教育史上发挥重要影响的时期。此外，笔者会根据研究内容需要，适当地将时间进行上溯或下延。

### 四　研究思路

本书的研究目的在于以唯物史观为指导，把北京女高师看作一个教育机构和社会文化组织来加以研究。因此，本书并非只探讨女高师自身的发展情况，同时还考察其在五四时期社会变迁、文化转型中的定位，展现北京女高师与五四时期思想文化、妇女解放、教育变革之间的关

---

①　参见何玲华《新教育·新女性：北京女高师研究（1919—1924）》，中国社会科学出版社 2007 年版。

②　参见姜丽静《历史的背影：一代女知识分子的教育记忆》，教育科学出版社 2012 年版。

③　参见张素玲《文化、性别与教育：1900—1930 年代的中国女大学生》，教育科学出版社 2007 年版。

系。概言之，本书主要着眼于北京女高师内部的教育文化环境，尤其是它所参与的社会文化事业以及所作出的重要贡献。鉴于本书的切入点是立足于北京女高师与五四时期社会文化的关系，因此主要选取与此相关的几个方面予以着重论述。具体地说，这主要包括五四时期的新文化运动、妇女解放运动及教育改革，本书的框架结构也围绕这几点展开。

# 第一章

# 北京女高师：中国近代
# 第一所国立女子高校

中国近代女子教育起步较晚，女性虽有机会进入学校学习，但接受高等教育的途径比较单一。1919 年以前，全国尚无任何国立女子高校，有志于升学的女性除入教会大学或出国留学外，少有其他的选择。五四时期，在新文化运动及女子初等教育发展的推动下，女子师范教育迎来了向高等教育推进的有利形势。1919 年北京女高师的成立，成为我国近代国立女子高等师范教育的肇端，开启了女子高等教育的新时代。

## 第一节　清末民初：近代女子
## 师范教育的发展

北京女高师成立于 1919 年，其前身可追溯至 1908 年晚清学部设立的京师女子师范学堂，民国成立后于 1912 年更名为北京女子师范学校。由"学堂"到"学校"，前后历经约 10 年，虽然一直处于中等教育阶段，但在除旧布新时代潮流的推动下，二者在教育宗旨、课程设置、校园氛围诸方面存在较鲜明的差异，这也从侧面体现了近代女子师范教育的特色。

## 一　清末女子师范教育与京师女子师范学堂

在中国传统社会，接受家庭外的正规教育一直是男性的特权，女子主要接受家庭教育，最终被塑造成恪守"三从四德"的贤妻良母。戊戌前后，民族危亡的加剧、教会学校的建立和维新变法思潮的兴起直接推动了国人自办女学的产生和发展。

近代女学的产生离不开在华传教士的努力和近代民族主义的高涨。虽然教会女学旨在培养传教士，但在客观上冲击了传统的女学观念，实开近代女子学校教育的先声。鉴于教会女学的扩张以及民族矛盾的加深，部分有识之士倡导自办女子教育，以提高国民素养，谋求国富民强。戊戌变法时期，维新派力倡女学以强国保种，指出"妇学实天下存亡强弱之大原也"[1]，进而认为女子作为国民之母，理应接受师范教育，以便"专讲求教育蒙童之法"[2]。在此影响下，一批女子学校如经正女学、务本女学、爱国女学等不断涌现，拉开了近代国人自办女学的帷幕。上述民间女校的萌芽并没有改变清政府的传统女学观念，1904 年学部颁行的《奏定蒙养院章程及家庭教育法章程》规定，"女子只可于家庭教之，或受母教，或受保姆之教"[3]。可见，女子教育仍属家庭教育的范畴，未能进入清政府制定的"癸卯学制"。但是，该学制为儿童设计了蒙养院，规定由毕业于新式学堂的女教师和保姆教养。这种规定体现出国家对儿童学前教育的重视，同时也产生了一种附带结果，即为了发展学前教育，需要增设女子师范学校来承担这项任务。

伴随清末"新政"启动后的兴学热潮，有识之士纷纷设立女子学堂。因此，无论是公立蒙养院还是私立女子学堂，都急需大量毕业于新式学堂的女学生，迫切要求国家训练和提供女教师。清政府从维护自身统治出发，认识到当今"以教育普及为务，然则欲端修齐之本，培蒙养

---

[1]　梁启超：《变法通议·论女学》，《饮冰室合集》（1），中华书局 1989 年版，第 41 页。

[2]　舒新城：《中国近代教育史资料》（下册），人民教育出版社 1981 年版，第 789 页。

[3]　《奏定蒙养院章程及家庭教育法章程》，载璩鑫圭、唐良炎编《中国近代教育史资料汇编·学制演变》，上海古籍出版社 2007 年版，第 400 页。

之基，自非修明女学不可。欲求正本清源之道，尤非注重女子师范学不可"①。1907 年，清政府颁布《学部奏定女学堂章程折》，将女子师范教育正式纳入国家法定的教育系统。该章程明令"女子师范学堂，须限定每州、县必设一所"②，事实上，"各省设立女学者，虽有数处，惟专教女师范者尚少，且教法亦未必尽善"③。鉴于此，清御史黄瑞麟奏请设立京师女子师范学堂，以为振兴全国女学之地。1908 年 7 月，清廷奏准学部设立京师女子师范学堂以示样板，此为近代国立女子师范教育之滥觞。

京师女子师范学堂成立于 1908 年 8 月 11 日④，借八角琉璃井医学馆为校舍，以傅增湘⑤为总理。为满足小学堂及蒙养院对师资的急需，学部规定其先设简易科，毕业年限为两年，"嗣后仍当照章接办四年完全科，俾教育渐臻美备"⑥。学堂需设修身、教育、国文、历史、地理、算学、格致、图画、家事、裁缝、手艺、音乐、体操课程，重在教授基础知识和家政技能。此外，学部要求该学堂广聘女性教职员"以归划一而谨防闲"，规定堂中布局"界限谨严，力求整肃"⑦。总之，京师女子师范学堂应以"启发知识、保存礼教两不相妨"为指导思想，"不但语言行事力戒新奇，即一切服饰皆宜恪守中国旧式，不得随俗转移。并责成国文、修身教习选取经史所载列女嘉

<hr>

① 《学部奏遵议设立女子师范学堂折》，载璩鑫圭、童富勇、张守智编《中国近代教育史资料汇编·实业教育·师范教育》，上海教育出版社 2007 年版，第 794 页。

② 《学部奏定女学堂章程折》，载璩鑫圭、唐良炎编《中国近代教育史资料汇编·学制演变》，上海古籍出版社 2007 年版，第 584 页。

③ 《学部奏遵议设立女子师范学堂折》，载璩鑫圭、童富勇、张守智编《中国近代教育史资料汇编·实业教育·师范教育》，上海教育出版社 2007 年版，第 794 页。

④ 《北京女子师范学校一览》载："光绪三十四年七月十五日于京师设立女子师范学堂，从御史黄瑞麟之请也。"据笔者考证，该书有关北京女子师范学校的沿革纲要用的是农历纪年，因此，京师女子师范学堂成立的公历时间应为 1908 年 8 月 11 日。

⑤ 傅增湘（1872—1949），字沅叔、润沅，四川江安人。中华民国著名的藏书家、目录学家、教育家。他早年入保定莲池书院学习，光绪二十四年（1898）中进士。曾赴日本考察学务，回国后任直隶提学使等职。1906 年创办天津北洋女子师范学堂，1908—1910 年出任北京女子师范学堂总理。1911 年任中央教育会副会长，1917 年任北洋政府教育总长，1927 年后曾任故宫博物院图书馆馆长等职。他精于版本之学，藏书颇丰。其主要著作有《双鉴楼善本书目》《藏园日记钞》《清代殿试考略》《宋代蜀文辑存》等。

⑥ 《学部奏遵议设立女子师范学堂折》，载璩鑫圭、童富勇、张守智编《中国近代教育史资料汇编·实业教育·师范教育》，上海教育出版社 2007 年版，第 796 页。

⑦ 《学部奏详议女子师范学堂章程折》，载璩鑫圭、童富勇、张守智编《中国近代教育史资料汇编·实业教育·师范教育》，上海教育出版社 2007 年版，第 795 页。

言懿行，时时与之讲授，以培根本"①。这实质上是一种贤妻良母主义的教育宗旨。依照部令的指示，京师女子师范学堂的发展状况大致如表1-1所示：

表1-1　　　　　京师女子师范学堂概况表（1908—1911年）②

| 时间（年） | 发 展 概 况 |
| --- | --- |
| 1908 | 8月11日，京师女子师范学堂成立，任傅增湘为总理，借八角琉璃井医学馆为校舍，经始开办事宜；9月1日，在京师考取学生42名；9月15日，在湖北省城考取学生22名；9月27日，在江苏省城考取学生52名；10月25日，在京师补录学生20名，暨北洋女子师范学堂保送学生8名，北洋高等女学堂保送学生1名，凡145名，均归简易科甲、乙、丙、丁四个班；11月3日，京师女子师范学堂开学。 |
| 1909 | 始建校舍于宣武门内石驸马大街克王府东首内城，施医局对面。 |
| 1910 | 4月，傅增湘去职，部派江瀚代理；6月3日，创办附属女子两等小学堂；8月12日，录取新生50名，其中43人编入完全科初级班，7人编入简易科丁班；9月19日，京师女子师范学堂附属两等小学堂开学；10月11日，学部任喻长霖为京师女子师范学堂总理。 |
| 1911 | 学生毕业者106人，简易甲班36人，乙班37人，丙班33人。10月12日，录取新生74名；完全科初级休业一年期满，名曰甲班；新生44人编入乙班，并更名为本科，其余30人为简易科戊班（后在革命政变中解散）；10月学生毕业者47人，是为简易科丁班。 |

京师女子师范学堂的上述发展过程，有以下几点值得注意：一是沿海地区的生源占有相当大的比例，这与中国近代女学的地域分布有关。据统计，1903—1908年，全国女学以沿海地区最为发达，仅直隶、江苏、浙江、奉天等地区的女学生数就占全国女学生总数的一半以上。1905年以前，江苏的女学堂数量遥遥领先，著名的务本女学、爱国女学、宗孟女学、城东女学等都集中于风气开明的上海地区。至1906年，直隶女学堂的数量跃居全国首位，知名的北洋女子公学、北洋女子师范学堂、北洋高等女学堂均位于天津。如此背景下，京师女子师范学堂面

① 《学部奏详议女子师范学堂章程折》，载璩鑫圭、童富勇、张守智编《中国近代教育史资料汇编·实业教育·师范教育》，上海教育出版社2007年版，第795—796页。

② 据《北京女子师范学校沿革纲要》，载璩鑫圭等编《中国近代教育史资料汇编·实业教育·师范教育》，上海教育出版社2007年版，第796—797页，相关内容整理而成。

向女学发达的沿海地区招生，实为一种历史的必然选择。二是选任德才兼具、熟悉教育的贤能者为总理。尤其是首任总理傅增湘深谙女子教育，是成效卓著的北洋女子师范学堂的创始人。1908 年，他受命筹建京师女子师范学堂，参酌以往的办学经验，发凡起例，为国立女子师范教育的发展奠定了良好的基础。

## 二　民初女子师范教育与北京女子师范学校

民国成立以后，中华民国南京临时政府对清末制定的师范教育制度进行了改革，将教育发展的立足点置于资产阶级民主共和国的需求之上，以此"巩固中华民国，图谋民生幸福"[①]。1912 年，教育部公布了《师范教育令》和《师范学校规程》，翌年又颁布了《高等师范学校规程》等一系列章程，新的师范教育制度得以确立。教育部规定学堂改称学校，监督改为校长，废除"尊孔尚君"的教育宗旨，宣扬男女教育平权，这些举措表明了近代师范教育发展的民主化趋势。受此潮流的影响，1912 年，京师女子师范学堂更名为北京女子师范学校，以吴鼎昌[②]为校长。由"学堂"而"学校"，校名变更的背后，实则蕴含着二者的时代差异，这主要体现在以下几个方面。

首先是教育宗旨的嬗变。京师女子师范学堂以"启发知识、保存礼教两不相妨"为指导思想，旨在"养成女子小学堂教习，并讲习保育幼儿方法，期于裨补家计，有益家庭教育"[③]，意在培养相夫教子的贤妻良母。北京女子师范学校则以"造就小学校教员及蒙养园保姆"[④] 为宗旨，提倡女子师范生应"注重道德教育，以实利教育、军国民教育辅之，更以美感教育完成其道德"[⑤]。与前者相比，北京女子师范学校的

①　中国科学院近代史研究所史料编译组编：《辛亥革命资料》，中华书局 1961 年版，第 2 页。
②　吴鼎昌，字霭辰，直隶清苑（今河北保定）人。曾任北洋女子师范学堂监督，1912 年 5 月至 1913 年 3 月任北京女子师范学校校长，后任陕西教育厅长、河南教育厅长等职。
③　《学部奏详议女子师范学堂章程折》，载璩鑫圭、童富勇、张守智编《中国近代教育史资料汇编·实业教育·师范教育》，上海教育出版社 2007 年版，第 597 页。
④　《教育部公布师范教育令》，载璩鑫圭、唐良炎编《中国近代教育史资料汇编·学制演变》，上海古籍出版社 2007 年版，第 670 页。
⑤　《教育部公布师范教育令》，载璩鑫圭、唐良炎编《中国近代教育史资料汇编·学制演变》，上海古籍出版社 2007 年版，第 661 页。

教育宗旨不再明确涉及家计和家庭教育，主要以培养小学及蒙养园师资为目的，体现了向"超贤妻良母"主义发展的趋势。

其次是学科设置的差异。北京女子师范学校在学堂时期的基础上不断完善，形成了讲习科、预科、本科、专修科的多元化学科体系（详见表1-2）。值得一提的是，专修科本为高等师范学校的学科建制①，旨在满足中学缺乏某种学科师资的需求。由于当时国内尚无一所女子高等师范学校，故教育部特许北京女子师范学校设立专修科以应时需。1916年，该校添设家事技艺专修科，录取中学毕业生25名，所授科目以家事、手工、刺绣、图画为主，此为北京女子师范学校设立专修科之始。1917年，添设国文教育专修科，录取28名中学毕业生。1918年，添设图画手工专修科和博物专修科。这些变化不仅展现了北京女子师范学校灵活的办学方式，而且提升了办学层次，为改组为女子高等师范学校奠定了基础。

表1-2　京师女子师范学堂、北京女子师范学校学科编制表（1908—1918年）②

| 名称 | | 学科设置 | | | |
|---|---|---|---|---|---|
| 京师女子师范学堂 | | 简易科 | | 完全科 | |
| 北京女子师范学校 | 1912年 | 预科 | | 本科 | |
| | 1913—1915年 | 讲习科③ | 预科 | 本科 | |
| | 1916年 | 讲习科 | 预科 | 本科 | 专修科④ |
| | 1917年 | 讲习科 | 预科 | 本科 | 专修科⑤ |
| | 1918年 | 讲习科 | 预科 | 本科 | 专修科⑥ |

---

① 民初教育部规定，初级师范学校可设预科、本科及讲习科，高等师范学校可设预科、本科、研究科、专修科及选科。

② 参见《北京女子师范学校沿革纲要》，载璩鑫圭、童富勇、张守智编《中国近代教育史资料汇编·实业教育·师范教育》，上海教育出版社2007年版，第796—798页；《北京女子师范学校十周纪念》，载何玲华《新教育·新女性：北京女高师研究（1919—1924）》，中国社会科学出版社2007年版，第52—54页及《1917年北京女子师范学校改组为北京女子高等师范学校呈文》，《教育公报》1917年第6期，"命令"第20页。

③ 讲习科是为补充地方小学及蒙养园教员智识的不足而设。

④ 1916年添设家事技艺专修科，录取25名中学毕业生，所授科目以家事、手工、刺绣、图画为主科。此为北京女子师范学校设专修科之始。

⑤ 1917年添设国文教育专修科，招收10名中学毕业生，再加之本科二年级及预科18人，共28名学生。

⑥ 1918年添设图画手工专修科和博物专修科。

再次是课程安排的不同。按照《奏定女子师范学堂章程》的要求，京师女子师范学堂设有修身、教育、国文、历史、地理、算学、格致、图画、家事、裁缝、手艺、音乐、体操科目，侧重于培养女学生的道德修养和家政技能①。北京女子师范学校依据民初教育部公布的《师范学校规程》及《师范学校课程标准》，分科设置所需的课程，详见表1-3所示。

**表1-3　京师女子师范学堂、北京女子师范学校课程设置表（1908—1918年）**

| 校　名 | | 课　　程 |
|---|---|---|
| 京师女子师范学堂 | | 修身、教育、国文、历史、地理、算学、格致、图画、家事、裁缝、手艺、音乐、体操 |
| 北京女子师范学校 | 预科 | 修身、国文、习字、数学、图画、缝纫、乐歌、体操、英语② |
| | 本科 | 修身、教育、国文、习字、历史、地理、数学、博物、物理化学、法治经济、图画、手工、家事园艺、缝纫、乐歌、体操、英语③ |

通过对比可知，相较于学堂时期，北京女子师范学校在课程设置方面进步明显：一是学科数目增多，分科细化、科学化。如习字从学堂时期的国文中分离出来而独立为一个科目，主要讲授楷书、篆书、草书、黑板书写法及教授法，利于培养学生端正敏捷的书写技能，解悟小学校习字之教学法；学堂时期的格致科细化为博物、物理化学两门课程，有助于深化学生的自然科学知识；新增法制经济科目，讲授现行法规和经济大要，有益于养成学生的公民观念及生活常识；设英语为随意科，便于增进英文知识以应世用。二是注重国民道德教育。北京女子师范学校的修身课程，不仅旨在涵养德性，培养"具为师表之品格"④，而且重视现代伦理学的内容，教导学生"对国家社会家族之责务"⑤。这体现

---

① 整体而言，晚清女子教育坚持"中体西用"的指导思想，仍以"贤妻良母"为教育宗旨。因此，有关"清末女子教育带有很强烈的独立人格教育的特点"之说是不准确的，参见刘登秀《清末女子教育特点简析》，《四川大学学报》（哲学社会科学版）2004年增刊。

② 《沿革纲要》，《北京女子师范学校一览》，1918年，第7页。

③ 《沿革纲要》，《北京女子师范学校一览》，1918年，第7页。

④ 《教育部公布师范学校规程》，载璩鑫圭、唐良炎编《中国近代教育史资料汇编·学制演变》，上海古籍出版社2007年版，第688页。

⑤ 《教育部公布师范学校规程》，载璩鑫圭、唐良炎编《中国近代教育史资料汇编·学制演变》，上海古籍出版社2007年版，第689页。

了其德育内容与培养健全国民的教育宗旨相一致，与现代道德教育的发展趋势相吻合。

总之，北京女子师范学校不仅较学堂时期有所发展，而且在民国初期的全国女子师范教育中亦独占鳌头。得益于教育部的扶持，北京女子师范学校无论在生源、师资还是学科、经费方面均处于优势地位，可谓全国女学的模范，这为进一步提升学校的办学水平和教育程度奠定了良好的基础。

## 第二节　北京女高师：近代国立女子高师教育的开端

作为近代高等师范教育的开端，京师大学堂的师范馆只招收男生，女子高等师范教育仍是空白。1912 年颁布的《师范教育令》，虽明确规定创办女子高等师范学校，但只是流于文本形式，一直未被教育部门贯彻实施。1919 年北京女高师的成立，打破了女子高等师范教育有名无实的尴尬处境，谱写了女子师范教育的新篇章。

### 一　从构想到实践：北京女高师的成立及发展

北京女高师的成立是五四时期社会文化进一步发展的产物。萌芽于清末的女子师范教育，至五四新文化运动时期，已经具备了发展为女子高等师范教育的历史条件。

首先，在新文化运动的推动下，一些有识之士认为发展女子高等教育已是刻不容缓之事。1915 年，张承荫发表题为"论北京宜速设立女子高等师范学校之必要"的文章，认为在北京设立女子高等师范学校是当务之急，理由如下：第一，女子中学教员极为缺乏；第二，女子中学校及女子师范学校毕业生缺少升学深造之地；第三，师范为中国女子职业中最重要者；第四，女子欲求高深师资，不必远涉重洋；第五，北京作为全国首都，乃"中外观瞻所系"之地，应设立女子高等师范学校，以缩小中国女子教育程度与欧美国家相比较为低下的差距。① 上述主张和言论为女子高等师范教育的产生提供了良好的思想和舆论环境。

其次，五四时期女子中等教育的显著发展是女子高师教育产生的重要催化剂。经过清末民初的积累，女子教育至五四时期已达到一定的规模。据统计，全国女学生数（教会女生除外）从 1906 年的 306 人，至1917 年时已增至 172724 人②，女子教育的发展可见一斑。其中，女子中学教育和师范教育的发展较为显著，至 1918 年全国各省几乎都设立了省立女子师范学校。女子中等教育的发展，一方面，加剧了中学师资紧缺的状况，迫切需要成立女子高等师范学校以缓解矛盾；另一方面，培养了一批具有中等学历的女学生，但她们的升学渠道依然十分有限。"五四"之前，国立大学尚未开放"女禁"，只有个别教会、私立大学招收少数女生，因此，有志于升学的女生主要通过以下两条途径以谋求深造：一是远涉重洋，留学海外；二是进入国内的教会女子大学，如华北协和女子大学（1905 年成立）、金陵女子大学（1915 年成立）、华南女子大学（1916 年成立）。清末以来，女子留学教育和教会女子大学固然对中国女子高等教育的发展起到了推进作用，但是，由于海外留学费用高昂，官费名额数量有限，教会大学则一般要求学生信教等原因，上述两种教育形式不能满足时人对女子高等教育的需求。因此，创办国立女子高等师范学校成为中国近代女子教育发展的必然要求，合乎历史发展的趋势。

再次，民初政府部门和教育界人士的重视为女子高等师范学校的成立创造了有利条件。中华民国成立初期，资产阶级革命派从"男女平等"思想出发，重视女子教育的发展。孙中山强调"教育既兴，然后男女可以望平权。女界平权，然后养成真共和民国"③。1912 年 7 月，中华民国临时教育会议在北京召开，女子高等教育问题首次被明确提出。作为议案之一的《女子高等师范学校规程案》，经会议成员初读成立后，交付教育部审核。1912 年 9 月 28 日，教育部颁布了"师范教育令"，明确提出要设立女子师范学校和女子高等师范学校。至此，女子

---

① 张承荫：《论北京宜速设立女子高等师范学校之必要》，载《中国近代学制史料·第三辑》（下册），华东师范出版社 1992 年版，第 499—500 页。

② 中华教育改进社：《中国教育统计概览》（1923 年），载王燕来选编《民国教育统计资料汇编·第四册》，国家图书馆出版社 2010 年版，第 5 页。

③ 舒新城：《中国近代教育史资料》（下册），人民教育出版社 1981 年版，第 1006 页。

高师教育得到了我国法律的认可，在教育制度上得以确立。其后，教育部门为真正落实女子高师教育做了多方面的努力。1915 年 8 月，教育部在北京主持召开了全国师范学校校长会议，针对女子高等教育尚未落实的现状，与会者提出由教育部筹办女子高等师范学校的建议。时隔一年后，女子高等师范问题仍然悬而未决。在 1916 年召开的第二届全国教育会联合会上，又有请设女子高等师范学校的议案，称："拟请大部从速筹设女子高等师范学校，先由北京设立，以后各省逐渐推广。"①同年，教育部举办了女学审查会议，召集京外女学校长商讨修改女学规程，参会者主张在北京设立一所女子高等师范学校。②

　　在此背景下，国人自办的女子高等师范学校终于进入实践阶段。作为全国女子师范教育的模范，北京女子师范学校积极致力于改组高等师范的筹备工作。1917 年 2 月，该校制定改组计划，拟设教育文学科、数学理化科、家事技艺科三科。修业年限为预科 1 年，本科 3 年；未招预科前，先设各科专修科，修业年限为 2—3 年。改组计划获得教育部批准后，该校于是年 8 月添设附属中学，停招师范预科，添设教育国文专修科。1918 年 8 月，增添图画、手工及博物专修科为筹改高等师范之预备。1919 年校长方还③呈请教育部称，"惟是各省女子师范中学毕业日多，属校名称未改而岁办专科，升学之人或不无中道回皇，转生疑沮"，因此改组事宜为"时会所需，势不容缓"④。1919 年 3 月，教育部公布了《全国教育计划书》，指出"女子高等师范学校迄今尚未设立一所，现各省在女子中学毕业而希望升入此项学校籍资深造者，颇不乏人。现定先在北京成立一校，以应时势之需要，再就各省择要增设"⑤。随后，教育部颁布了《女子高等师范学校规程》，从而为女子高等师范

---

　　① 《第二届全国教育会联合会大会议决案》（节录），载璩鑫圭、童富勇、张守智编《中国近代教育史资料汇编·实业教育·师范教育》，上海教育出版社 2007 年版，第 865 页。

　　② 参见《教育部之女学会议》，《文艺会季刊》1919 年第 1 期，"记载"第 3 页。

　　③ 方还（1867—1932），字惟一，江苏昆山人。其以诗、文、书法三绝而名噪江南，与方地山被世人同誉为"南北两方"。1917 年 3 月至 1919 年 7 月任北京女高师校长，在任期间主要在以下两方面有所作为：一是经其积极筹划，改组成立了北京女子高等师范学校；二是借贷购置房产以扩大女高师校的校园规模。应该说方还在改组女高师和女高师发展方面起了重要的作用。囿于资料有限，有关他改组女高师的具体情况尚待进一步研究。

　　④ 《教育部指令第 522 号》，载璩鑫圭、童富勇、张守智编《中国近代教育史资料汇编·实业教育·师范教育》，上海教育出版社 2007 年版，第 1069 页。

　　⑤ 舒新城：《中国近代史教育史资料》（上册），人民出版社 1981 年版，第 266 页。

教育的建立和发展提供了制度保障。4 月，教育部令准北京女子师范学校改名为北京女子高等师范学校，任命方还为校长。至此，中国近代第一所国立女子高等师范学校——北京女高师正式成立，这意味着女子师范教育形成了垂直完整的系统。值得注意的是，北京女高师并非"近代中国第一所女子高等学校"①，也不是中国近代以来第一所国人自办的女子高等学府②。这主要是因为：一方面，教会女子大学在中国近代女子高校占有不可忽略的地位，且成立时间一般早于北京女高师，如1905 年成立的华北协和女子大学；另一方面，近代国人自办的女子高等教育形式多样，包括女子专门学校、女子高等师范学校等。如 1912年成立的女子工业大学即属于女子高等教育的范畴。所以，不能简单地认为北京女高师是近代中国第一所女子高校及第一所国人自办的女子高等学府。

从 1912 年国民政府准许设立女子高等师范学校到 1919 年北京女高师的成立，前后历经 7 年之久，最终实现了女子高等师范教育从构想到实践的飞跃。与 1912 年京师优级师范学堂直接改为北京高等师范学校（以下简称北京高师）相比，近代女子高师教育的发展明显落后于男子教育的同等水平。这与传统的女学观念以及女子教育基础薄弱等因素密切相关。中国女子教育长期"忍辱负重"，确实令人感叹，而北京女子高等学校的成立也实令人敬仰。

北京女高师成立后，尽管学校领导更换频繁③，校内外环境变动不安，其总体状况与稳定环境下的教育相比确实呈现出一定的波动。有论者就此认为该校"管理制度、课程体系、师资和教学等常规教育制度处于急剧变更、流动松散的无序状态"及"此时的女高师可谓'校无定制、教无常师、学无定法'，缺乏保障学校教育有效运行的基本条件"。④ 笔者认为，上述论断并不符合史实。事实上，北京女高师在当时较为艰苦、动荡的办学条件下，依然运行着一套内在统一的教育机

---

① 刘丽华、郑智：《寻找伟人的足迹——鲁迅在北京》，北京工业大学出版社 1996 年版，第 159 页。

② 姜丽静、廖志强：《边缘处的别样行走——关于"女高师"的研究现状、研究地位及研究视角》，《高教探索》2010 年第 2 期。

③ 北京女高师的历任校长有方还、毛邦伟、熊崇煦、许寿裳和杨荫榆。

④ 姜丽静：《北京女子高等师范学校非常规办学的成功经验与启示》，《国家教育行政学院学报》2009 年第 12 期。

制，该校不仅能保障自身的有效运行，较好地完成了培养师资的任务，而且在此基础上进一步升格为北京女子师范大学。这些都足以说明北京女高师的办学体制、教学管理与其突出的办学效益成正相关，可谓女子高等师范教育的典范。这主要表现在以下几个方面。

一是学科专业设置与时俱进，渐趋完备。北京女高师成立后，一改初级师范时期的学科体系，在原有编制的基础上，按照高等教育的模式设置学科和专业（参见表1-4）。一方面，为了适应当时女子中等教育的发展需求，女高师采取了灵活多样的学科模式。如鉴于当时缺乏合格的生源，该校于1920年添设补修科[1]，为那些欲求高深学问而学历不足者提供补习的机会。同年，学校又添设音乐体操专修科，后因两专业差别较大，不宜合并教学，遂于1921年各自独立成科；另一方面，大力改革学科编制，基本实现与现代大学学科建制的接轨。1922年，许寿裳[2]就任北京女高师校长后，效仿北京大学，改革学科体系。他认为原有的科部分组过多，"宗旨含混，教学俱困；影响及于学生，亦绝少共同作业之机会"，因此力主"改部为系"，使学科"性质分明，教授易收实益"。[3] 同年，北京女高师废除文理分科，设立10个学系[4]，实行选科制，从而形成了较为规范、科学的学科和专业设置体系。相比同时期的北京大学、北京高师，女高师的整体学科建制与两校的差距不算大（参见表1-5），基本具备了现代大学的学科建制。

---

[1]　参见《教育公报》1919年第3期，"命令"第31页。

[2]　许寿裳（1883—1948），字季茀，又作季黻，号上遂，浙江绍兴人。我国现代著名的教育家和传记文学作家。早年曾留学日本，回国后于1922年出任北京女子高等师范学校校长。执掌女高师期间（1922年7月—1924年2月），他效法北京大学，锐意革新，为改善女高师的组织系统、师资队伍以及学校设施等方面做出了重要的贡献。1927年初，他赴广州中山大学任教；同年10月，蔡元培创办大学院，其应邀出任秘书长；翌年任"中央研究院"秘书处主任。1934年起，出任北平大学女子文理学院院长，创办《新苗》院刊。1946年任台湾编译馆馆长。1948年2月18日，在台北寓所遇害。

[3]　《呈文》，《北京女子高等师范周刊》1923年1月7日第4版。

[4]　杜学元在《中国女子教育通史》一书中指出，北京女高师于1920年废部设系，设立了10个系，具体参见杜学元《中国女子教育通史》，贵州教育出版社1995年版，第466页。据笔者考证，北京女高师的"改部为系"发生在许寿裳任校长的1922年，当时设立的10个系可参见表1-4中的相关内容。

**表 1-4　　　　　　北京女高师学制变更表（1919—1924 年）**

| 年代 | 学制 | | | | | | | | | | | |
|---|---|---|---|---|---|---|---|---|---|---|---|---|
| | 预科 | | | | 本科 | | | | 专修科 | 讲习科 | 选科 | 补修科 |
| | 文科 | | | | 理科 | | 家事科 | | 图画手工专修科 | 保姆讲习科 | | |
| | 国文部 | | | | 数物化部 | 博物部 | 机织 | 医学 | | | | |
| 1919 年 7 月至1920 年 6 月① | 哲学 | 教育 | 文学 | 史地 | | | | | | | | |
| 1921 年② | 除以上外，增设音乐专修科和体育专修科 | | | | | | | | | | | |
| 1922 年 7 月③ | 中国文学系 | 英文学系 | 数理学系 | 理化学系 | 家事学系 | 体育学系 | 历史学系 | 音乐学系 | 生物地质学系 | 哲学教育学系 | | |

**表 1-5　　　　北京高师、北京大学的学科设置表（1922 年）**

| 校名 | 学科设置 | | | | | | | | | | | | |
|---|---|---|---|---|---|---|---|---|---|---|---|---|---|
| 北京高师④ | 四年科 | 教育系 | 国文系 | 英文系 | 历史地理系 | | 数学物理系 | 物理化学系 | | 生物地质系 | | 体育系 | 工艺系 |
| | 六年科 | 教育系 | 国文系 | 英文系 | 历史系 | 地理系 | 数学系 | 化学系 | 物理系 | 生物系 | 地质系 | 体育系 | 工艺系 |
| 北京大学⑤ | 数学系 | 物理学系 | 化学系 | 地质学系 | 哲学系 | 中国文学系 | 英文学系 | 法文学系 | 德文学系 | 史学系 | 法律学系 | 政治学系 | 经济学系 |

　　二是行政管理力求科学化、民主化。在许寿裳改革组织系统之前，北京女高师实行"校长治校"，由此派生出诸如庶务、舍务不相联络，教务方面各自为政、专权专断等弊端，对此学生自治会要求学校"经济

---

① 《北京女子高等师范学校周年概况报告书》，《教育公报》1921 年第 9 期。
② 参见《教育公报》1919 年第 9 期，"命令"第 32 页。
③ 《北京女子高等师范学校暂行组织大纲》，《北京女子高等师范周刊》1923 年 1 月 7 日第 4 版。
④ 杨彩丹：《北京高师与近代文化》，博士学位论文，北京师范大学，2009 年。
⑤ 《北京大学招考简章》（1922 年），载王学珍、郭建荣主编《北京大学史料·第 2 卷》（中册），北京大学出版社 2000 年版，第 872 页。

公开""校务公开"①。许寿裳任职后，"默察从前校内情形，颇多沉滞"，认识到"此非办事之不勤，实缘组织之未善"。②为此，他效法北大，对女高师组织系统加以大刀阔斧的整顿。缘是，女高师以往的"校长治校"变为了"教授治校"的评议会制度（详见表1-6），即：第一，校长一人总辖学校的全部校务。第二，学校成立评议会，作为全校最高的立法机关和权力机构。评议会成员从教授中选举产生，负责制定和修改学校的各项章程、决定各学科的废立、管理学校经费的预决算、提出改良教育的建议案等，拥有较大的决策权。第三，设立行政会议，作为全校最高的行政机关和执行机构，负责实施评议会议决的行政方面的事务。行政会议下设事务会议、校务会议、教务会议、学科会议和学级会议，分管各自的行政事务。第四，与行政会议平行的是委员会议③，负责辅助校长筹划各机关进行事宜。该会下设各专门委员会9种，均采用民主制，议事以投票方式决定。

表1-6　　　　　　　北京女高师组织管理系统表（1922年）④

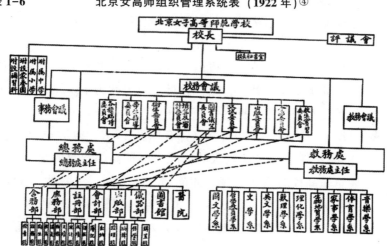

---

①　梁秋河、阮淑端：《本校学生自治会欢迎新会员纪事》，《北京女子高等师范周刊》1922年10月29日第2版。

②　《呈文》，《北京女子高等师范周刊》1923年1月7日第4版。

③　何玲华认为："与行政会议平行的是教务会议。"［参见《新教育·新女性：北京女高师研究（1919—1924）》，中国社会科学出版社2007年版，第130页］。笔者查阅《北京女子高等师范学校暂行组织大纲》，其中明确规定行政会议下辖教务会议，与行政会议平行的应是评议会和委员会。

④　《北京女子高等师范学校暂行组织大纲》，《北京女子高等师范周刊》1923年1月7日第6版。

"教授治校"的评议会制度，是五四时期民治精神和现代大学制度的高度体现。许寿裳所强调的"学校管理，首重精神"①，即是"独立而又共济，为己而又为人"②的民治精神。他认为女高师的学校生活，也应该有这种精神，"无论教职员还是学生，人人都有发表自己意见的机会，觉悟共同维系的责任"③。作为最早实行教授评议会制度的北大校长，蔡元培认为该制度的确立，利于破除"校长治校"的专制之弊，"学校的内部，组织完备，无论何人来任校长，都不能任意办事"④，亦不会因校长一人之更迭而牵动全校校务，妨碍学生的学业。事实证明确实如此，由于该制度的建立和推行，北京女高师即使在校长许寿裳请辞虚位既久，校务暂由评议会维持的情况下⑤，该校运转仍然正常有序，未发生过大规模的学潮。后来之所以发生"女师大风潮"，主要原因就在于校长杨荫榆所实行的"封建家长式"管理制度与女高师的民主管理传统相悖。这表明了评议会制度的施行，对女高师校园民主精神的建设有着深远的影响。

三是重视师资队伍的建设。北京女高师改组后办学规格的提升以及教学改革的推进，对师资提出了更高、更严的要求。为此，学校一方面注重选送专任教员留学深造，一方面广聘兼职教员充实力量，从而使师资状况发生了如下变化：其一，兼任教员多以男性为主。北京女高师成立之初，教员以专任为主。据《北京女子高等师范学校八年九月开学后现行校务状况报告》可知，当时女高师有职员 26 人，教员 45 人，兼职教员只有 3 人。⑥为了在经费紧张的情况下保证高等教育的水准，北京女高师广聘京城高校的兼职教授，如胡适、李大钊、沈尹默、沈士远、沈兼士、周作人、林砺儒、钱玄同、张耀翔、黎锦熙、马裕藻、朱希祖、鲁迅等，从而形成了以男性兼任教员为主的师资结构（参见表 1-

---

① 《北京女子高等师范学校暂行组织大纲》，《北京女子高等师范周刊》1923 年 1 月 7 日，第 4 版。

② 《校长许季黻先生的训词》，《北京女子高等师范周刊》1922 年 10 月 10 日第 1 版。

③ 《校长许季黻先生的训词》，《北京女子高等师范周刊》1922 年 10 月 10 日第 1 版。

④ 《回任北京大学校长在全体学生欢迎会上的演说词》（1919 年 9 月 20 日），载中国蔡元培研究会《蔡元培全集》（第 3 卷），浙江教育出版社 1997 年版，第 693 页。

⑤ 1922 年 7 月至 1924 年 2 月，许寿裳任职北京女高师校长近 20 个月，期间因事不在职累计 7 个月之久。

⑥ 参见《北京女子高等师范学校八年九月开学后现行校务状况报告》，载潘懋元、刘海峰编《中国近代教育史资料汇编·高等教育》，上海教育出版社 2007 年版，第 765 页。

7）。虽然兼任教员的流动性较高，但限于当时高校经费紧张以及高学历师资短缺的实际情况，以兼任教员为主的师资结构对维持北京女高师的正常办学和进一步发展均有着不可忽视的作用。其二，教职员学历层次较高，且多有留学背景。近代留学生对高师体制的形成和发展发挥了重要的作用，是高师学校师资的重要组成部分。据统计，1918 年北京高师的 88 名教员中，有 47 名毕业于国外专门大学[①]；南京高师的 66 名教职员中，毕业于国外专门大学者有 23 人之多。[②] 1924 年，北京女高师的 124 名教职员中，拥有专门大学学历者 104 人，约占教职员总数的 84%；其中毕业于国外大学者 62 人，占总数的 50%。[③] 尤其是女高师的历任校长，除了著名学者方还外，其余都是留学生出身（详见表 1-8）。

表 1-7　　北京女高师教员数量统计表（1922—1923 年）[④]

| 年份 | 1922 年 12 月 | | 1923 年 4 月 | |
| --- | --- | --- | --- | --- |
| 教员 | 专任（人） | 兼任（人） | 专任（人） | 兼任（人） |
| 数目 | 13 | 54 | 9 | 56 |
| 男 | 8 | 49 | | |
| 女 | 5 | 5 | | |

表 1-8　　北京女高师历任校长一览表（1919—1924 年）[⑤]

| 姓名 | 任职时间 | 留学经历 |
| --- | --- | --- |
| 方还 | 1917 年 3 月—1919 年 7 月 | 无 |
| 毛邦伟 | 1919 年 8 月—1920 年 9 月 | 毕业于日本东京高等师范学校。 |
| 熊崇煦 | 1920 年 9 月—1921 年 10 月 | 毕业于日本早稻田大学师范部，攻读教育学。 |

① 陈宝泉：《北京高等师范学校报告》，载璩鑫圭、童富勇、张守智编《中国近代教育史资料汇编·实业教育·师范教育》，上海教育出版社 2007 年版，第 1029 页。

② 《全国高等师范学校校长会议南京高等师范学校报告》，载璩鑫圭、童富勇、张守智编《中国近代教育史资料汇编·实业教育·师范教育》，上海教育出版社 2007 年版，第 1042 页。

③ 《教职员出身统计》，《北京女子高等师范周镌》1924 年 6 月 29 日第 8 版。

④ 据《北京女子高等师范学校一览表》（《北京女子高等师范周镌》1923 年 4 月 8 日第 4 版）和《本校一览表》（《北京女子高等师范周镌》1922 年 12 月 24 日第 6 版）整理而成。

⑤ 《教职员出身统计》，《北京女子高等师范周镌》1924 年 6 月 29 日第 7 版。

| 姓名 | 任职时间 | 留学经历 |
| --- | --- | --- |
| 毛邦伟 | 1921 年 10 月—1922 年 7 月 | 毕业于日本东京高等师范学校。 |
| 许寿裳 | 1922 年 7 月—1924 年 2 月 | 1902 年以官费赴日留学，先入弘文学院补习日文，后毕业于东京高等师范学校。 |
| 杨荫榆 | 1924 年 2 月—1925 年 10 月 | 早年曾留学日本，1923 年毕业于美国哥伦比亚大学师范学院，获教育学硕士学位。 |

上表所示校长的留学背景，从一个侧面体现了日本留学生对女高师发展的影响。遗憾的是，限于资料有限，笔者无从展开论述日本女子教育与北京女高师的关系，待日后发掘新资料再深入研究。随着壬戌学制的讨论和颁布，欧美派留学生逐渐在教育界占据主导地位，颇受高校的重视。1923 年，北京女高师制定了《北京女子高等师范学校津贴教员留学欧美暂行规程》，规定"凡本校专任教员继续任职三年以上留学欧美者，均得由本校校长提交评议会通过，由校按月津贴之"，"津贴数目为在校原薪十分之五"。①

四是读书和学术研究氛围浓厚。北京女高师本着民主和科学的精神，鼓励学术研究和交流，形成了思想自由、兼容并包的学术氛围。学校积极延请国内外文化名人来校讲演（详见表 1-9），既有以蔡元培、李大钊、陈独秀、胡适为代表的新文化运动主将，又有以梁启超、梁漱溟为首的"东方文化派"，还有杜威、罗素、爱罗先珂、泰戈尔等来华讲学的外国名家。他们的讲演思想纷呈，涉及五四时期中国学界和思想界的诸多热点问题，如妇女解放、新教育运动、文学革命、学生自治与社会服务、家庭与社会改良、宗教与哲学、自然科学，等等。受此影响，北京女高师学生不仅在各部教员的指导下成立了多种研究学会，而且积极联合外校学生共同开展学术研究（详见表 1-10），如杜威、罗素来华讲学期间，北京女高师学生积极参与北京大学的杜威研究会、罗素研究会。学术研究之盛，由此可见一斑。一段来自学生的回忆，更能从

---

① 《北京女子高等师范学校津贴教员留学欧美暂行规程》，《北京女子高等师范周镌》1923 年 4 月 22 日第 7 版。

侧面展现女高师极为浓厚的读书氛围："同学们虽然一方面参加社会事业，革命运动，但对于学校功课，也极认真。认真的学习，认真的研究，无故不缺课，这是当年很好的精神。"①

表1-9　　　　北京女高师的学术讲演一览表（1919—1924年）②

| 主题分类 | 讲演人 | 讲演题目 | 讲演人 | 讲演题目 |
| --- | --- | --- | --- | --- |
| 学术与教育 | 陈宝泉 | 《菲律宾教育》 | 黄炎培 | 《教育》 |
| | 钱振椿 | 《最近教育之趋势》 | ［德］卫西琴 | 《女子教育之初步》 |
| | ［美］杜威 | 《教授青年底教育原理》 | 陈中凡 | 《学术进步之途径》《文科进化方针》《学术思潮与教育主义之改进》《一年来教授训练底经过和将来地希望》 |
| | 庐易博士 | 《教育法原理》 | 凌水夫人 | 《儿童教育》 |
| | ［美］推士 | 《科学方法的教育法》 | ［德］杜里舒夫人 | 《德国之共同教育与妇女运动》 |
| | 邓萃英 | 《儿童之宗教意识》 | 鲁也参 | 《女子体育之需要》 |
| | 梁启超 | 《我对于女子高等教育希望特别注意的几种学科》 | 李祖鸿 | 《美术的绘画》 |
| | ［俄］耶尔所夫 | 《教育学与学校在西欧及俄罗斯之现今地位》 | 夏元瑮 | 《德国留学情形》《安斯坦及其学说》 |
| | ［美］麦柯 | 《真理试验》 | ［日］服部宇之吉 | 《中日交换教授》 |
| | 李大钊 | 《关于图书馆的研究》 | 胡光炜 | 《李杜诗之比较》 |

---

① 陆晶清：《几个建议》，《女师大旬刊》1931年1月1日。

② 据《北京女子高等师范周刊》《北京女子高等师范文艺会刊》《京报》《晨报》的相关资料整理而成。

续表

| 主题分类 | 讲演人 | 讲演题目 | 讲演人 | 讲演题目 |
|---|---|---|---|---|
| 女子问题及妇女解放 | 谭仲达 | 《女权与合理的社会生活》 | 王世杰 | 《女权运动者之任务与方法》 |
| | 陶行知 | 《对于女权运动者之希望》 | 张耀翔 | 《近世各国女权运动之经过》 |
| | 余仲衡 | 《法律上女权应享有之地位》 | Miss Christinsen | 《丹麦国之女子问题》 |
| | ［日］布施知足 | 《日本近代之妇女问题》 | 吕复 | 《女权与社会》 |
| | ［俄］爱罗先珂 | 《女子与其使命》 | ［英］勃拉克女士 | 《共产主义与女子问题》 |
| | ［日］泽村专太郎 | 《女子与趣味的生活》 | 梁启超 | 《女子与教育之关系》《我对于女子高等教育希望特别注重的几种学科》 |
| | ［美］路特女士 | 《中国女子与世界和平》 | 鲁迅 | 《娜拉走后怎样?》 |
| | 李石曾 | 《法国底女学界》《女权运动问题》 | 陈独秀 | 《民主科学与妇女解放》 |
| 宗教与哲学 | 蒋维乔 | 《静坐法》 | 胡适 | 《哲学方法》 |
| | 梁漱溟 | 《从教育上和哲学上所见中西人之不同》 | ［英］罗素 | 《宝雪维几 Bcrskouik 之理想》 |
| 自治与社会服务 | 蔡元培 | 《学生自治》《自治之成因与范围》《权利与义务》 | 艾迪夫人 | 《社会服务》 |
| 社会问题 | 江亢虎 | 《社会问题》《俄共产主义的原始》 | 陈独秀、蔡元培、胡适、梁漱溟 | 在李超追悼会上的讲演 |
| 自然科学 | 陈仲骧 | 《人类进化和退化》 | 黄桂保、刘廷芳翻译 | 《饮食论》 |
| | 吴应乾 | 《无定形的"OXYDASE"养化酸酵素之一种——树漆酸酵素 LACCASE》 | 夏元瑮 | 《物理学与各科学之关系》 |
| | 李幹臣 | 《植物的社会》 | 杨昭恕 | 《逻辑漫谈》 |

续表

| 主题分类 | 讲演人 | 讲演题目 | 讲演人 | 讲演题目 |
|---|---|---|---|---|
| 文学 | 蔡元培 | 《国文之将来》 | [印度]泰戈尔 | 因泰戈尔风尘劳顿，故未能正式讲演，而是作草地茶会，随意谈话①。 |
| | 周作文 | 《女子与文学》 | | |

表 1-10　　　　　　　　北京女高师的学术团体一览表②

| 社团名称 | 成立时间 | 宗旨及相关情况 |
|---|---|---|
| 幼稚教育研究会 | 1919 年 | 该会由保姆科学生成立，以研究幼稚心理及教育法为宗旨③，并创办刊物《北京女高师幼稚教育的研究》。 |
| 数理研究会 | 1919 年 7 月 | 该会由数理化部学生创立，以"阐明学理，交换知识"④ 为宗旨。 |
| 博物研究会 | 1919 年 11 月 | 该会由博物部学生创立，以"收集博物材料并讨论学理"⑤ 为宗旨。 |
| 家事研究会 | 1920 年 2 月 | 该会由家事部学生创立，以"本互助之精神，改良家庭，补助社会"⑥ 为宗旨。 |
| 文艺研究会 | 1919 年 | 该会由国文部学生创立，以"提倡纯洁道德，发挥高尚思想，商榷古今学说，陶冶优美情操，助长美术技能，涵养强固意志"⑦ 为宗旨，创办《北京女子高等师范文艺会刊》。 |

---

① 《泰戈尔氏与女高师》，《顺天时报》1924 年 5 月 11 日第 7 版。

② 据《北京女子高等师范学校文艺会刊》1920 年第 2 期；《北京女子高等师范周刊》第 16 期、第 23 期、第 65 期、第 73 期；李庆祥《益世报》《评梅女士年谱长编》，文津出版社 1990 年版；刘宁元等主编《北京的社团·第 2 辑》，知识出版社 1994 年版；罗章龙《椿园载记》，东方出版社 1989 年版；朱杰人、戴从喜编《程俊英教授纪念文集》，华东师范大学出版社 2004 年版等相关资料整理而成。

③ 《学生集会一览表》，《北京女子高等师范学校文艺会刊》1920 年第 2 期，"附录"第 1—2 页。

④ 《学生集会一览表》，《北京女子高等师范学校文艺会刊》1920 年第 2 期，"附录"第 1—2 页。

⑤ 《学生集会一览表》，《北京女子高等师范学校文艺会刊》1920 年第 2 期，"附录"第 1—2 页。

⑥ 《学生集会一览表》，《北京女子高等师范学校文艺会刊》1920 年第 2 期，"附录"第 1—2 页。

⑦ 《文艺研究会简章》，《北京女子高等师范文艺会刊》1919 年第 1 期。

续表

| 社团名称 | 成立时间 | 宗旨及相关情况 |
| --- | --- | --- |
| 英文研究会 | 1920 年 | 该会由英语系学生创办，以相互研究英文知识为宗旨，1922 年附设英文补习夜校。① |
| 哲学教育研究会 | 1922 年 | 该会由哲学教育系学生发起，以共同研究教育学及哲学为宗旨②。 |
| 体育研究会③ | | 北京女高师学生创办的校内团体。 |
| 图画研究会④ | | 北京女高师学生创办的校内团体。 |
| 心理学会 | | 北京女高师学生创办的校内团体。 |
| 音乐会 | | 北京女高师学生创办的校内团体。 |
| 励志社读书会 | 1922 年 | 该会由国文部毕业生程俊英创办。 |
| 史学读书会 | 1923 年 3 月 | 该会由史地系学生创立。 |
| 北京大学马克思学说研究会 | 1920 年 3 月 | 该会以研究关于马克思派的著述为目的。北京女高师学生石评梅、缪伯英为该会会员⑤。 |
| 文学研究会 | 1921 年 1 月 | 该会以研究介绍世界文学、整理中国旧文学、创造新文学为宗旨。女高师学生黄英、王世瑛、隋廷玫为该会会员。 |
| 北大杜威研究会 | | 北京女高师学生程俊英、冯沅君等参加。 |
| 北大罗素研究会 | 1921 年 | 北京女高师学生程俊英等参加。 |

---

① 《英语部英文研究会之英文补习夜校》，《北京女子高等师范周刊》1922 年 12 月 10 日第 6 版。

② 松泉：《哲学教育学会已成立了》，《北京女子高等师范周刊》1922 年 11 月 19 日第 2 版。

③ 《各种学会一览表》，《北京女子高等师范周镌》1924 年 6 月 29 日第 8 版。

④ 何玲华在《新教育·新女性：北京女高师研究（1919—1924）》中将"图画研究会"误写为"图书研究会"。参见《各种学会一览表》，《北京女子高等师范周镌》1924 年 6 月 29 日第 8 版。

⑤ 张红艳在《民国时期的女子高等教育——以北京女子高等师范学校为例》，《乐山师范学院学报》2011 年第 3 期中认为："在李大钊的影响下，女高师进步学生许兴凯、贺凯、石评梅等先后成为马克思主义学说研究会的会员。"据笔者考证，许兴凯和贺凯并非北京女高师的学生，而是北京高师的学生。可参见《北京大学马克思学说研究会发起人及部分会员名录》，载罗章龙《椿园载记》，东方出版社 1989 年版，第 65 页。

五是参加社会活动十分活跃。北京女高师坚持"自动与社会化"相结合的训育原则，提倡学生自治并服务社会。在新思潮的濡染下，女学生参与社会改造的热情极为高涨。她们以组建社团、创办报刊、发表讲演、编演话剧、组织展览等形式，不仅充分参与校园文化和学校管理的建设，而且积极投身五四时期的爱国运动、妇女解放运动和新教育运动，努力探索救亡图存、改造社会的方法。女高师学生参与北京社会主义青年团、北京女子工读互助团以及平民教育组织，在实践中检验有关马克思主义、工读主义和平民主义的理论学说，鲜明地体现了她们思想的活跃和关心国事的热忱。

综上所述，北京女高师经过民初的改组，至五四时期进入了蓬勃发展的成熟期。无论在教育目的、学科建制还是师资结构、教学质量方面，女高师均不断地进行完善，努力提高学术研究的水平，从而为其进一步提升办学规格奠定了基础。

## 二　从女子大学到女子师范大学：女高师的"改大运动"

五四运动以后，留美学生归国者日众，逐渐在教育界取得了较大的影响力。以杜威、孟禄为首的美国教育家相继来华讲学，宣传其教育思想。这些都使得美国教育理念和体制对中国的影响日益加深。有识之士鉴于民初制定的学制已不能很好地适应五四时期教育的发展，纷纷要求改革学制，取消大学预科，中学教育由4年改为6年，同时提高师资水平。与之相应，高师改大运动由此发生。

鉴于高师教育的任务目标较为单一、学术水平有待提高及社会地位不及普通大学的现状，当时的学者对高师改大并无疑异。至于高师改大的方向——改为师范大学，还是改为普通大学，则见仁见智，产生了争议。当时社会主要存在两个派别：一是以许崇清、郭秉文、贾丰臻、蔡元培、陈独秀等为代表的合并派，反对高师教育的独立体制，主张应把高师并入综合性大学或升格为大学；二是以北京高师师生为代表的独立派，维护高师的独立性，主张高师应改为师范大学。1922年教育部公布的《学校系统改革案》最终调和了二者的分歧，规定高等师范学校可以改成师范大学，也可以在普通大学内设立师范科，这实际上为高师学校改为普通大学埋下了伏笔。在接下来的高师改大运动中，民初全国独立设置的 7 所高等师范学校，除北京高师于 1923 年升格为北京师范大学、北京女高师在 1924 年升格为北京女子师范大学外，其余相继并入或径直转制为综合性大学。① 高等师范教育的独立体制遭到了削弱，旧有封闭式培养的高师教育模式被打破，高师教育进入了封闭式和开放式培养并存的混合制时代。

目前很多学者论及高师改大运动时，大都强调北京师范大学是改大运动中"硕果仅存"的院校，往往忽略了北京女高师改为北京女子师范大学的事实。② 与北京高师相比，女高师虽然亦改为师范大学，但在"改大"路径上别具一格：即在谋求设立女子大学不得的情况下最终改为女子师范大学。之所以如此，与当时的国情、教育环境及许寿裳、杨荫榆两位校长的个人努力有关。

许寿裳执掌北京女高师期间③，正值"高师改大"运动兴盛之时。当时社会对于女高师的升格问题，主要有三种意见：其一，"北大与高师早已开放，女子已经有入大学求高造的机会了"④，没有另设女子大学的必要；其二，为保持高等师范教育的独立设置起见，女高师可改为女子师范大学；其三，主张设立女子大学，作为"男女平等的一种表示"⑤。

针对上述第一种言论，校长许寿裳坚信，北京女高师作为国立最高女子教育机关，应时代的需要，有独立存在且升级为大学的必要，并强调理由如下：（1）男女两性有根本的差异，需设女子大学以发挥女性的特长；（2）男女文化须同等发达，故设立女子大学以促进女子文化；（3）就国内事实而言，男子大学的学科不适于女性，另设女子大学，才不阻碍女子升学的机会；（4）就外国先例来说，欧美各国均有许多

---

① 南京高等师范学校改组为东南大学、武昌高等师范学校改组为国立武昌大学、广州高等师范学校并入国立广东大学、成都高等师范学校并入国立四川大学、沈阳高等师范学校改组为东北大学。

② 如《北京师范大学校史》论及"高师改大"时，认为北京师范大学是"硕果仅存"的一个高师学校。参见《北京师范大学校史（1902—1982）》，北京师范大学出版社 1984 年版，第 71 页。

③ 1922 年 7 月—1924 年 2 月，许寿裳任北京女高师校长。

④ 沁秋：《女子大学》，《益世报·女子周刊》1920 年 12 月 13 日第 1 版。

⑤ 沁秋：《女子大学》，《益世报·女子周刊》1920 年 12 月 13 日第 1 版。

女子大学，我国正适宜仿照办理。① 此外，对于将北京女高师改建为女子师范大学的言论，他提出以下四种反对理由：（1）全国尚无国立女子大学；（2）北京已有师范大学，想做教师的女性可以报考该校；（3）女子大学中，仍可办师范科；（4）女子高等教育的目的，不专在培养师资，而在于造就完全的妇人，其方法重在家庭、儿童、艺术、博爱的训练。换言之，女子大学仍以教育的练习为中心，对于家事学、教育学、儿童学诸科目亦作特别的注意，不过其教材与师范大学有些不同，且较之办师范大学，有更多的益处。② 可见，许寿裳较倾向于"寓师范于大学"的观点，认为女子大学无论在教材还是学科设置方面，比起师范学校，更能完备学生的基础知识，造就卓越的新女性。

在上述改革思想的指导下，以许寿裳为核心的女高师教职员积极展开了筹办女子大学的工作。1922 年 11 月 9 日召开的校务会议将筹划"女子大学"提到议事日程，议决先由校长、总务处主任和教务处主任起草意见书。③ 1923 年，北京女高师组织女子大学讨论委员会详加商榷，认为"教育事业不进则退，决无永守故辙之理。于此过渡时期，若必待计出万全始行改革，恐终无此一日。不如积极进行，内之猛自鞭策不以因循自安，外之亦可博社会之同情"④。故设立女子大学之事"无可再缓，若暑假后不能招生，至少又须迟一年，良非得策"⑤。女子大学讨论委员会后被改为女子大学筹备委员会⑥，由该会与校评议会联合办理女子大学事宜。经多次开会讨论，最终决议限于自身条件，女高师一时无法改办成完全的女子大学，只有先以添设大学预科为之过渡。1923 年 6 月，北京女高师公布了《北京女子高等师范学校添设女子大

---

① 许寿裳：《本校改建女子大学意见书》，《北京女子高等师范周刊》1922 年 12 月 31 日第 1 版。

② 许寿裳：《本校改建女子大学意见书》，《北京女子高等师范周刊》1922 年 12 月 31 日第 1 版。

③ 《十一月九日午后四时校务会议议决事项》，《北京女子高等师范周刊》1922 年 11 月 12 日第 1 版。

④ 《北京女子高等师范学校添设女子大学预科缘起及招生简章》，《北京女子高等师范周镌》1923 年 6 月 24 日第 7 版。

⑤ 《北京女子高等师范学校添设女子大学预科缘起及招生简章》，《北京女子高等师范周镌》1923 年 6 月 24 日第 7 版。

⑥ 女子大学筹备委员会委员有许寿裳、吴清林、张李雪英、张耀翔、曾绍兴、张泽垚、傅铜、程振基、王仁辅。参见《女子大学筹备委员会成立会》，《北京女子高等师范周镌》1923 年 6 月 3 日第 5 版。

学预科缘起及招生简章》，其改革理由以许寿裳的改制思想为基础，决定于同年 7 月起招考女子大学预科一年级两班，各 40 名①。至 9 月开学后，实际招收大学预科生文科 48 名，理科 24 名②。至此，许寿裳筹划将女高师改建为女子大学的设想得以部分地实现，大学预科与高等部并存于一校（详见表 1-11）。

**表 1-11　北京女高师添设大学预科后的学科设置表（1924 年）**

| 时间 | 学科设置 | | | | | | | | | | | | | |
|------|------|------|------|------|------|------|------|------|------|------|------|------|------|------|
| | 高等部 | | | | | | | | | | 大学预科 | | | 补习科 |
| | 文科 | | | | | 理科 | | | 音乐科 | 体育科 | 甲部 | 乙部 | 特别科 | 普通科 |
| 1924 年 6 月③ | 国文系 | 史地系 | 教育系 | 哲学系 | 英语系 | 数理系 | 理化系 | 博物系 | 音乐系 | 体育系 | 文科 | 理科 | | |

作为北京女高师的校长，许寿裳并没有选择保全女子高等师范教育的独立建制，将女高师升格为女子师范大学，而是主张改建女子大学，以造就全国女子文化中心，培养完全的妇人。从教育层面看来，许寿裳的倡议符合壬戌学制对高等师范教育的规划以及女子高等教育的发展目标；就其个人而言，这种选择与其国民教育及女子教育思想有着深切的关系。

许寿裳留学日本期间，为探索救亡真理，常与好友鲁迅讨论"怎样才是最理想的人性？中国国民性中最缺乏的是什么？它的病根何在？"④之类的问题，他们得出的结论就是改造中国的国民性。在许寿裳看来，教育是开启民治、培养民德、改造国民性的利器。因此，从日本回国后，许寿裳就开始了启蒙民智的教育生涯，尤其注重儿童问题和女子问题。他认为："非注重女子，使女子文化有相当的发展，那民国的基础

---

① 《北京女子高等师范学校添设女子大学预科缘起及招生简章》，《北京女子高等师范周镌》1923 年 6 月 24 日第 7 版。

② 《学校学生统计表》，《北京女子高等师范周镌》1924 年 6 月 29 日第 7 版。

③ 《北京女子高等师范学校组织系统表（一）》，《北京女子高等师范学校周镌》1924 年 6 月 29 日第 6 版。

④ 许寿裳：《亡友鲁迅印象记》，载倪墨炎、陈九英编《许寿裳文集》（上册），百家出版社 2003 年版，第 91 页。

终究是薄弱的；非注重儿童，使第二代儿童优胜于第一代，第三代儿童更优胜于第二代，那民国的进步是无望的。"① 他指出这两个问题的解决在于发展女子高等师范，因此作为当时唯一的女子高师学校，北京女高师责无旁贷。1922 年 10 月 2 日，许寿裳在开学典礼上明确提出了三点治校方针：即发挥民治的精神、发挥女性的特长和造成女子文化中心。这三点方针实质上都是紧紧围绕以改造国民性为基点的国民教育思想展开的。他认为民治精神是改造国民性的重要思想资源，且与女子教育息息相关。若不兴办女子大学，其"弊端所至，小之不能巩固家庭，将有破裂之虞，大之不能发展女子文化，因之民治精神无从完成，国家的基础也就薄弱了"②。因此，他任职期间，优先发展家政、保育诸系，积极扩充音乐、绘画、舞蹈等科目，以期充分发挥女性特长，"一洗我国民德性凉薄，趣味卑下的缺点"③。

综之，许寿裳筹办女子大学的思想和实践，体现了其对北京女高师的信心和执着，也折射出其对中国女子教育的远见卓识。立足女校发展而言，许寿裳强调男女差异性的平等，尊重女性特长，培养女学生德、智、体、美全面发展，力图将女高师打造为全国女子文化中心，这种出发点本无可厚非；但他对女子教育的重视并非以女性本身的发展需求为本位，而是更关注女性特长对家庭、国家诉求的满足，体现了当时大多数男性知识精英对女子教育的期望偏向。1924 年 2 月，许寿裳因故辞职离校。

1924 年 2 月 28 日，教育部委派杨荫榆④继任北京女高师校长，她成为近代中国第一位国立女子高校的女校长。上任不久，杨荫榆便接到教育部指令称，"查该校原为养成女学师资而设，近来女子教育渐见发达，需人正多，所请改办女子大学一节未便照准。至新招大学预科学生

---

① 《本校双十节开会记录》，《北京女子高等师范周刊》1922 年 10 月 15 日第 2 版。

② 许寿裳：《本校改建女子大学意见书》，《北京女子高等师范周刊》1922 年 12 月 31 日第 1 版。

③ 许寿裳：《本校改建女子大学意见书》，《北京女子高等师范周刊》1922 年 12 月 31 日第 1 版。

④ 杨荫榆（1884—1938），江苏人。早年曾留学日本，回国后于 1914 年出任北京女子师范学校学监。1918 年赴美国留学，入哥伦比亚大学，1923 年获教育学硕士学位。1924 年被任命为国立北京女子师范大学校长，成为中国第一位国立女子大学的女校长。因酿成"女师大风潮"，1925 年被免职。此后她一直从事教育工作，抗日战争爆发后，拒绝出任伪职，并严词抗议日军的暴行。1938 年 1 月 1 日，杨荫榆被日军枪杀。

为时尚少，所习课程亦属普通学科，得由该校长改编高师第一年级与旧有学生一律待遇。仰即审度情形，斟酌办理，并将办法呈部备核，是为至要"①。对此，杨荫榆呈请教育部，拟将女高师改办为女子师范大学，她在呈文中说道："惟自新定学制公布以后，教育之系统为之一变。诚以学校升格常随社会进化为转移，近今国内中等学校既已分成初高两部，增加修业年限，则高等专门以上学校自应有相当之改革，以为高级中学毕业者升学之地步。而在高等师范学校尤宜提高程度，毕业以后方可适应高级中学师资之需求。现时国立各校改办大学及师范大学者已有成例，女子教育似应视同一律，查《学校系统改革案》第二十二条师范大学项下附注云，依旧制设立之高等师范学校应于相当时期内提高程度，收受高级中学毕业生，修业年限四年，称为师范大学校。是旧制高师允宜改办师范大学，若仍改编为旧制高师，实与新定学制相矛盾，审度再四，惟有将本校改办女子师范大学以符大部注重女学师资之本意而应时势之需要。"②

有关女高师改组为女师大的具体意旨，时任职女师大的吴戒逸在该校成立典礼所做的报告已明确指出："当世界潮流所趋，文明进步，日快一日，因此高师乃有趋于办大学之倾向。但在中国现时所需要者，乃在教育普及，而谋教育普及，首重师资，故对于一般高深之学问，大学已有贡献，而师资方面，不能不赖师大之深造，所以欲应目前只需要，提高教育，养成师资之宗旨，乃办师范大学。至于师大何以特设女师大？是因即想及此点，极力提议改办女师大。经本校会议通过，教部批准，乃筹办女子师范大学委员会，讨论多次，改组大纲，呈报教部，乃告成立。"③

1924年5月2日，教育部下令照准北京女高师改为北京女子师范大学。5月14日，筹办女子师范大学委员会成立，杨荫榆被推举为委员长，并对修业年限、学分总数、学科设置及学生待遇等问题提出议案。④5月20日，筹办女子师范大学委员会第二次会议召开，对学分制、学科设置做出了议决。5月27日，筹办女子师范大学委员会召开

　　①　《教育部指令第780号》，《北京女子高等师范周镌》1924年3月30日第1版。文中标点为笔者所加。

　　②　《呈文》，《北京女子高等师范周镌》1924年4月27日第1版。文中标点为笔者所加。

　　③　《吴戒逸先生报告》，《国立北京女子师范大学周刊》1924年9月28日第1版。

　　④　《本校纪事》，《北京女子高等师范周镌》1924年5月18日第1版。

第三次会议，议决将组织大纲草案逐条讨论并照原案修正通过后提交评议会核议。① 5 月 30 日，校评议会与筹办女子师范大学委员会开联席会议，逐条核议《北京女子师范大学组织大纲草案》，最后议决通过了《国立北京女子师范大学组织大纲》和《国立北京女子师范大学教职员待遇简章》。② 6 月 18 日，校教务会议议定《国立北京女子师范大学招生简章》③，随后展开招生考试等事项。至此，女高师基本完成了改办为北京女子师范大学的筹备工作。杨荫榆"既为女校长之首创者，而又首先创办女子大学"④，彰显了她从事教育的能力和魄力。尽管其后发生的"女师大风潮"使杨荫榆饱受争议，但她在困苦局势中仍竭力维持女子高师学校的独立建制，最终将其改建成中国第一所女子师范大学，这份功劳是值得充分肯定的。

综上，北京女高师的升格路径，由许寿裳筹办女子大学到杨荫榆改建女子师范大学，体现了近代中国高等师范教育转型的多样性。从长远来看，许寿裳办女子大学以提升女子教育程度和地位的办学理念无疑是正确、深刻的，但他最终未能实现成立女子大学的设想，这主要是由近代中国国情、女子教育等因素决定的。近代中国一穷二白，经济落后，人口众多，教育基数庞大，需要通过建立专门的高师学校，以便短平快地培养大批急需的教师。因此，高师教育仍是承担近代教师教育任务的主力军，也是一种合乎国情的历史选择。作为当时唯一的国立女子高等师范学校，北京女高师对女子基础教育的发展负有重大的使命，急需培养大量的师资以应需求，从而提升国民的整体素质。鉴于此，教育部指令校长杨荫榆，将女高师升格为北京女子师范大学，唯其如此，既能保持教师教育特色以扩大影响，又可提高办学层次以顺应时代需要，应该说这种转型符合近代国情需要和女子教育发展的历史趋势。

1924 年 7 月 29 日，教育部令准北京女高师所拟的《国立北京女子师范大学组织大纲》试行。8 月 1 日，教育部函聘杨荫榆为北京女子师范大学校长。9 月 22 日，北京女子师范大学开学并举行成立典礼。陈宝泉、陶行知、王季烈、雷人百等出席并讲演，肯定了女师大成立的重

---

① 《本校纪事》，《北京女子高等师范周镌》1924 年 6 月 1 日第 2 版。
② 《本校纪事》，《北京女子高等师范学校周镌》1924 年 6 月 8 日第 2 版。
③ 《本校纪事》，《北京女子高等师范学校周镌》1924 年 6 月 29 日第 3 版。
④ 《雷人百先生演讲》，《国立北京女子师范大学周刊》1924 年 10 月 26 日第 2 版。

要意义。北京女子师范大学以"养成中等学校师资、养成教育行政人员、研究高深学术、发展女性特长"① 为宗旨,大学本科设有教育学系、心理学系、国文学系、英文学系、史学地理学系、数学物理学系、物理化学系、博物学系,修业年限为 4 年,实行学分制,毕业时得受学士学位。除本科外,还设有预科、专修科等。实际上,北京女子师范大学的办学宗旨、学科和课程设置在北京女高师的基础上都有进一步改善,尤其是明确了"研究高深学术"的教育宗旨,进一步提升了师范学校的学术水平。

北京女高师前承京师女子师范学堂,后启北京女子师范大学,其间校长变动频繁,校名变更多次,可谓经历了一段动荡的历史。然而在此艰难困苦中,北京女高师由中等师范改组为高等师范,又由高等师范升格为师范大学,其进步不可谓不迅速。本着民主和科学的时代精神,凭借与时俱进的姿态不断地在改革中谋求发展,从而使得该校在教育宗旨、组织管理、课程设置、师资结构、学生风貌等方面发生了深刻的变化,成为近代国内知名的女子高校,展现了女高师人的教育自觉、自信和自强。更为重要的是,女高师的发展不仅关系其自身的成长,而且关系中国女子教育的前途,代表近代女子教育艰苦奋斗的精神。

---

① 《国立北京女子师范大学组织大纲》,《北京女子高等师范周镌》1924 年 6 月 8 日第 2 版。

# 第二章

# 北京女高师与五四新文化运动

　　北京女高师时期，正值五四新文化运动激荡之际。新文化运动组织者陆续来女高师，宣传民主和科学思想。受他们的启蒙和指引，女高师学生的思想和行动刻有"五四"新文化的印记。她们不仅响应"文学革命"的号召，为中国现代新文学的发生做出了不可磨灭的贡献，而且还积极投身社会改造运动，探索国家救亡之道。在师生们的共同努力下，北京女高师成为五四新文化运动的重镇。

## 第一节　弘文励教：新文化运动组织者在女高师

　　五四运动发生前，北京女高师实行封闭式管理，旧学氛围浓厚，思想趋于保守。校长方还喜好古文，禁止学生参加校外的政治活动，对女子教育仍持"贤妻良母主义"的理念。他曾聘请女教师戴礼教授《三礼》，宣讲"三从四德"，学生们呈现出一派"贞淑"的面貌。

　　五四运动发生后，女高师学生积极响应北京学界的爱国行动，纷纷走出校门上街游行，事后还掀起了驱除校长方还的运动，从而打破了学校原有的专制、禁锢的管理模式。同时社会上的各种新学说、新思潮开始大量地涌入女高师，学生们的"心灵已整个的卷入那奔腾澎湃的新文化怒潮"①，她们渴求从新文化的精神食粮里获取更多的营养。在此背景下，女高师顺应时代潮流，积极邀请新文化运动组织者蔡元培、胡

---

① 苏雪林著，于青选编：《归途》，群众出版社1999年版，第74页。

适、李大钊、陈独秀、周作人、鲁迅、钱玄同、梁启超、梁漱溟等来校传道授业。他们作为致力于女子教育和妇女解放的同路人，有着宣传男女平等的启蒙热情和引领女性解放的使命感，并通过授课、讲演等方式（详见表 2-1），为北京女高师带来了一股革新的气息。

表 2-1　新文化运动组织者与北京女高师的主要活动（1919—1924 年）

| 人物 | 时间（年） | 活动 |
|---|---|---|
| 蔡元培 | 1919 | 11 月 17 日，在女高师讲演《权利与义务》。 |
| | | 11 月 30 日，参加李超追悼会并讲演。 |
| | 1920 | 在女高师讲演《国文之将来》《学生自治》。 |
| | 1923 | 在女高师讲演《自治之成因与范围》。 |
| 陈独秀 | 1919 | 11 月 30 日，参加李超追悼会并发表讲演。 |
| | 1920 | 在女高师讲演《民主科学与妇女解放》。 |
| 胡适 | 1919 年 9 月— 1920 年 7 月① | 兼任女高师哲学教员，讲授中国哲学史、西洋哲学概论。 |
| | 1919 | 11 月 13 日，在女高师讲演《哲学方法》。<br>11 月 30 日，参加李超追悼会并发表讲演。<br>12 月 3 日，观看女高师学生演剧。<br>12 月 17 日，在女高师演说。 |
| | 1920 | 担任杜威在女高师讲演的翻译。 |
| | | 因不满家庭对女子求学的束缚，胡适鉴于安徽女生许以敬投考女高师的畏惧情况，致信主持女高师国文科考试的马裕藻，望予以关照。②<br>5 月 4 日，在女高师举行的五四纪念会上发表演说。<br>5 月 22 日，为援助工读互助团第三组，借给北京女高师学生杨璠 120 元。 |

---

①　目前学界对于胡适执教北京女高师的时间存有争议：一是"半年说"，如安徽大学胡适研究中心陆发春先生在《文史考辨与史实求真——以胡适与苏雪林交往二则史实考证为例》，《安徽史学》2003 年第 6 期；《苏雪林与胡适二则史实的考证》，《鲁迅研究月刊》2003 年第 12 期，两文中称"胡适在女高师教授苏雪林等学生，确为半年时间"，"苏雪林《适之先生与我的关系》文中'只教了我们一年，便不再教了'一语明显有误"。二是"一学年说"，如王翠艳在《女子高等教育与中国现代女性文学的发生》，文化艺术出版社 2007 年版，第 77 页中指出陆发春的上述结论有误，据《胡适日记全编》得知胡适在女高师任教恰为一学年。对此，笔者又从《教育公报》上找到一条史料，记载胡适执教北京女高师的具体时间为 1919 年 9 月—1920 年 7 月，大约一年，因此苏雪林对这件事的回忆是基本可靠的。具体可参见《北京女子高等师范学校周年概况报告书》（续），《教育公报》1921 年第 10 期。

②　胡适著，季羡林主编：《胡适全集》（第 23 卷），安徽教育出版社 2003 年版，第 334 页。

续表

| 人物 | 时间（年） | 活动 |
|------|----------|------|
| 胡适 | 1921 | 在《呜呼苏梅》事件①中热情声援女高师学生苏雪林。 |
| | 1922 | 3月3日，到女高师去听俄国诗人爱罗先珂讲演《知识阶级的使命》。3月18日，到女高师英文部讲演《演说的要点》。 |
| 李大钊 | 1919 | 在女高师讲授社会学、女权运动史和伦理学。 |
| | | 11月30日，参加李超追悼会并发表演讲。 |
| | 1921 | 在女高师讲演《关于图书馆的研究》《美国图书馆员之训练》《理想的家庭》。 |
| | | 代表女高师参加北京国立专门以上各校辞职教职员代表联席会议，向教育部索薪。 |
| | | 女高师学生苏雪林、林宝权等赴法勤工俭学，李大钊致信周太玄，望予以照顾。② |
| | 1922 | 指导女高师第一届国文部毕业生排演历史剧《孔雀东南飞》。 |
| | | 8月初，应女权运动同盟会邀请，在女高师讲演。 |
| | | 8月18日，参加女权运动同盟会茶话会并发言。 |
| | 1924 | 5月4日，参加北京学生联合会在女高师举行的五四纪念会，并发表讲演。 |
| 钱玄同 | 1922 | 10月2日，在女高师讲演《国文的进化》。 |
| | 1922—1924 | 兼职北京女高师国文系教员，讲授文字学、语音学。 |
| 鲁迅 | 1920 | 对女高师学生许羡苏等的剪发事件作《头发的故事》予以回应。 |
| | 1922 | 11月24日，到女高师听爱罗先珂讲演《女子与其使命》。 |
| | 1923 | 7月，任北京女高师国文系小说史科兼职教员，担任小说史和文艺理论课程。 |
| | | 12月26日，到女高师讲演《娜拉走后怎样》。 |

---

　　①　1921年，女高师学生苏雪林发表了一篇新文学评论，以犀利、刻薄但又不无道理的口吻，对谢楚桢所著的《白话诗研究集》进行了尖锐的批评。此文一出，随即引发了一场笔战。其中易家钺为维护谢楚桢，以匿名为"右"的笔名发表了《呜呼苏梅!》一文，对苏雪林极尽诋毁之词。此举遭到了女高师学生及部分报界人士的强烈反对。面对社会多方面的谴责，易家钺转而请李石曾、杨树达等8位社会知名人士联合发表声明以示其清白。胡适对此十分不满，并联合高一涵发表了一则启事，要求8人拿出确凿证据以证明《呜呼苏梅!》一文并非易家钺所做。胡适的上述举动，实际上可算是对女学生苏雪林的一种声援。

　　②　李大钊著，《李大钊全集》编委会编：《李大钊全集》（第3卷），河北教育出版社1999年版，第655页。

续表

| 人物 | 时间（年） | 活动 |
|------|-----------|------|
| 周作人 | 1920 | 女高师国文部兼职教员，讲授欧洲文学史。 |
| | 1922 | 俄国诗人爱罗先珂在女高师讲演《女子与其使命》，周作人担任翻译。 |
| | | 3月3日，应北京女高师文艺研究会之邀到校讲演。 |
| | | 5月30日，在女高师自治会讲演《女子与文学》。 |
| | | 10—12月，在女高师授课。 |
| | 1923 | 1—6月，在女高师授课。 |
| | | 3月11日，去女高师为诗学研究会讲演。 |
| | | 5月11日，在女高师文艺研究会讲演。 |
| | | 9—12月，在女高师授课。 |
| | 1924 | 1—6月，在女高师授课。 |
| 梁漱溟 | 1919 | 11月30日，参加李超追悼会并发表演讲。 |
| | 1923 | 在女高师讲演《从教育上和哲学上所见中西人之不同》。 |
| 梁启超 | 1922 | 在女高师讲演《我对于女子高等教育希望特别注意的几种学科》。 |

　　由上表我们不难发现以下几点：首先，就主要代表人物而言，新文化运动的主持者大都到过北京女高师，这在一定程度上说明他们对该校的关注。而与之立异，同样赫赫有名的东方文化派主将梁启超与梁漱溟也在被邀之列，则进一步反映了女高师的学术民主和可贵的开放性。其次，新文化运动各派名流纷纷出席在女高师举办的李超追悼会，这更值得我们关注。1919年8月16日，北京女高师国文部学生李超，因不堪家庭压迫病逝。对新文化运动组织者而言，李超之死被视为一件大事，体现了新旧文化在女子教育、婚姻问题和家庭制度等方面的激烈冲突。因此，蔡元培、陈独秀、李大钊等积极发起李超追悼会并发表讲演，从不同角度解读妇女解放和社会家庭问题，以期达到宣传新思想和巩固新文化运动成果之目的。再次，从演讲题目来看，他们尽力贴近女子教育的特点，但也不受限制。如梁启超的《我对于女子高等教育希望特别注

意的几种学科》，显示了他对女子高等教育与职业关系的重视，见解独特。梁启超认为："提倡女子教育，总要找出几种学问，可以作为女子高等职业之基本者，格外施以训练，令将来男女竞争时，女子才有优胜的把握。"[①] 他希望女学生能自觉地学习史学、会计学、图书馆管理学及新闻学等学科，将来以此为职业"一定立于优胜的地位"[②]，真正实现教育"立人"的目的。蔡元培的《国文之将来》、李大钊的《理想的家庭》、梁漱溟的《从教育上和哲学上所见中西人之不同》则是对新文化运动中出现的诸如白话文、家庭改良、中西文化等热点问题的回应和阐释。最后，除授课、讲演外，新文化运动主持者在课外时间还以不同方式参与或支持女高师的各项活动。胡适、李大钊十分关注女高师学生的新剧表演，而且指导并支持她们组织的女权运动同盟会。新文化运动组织者的上述活动，不仅有助于提升北京女高师的社会地位和影响力，更主要的是，他们为女高师带来了富含充沛养分的新思想、新观念和新文化，有力地促进了整个学校形成思想解放、积极向上、开放活跃的校园氛围。这对身处其中的女高师学生来说，无论是思想观念还是行为方式都具有启蒙意义和引领作用。

## 一　宣传"文学革命"

新文化运动主将们主张以实现文学语言和形式的变革作为文学革命的突破口，认为白话文"实在是新文学的唯一利器"[③]。他们十分重视师范生的教育传承责任，频繁亲临女高师，大力提倡白话文。1919 年 9 月，胡适兼任北京女高师的哲学教员，提倡学生写白话文。对此，女高师学生程俊英回忆道："胡适老师教我们中国哲学史，讲义是用崭新的白话文写的。《新青年》中的《文学改良刍议》一文，提出'八不主义'，给我的影响尤大。我们过去一直作文言文或骈文，认为只有俗文学的明清小说才用白话写，是不登大雅之堂的。经他在课堂上的分析、

---

① 梁启超：《我对于女子高等教育希望特别注意的几种学科》，载《饮冰室合集5 文集38—45》，中华书局1989 年版，第 4 页。

② 梁启超：《我对于女子高等教育希望特别注意的几种学科》，载《饮冰室合集5 文集38—45》，中华书局1989 年版，第 4 页。

③ 胡适：《尝试集自序》，载季羡林主编《胡适全集》（第 1 卷），安徽教育出版社 2003年版，第 195 页。

鼓吹，我们从 1918 年起就不作堆砌辞藻、空疏无物的古文了。"① 罗静轩②也有类似的回忆："胡适是教我们哲学的老师，那时他刚从美国回来，外表上，还有一点改革的勇气。我们这一班是一向读古文、写古文的，在他当时提倡白话文的启发下，以后我们就不再终日模拟古文了。"③ 虽然她们的回忆有一定的误差④，但胡适对女高师学生从事白话文创作的影响是不容置疑的。

　　1919 年 11 月 17 日，蔡元培应北京女高师之邀，发表了题为"国文之将来"的演说。他提倡白话文，指出"国文的问题，最重要的就是白话与文言的竞争"，而且"将来白话派一定占优势的"。为了更好地论证白话文的优越性，蔡元培十分有针对性地反驳了一些攻击白话文的观点，证明由"间接的"文言文趋向"直接的"白话文是一种无法抵抗的发展趋势。蔡元培提倡白话文的看法与胡适等人基调一致，但并不认为一定要绝对排斥文言文。他说："我敢断定白话派一定占优胜。但文言是否绝对的被排斥，尚是一个问题。照我的观察，将来应用文，一定全用白话。但美术文，或者有一部分仍用文言。"⑤ 由此可窥见蔡元培对新旧文化问题所持的更加冷静、平和的分析态度。演讲到最后，蔡元培强调白话文对高等师范学生的重要性，他说："高等师范学校的国文，应该把白话文作为主要。至于文言的美术文，应作为随意科，就不必人人都学了。"⑥ 这次讲演，不仅显示了蔡元培对白话文发展前途的信心，而且还表现了他对高等师范生肩负传承白话文责任的重视。

　　至 1922 年，"文学革命"已取得一定的成果，不仅新文化知识分子大都表示认同，而且教育部也下令将小学的国文教科书改用白话文。但

---

　　① 程俊英：《回忆女师大》，载朱杰人、戴从喜编《程俊英教授纪念文集》，华东师范大学出版社 2004 年版，第 346 页。

　　② 罗静轩（1896—1979），别号淑举，湖北黄安（今红安）人。1922 年毕业于北京女高师国文部。曾任北平市图书馆馆长、安徽大学教授兼图书馆主任。曾加入民主社会党，是民社党中央委员兼妇女部部长。中华人民共和国成立后，1962 年任上海文史馆馆员。

　　③ 罗静轩：《北京女高师在五四运动中》，载北京师范大学校史资料室编《五四运动与北京高师》，北京师范大学出版社 1984 年版，第 144 页。

　　④ 如据程俊英回忆，胡适教授她们中国哲学史是在 1918 年。这实系回忆有误，应在 1919 年 9 月。

　　⑤ 蔡元培：《国文之将来》，载中国蔡元培研究会编《蔡元培全集》（第 3 卷），浙江教育出版社 1997 年版，第 731—732 页。

　　⑥ 蔡元培：《国文之将来》，载中国蔡元培研究会编《蔡元培全集》（第 3 卷），浙江教育出版社 1997 年版，第 733 页。

当时社会上仍有一种偏见，认为相比高古精深的古文，浅近易懂的白话文只适用于初级教育和通俗教育。对此，文学革命健将钱玄同不以为然，深感有"驳正"之必要。是年10月2日，钱玄同在北京女高师讲演《国文的进化》，指出文学革命"不是嫌古文太精深，乃是嫌古文太粗疏；不是单谋初级教育和通俗教育的方便，乃是谋中国文学的改良"①。因此，他不仅主张用白话文做初级教育和通俗教育的教科书，而且提倡受过高等教育的知识分子应当用白话文著述学理深邃的书籍。此外，钱玄同还用进化论的观点证明文章是跟着思想事物变迁的，"所以文学革命只是顺着进化的路走去，绝对不是因为白话文学浅近易懂，专为知识幼稚的人们开方便之路！"②他强调作为接受高等教育的现代人，就应该做现代的白话文章，不要再去崇拜古文。钱玄同的讲演纠正了时人对白话文的若干认识误区，为"文学革命"的深入发展清扫了障碍。

北京女高师响应"文学革命"的宣传，积极投入到白话文运动中。该校的校内刊物《北京女子高等师范文艺会刊》《北京女子高等师范周刊》，所刊文章多为白话文，可见女学生的努力和成绩。需要指出的是，女高师学生素有国学根底，对旧文学的书写形式十分谙熟，因此，她们对白话文的接受和运用有一个渐进的过程。国学根底较深的程俊英虽然认同用白话文写文章，但对白话诗仍持有保留意见，她觉得胡适的新诗《蝴蝶》不如旧诗词含蓄隽永。应当说，程俊英的此种感觉，乃是源自深厚文学修养的一种自觉体验，不无道理。此外，女高师学生对新文化运动主将判定为"死文字"的文言文，大多不肯全盘否定，而是多用批评的态度重新评定它的价值。此种实事求是，不盲从的态度是难能可贵的。

## 二 提倡新教育

新文化运动组织者按照"文化是要实现的，不是空口提倡"的思维逻辑，主张将民主和科学的思想与教育相结合，以推动新文化运动的深入发展。蔡元培讲演"学生自治"以及胡适提倡"科学方法"，体现了

---

① 钱玄同：《国文的进化》，载沈永宝编《钱玄同五四时期言论集》，东方出版中心1998年版，第262页。

② 钱玄同：《国文的进化》，载沈永宝编《钱玄同五四时期言论集》，东方出版中心1998年版，第264页。

他们对女高师新教育的重视。

　　蔡元培在女高师有关民主教育的宣传集中于两次"学生自治"的演讲。1919 年，北京女高师成立了学生自治会。当时该校仍实行"校长治校"，尚未成立指导学生自治的机构。因此，该会从成立伊始就承受着非同一般的压力，教员和学生之间常常因思想沟通不足而引发矛盾。1920 年 4 月 13 日，《晨报》刊登了《女高师自治会之危机》一文，详细披露了自治会的困境。

　　　　北京女子师范自治会成立后，对于校中之专制恶习，虽不敢一旦推翻，但亦渐渐着手革新，职员所以颇恨自治会，校长夫人因此久不到校治事，以示反对。有朱监学者，更宿意与自治会为难。近因学生回家事，两方意见竟发生冲突，□前学生之在京有家者，星期六回家，星期日午后即须回校。后经自治会通过，准于星期一清早回校，已得校长同意照行。乃朱监学□执意以为星期六不回校必须说明事故，格外请假，否则记过扣分。自治会方面因朱说与原议不合，据理与争，朱甚愤，闻正在运动解散自治会。自治会之危机已至，未知该校学生将何以打破此难关也。①

　　这件事情的结局虽然以该学监辞职告终，但类似冲突事件时常发生，女高师学生自治会发展初期的艰难状况由此可见一斑。如此情境之下，蔡元培于 1920 年应邀在女高师讲演《学生自治》。他着重谈了三个方面的内容：一是强调"自治会可以试验学生办事的能力，独立的精神"，有助于学生完全人格的养成；二是反驳"学生没有自治能力"的观点，指出既然自治是学生自己要求的，"他就有一番预备的工夫；办事的能力"，所以大可放心；三是希望女高师能够借鉴北大学生会的自治经验，认为学生会和自治委员会的接洽联合，可防止师生意见无法沟通的弊端。② 蔡元培的此番讲演，对女高师学生自治会的进一步发展给予了莫大的支持并指引了方向，一定程度上体现了他对学生自治制度发展前景的乐观态度。

　　但事实上，从全国范围看，学生自治制度的发展并不尽如人意。其

---

① 《女高师自治会之危机》，《晨报》1920 年 4 月 13 日第 6 版。文中标点系笔者所加。
② 《蔡子民先生演讲"学生自治"》，《北京女子高等师范文艺会刊》1920 年第 2 期。

所暴露的问题，既有学校当局专制的一面，也有学生自治权力过度张扬的一面，故频频酿成学潮。这令一直对它充满热忱的蔡元培十分忧虑。1923 年，蔡元培选择以"自治之成因与范围"为题再度在北京女高师讲演，可谓对上述社会现实的一种回应和反思。他指出自治的本意是"管理自己，不要别人来管"，强调学生自治中"自治性"与"互助性"的关系，对因干涉校政、不满教员而引发学校风潮的现象提出了批评："从前的学生，到不得已时，全体都慎始慎终的改革，还没有好结果。现在呢？任凭几个人的武断，闹得现在农专法专①都不像样子，所以我们在这潮流之中，都不知不觉地受其害。"② 与之相比，当时女高师并未发生大规模的学潮，处于稳定发展之中。这与校长许寿裳推行的管理体制改革有一定的关系。1922 年，女高师设立学生指导委员会③，对学生自治进行辅导。校内关于学生的一切事务，都归学生自治会管理，教职员处于指导地位，从而形成一种"自治"与"他治"相结合的管理模式，这对当时女高师的学生管理发挥了重要作用。鉴于此，蔡元培肯定该会"办得很好，很有条理"，"能保守自治会的本意，真是前途希望无穷"！④

关于科学教育，胡适在女高师授课时强调科学方法的重要性。女高师学生钱用和⑤对胡适讲课的情形有着深刻的记忆：

> 学生最感兴趣的，是胡适之老师讲中国哲学史。当时胡师方由

① 1922 年，北京法专学校学生组织"改良校务同志会"和"法政大学促进会"，前者为激进派，主张驱除校长；后者则主张保留校长。后来校长辞职，教育部另委派他人为校长，学生不予承认，遂发生学潮。北京农专学校学生不满校长，推选代表请其离校，校长随即辞职。教育部委派某教员代理校长，学生不允，遂罢课。

② 蔡元培：《自治之成因与范围》，《北京女子高等师范周刊》1923 年 1 月 7 日第 1—2 版。

③ 该会委员处理事项，分为学术指导、自治指导、体育指导三大纲。凡关于讲演、研究、出版、艺术等皆属于学术指导；凡关于学生自治者属于自治指导；凡关于体育、卫生者均属于体育指导。

④ 蔡元培：《自治之成因与范围》，《北京女子高等师范周刊》1923 年 1 月 7 日第 2 版。

⑤ 钱用和（1898—1990），字韵荷，号幸吾，江苏常熟人。1917—1922 年就读于北京女子师范学校国文专修科及北京女高师国文部，毕业后任江苏省立第三女子师范学校校长。后赴美国芝加哥大学及哥伦比亚大学留学，回国后历任北京师大、上海暨南大学、金陵女子文理学院、交通大学等校的教授，1931 年任宋美龄的私人秘书及国民革命军遗族学校与女校校董。后去台湾，长期任监察院的监察委员。著有《欧风美雨》《三年之影》《韵荷存稿》《浮生八十》《半世纪的追随》等。

美返国，年少英俊，博学深思。我们听讲时，大家聚精会神，提笔疾书，把所讲录入笔记。我和庐隐女士最矮，坐在第一排，时常仰首侧耳，听看着胡师的动作，如口吐出珠玑似的，上下古今，融会贯通，把老庄孔孟墨子等的思想，分析比较，深刻明瞭，上一堂课，胜读十年书。胡师讲课姿态，历历在目，他直立倚墙，很少走动，讲时常足跟起落，自成节拍，口齿清楚，有时幽默动人，指示治学方法，注重假定、考证、研讨、判断，得益不少。①

　　钱用和所说的"假定、考证、研讨、判断"的治学方法，即为胡适在《中国哲学史大纲》所提出的"明变、求因、评判"为核心的中国哲学史方法论体系以及"校勘、训诂、考证"等整理史料的方法。胡适在课堂上鼓励学生用科学的方法整理国故，不少学生在他所指示的方法下取得了丰硕的学术成果。如苏梅的《历代文章体制底变迁》②、孙桂丹的《洪水前后之疆域考》③、冯沅君（冯淑兰）的《历代骈文散文的变迁》④、钱用和的《六书名谊次第异同先后考》⑤均运用了科学的考证方法。其中冯沅君的《历代骈文散文的变迁》一文，不仅洋洋洒洒有两万余字，而且资料翔实，立论有据，是一篇颇见学术功底的论文。冯沅君运用胡适提出的科学方法对中国历代"骈散之争"进行了系统地梳理和考证，试图对备受文选派和桐城派各自推崇的"散体文"和"骈体文"进行价值重估。她认为作为文章的形式，骈体、散体各有长短，若用进化论及世界眼光来看，"骈散之争"则未免显得狭隘。⑥ 胡适所指示的治学方法对冯沅君思想的震动程度我们不得而知，但她在女高师期间所发表的数篇学术论文⑦及毕业后选择进入北京大学国文门继

---

　　①　钱用和：《追述往事敬悼胡师》，载冯爱群编《胡适之先生纪念集》，台湾学生书局1973年版，第23页。

　　②　苏梅：《历代文章体制底变迁》，《北京女子高等师范文艺会刊》1920年第2期。

　　③　孙桂丹：《洪水前后之疆域考》，《北京女子高等师范文艺会刊》1920年第2期。

　　④　冯淑兰：《历代骈文散文的变迁》，《北京女子高等师范文艺会刊》1921年第3期。

　　⑤　钱用和：《六书名谊次第异同先后考》，《北京女子高等师范文艺会刊》第4期。

　　⑥　冯淑兰：《历代骈文散文的变迁》，《北京女子高等师范文艺会刊》1921年第3期，"论说"第169页。

　　⑦　冯沅君在《北京女子高等师范文艺会刊》上发表了7篇论文，分别为《论文章贵本于经术》《今后吾国女子之道德问题》《春秋战国时兵制之比较》《中国六大民族同化及其竞争地之研究》《读汉书艺文志随笔》《历代骈文散文的变迁》《释贝》，其中有多篇文章运用了胡适所提倡的治学方法。

续深造，皆可体现其以科学方法从事学术研究的志向和努力。

新文化运动主将提倡教育的民主化和科学化，不仅为北京女高师指示了学生自治制度的方向，利于该校管理体制的现代化发展，而且提倡以现代科学的方法对传统文化进行整理，益于推动该校传统学术的现代转型。

### 三　倡导女性自立

"五四"之前，新文化运动主将以西方资产阶级自由平等说、天赋人权说为思想武器，深刻地揭露封建礼教对广大妇女的束缚和压迫，积极倡导女性的个性解放、人格独立。早在 1918 年，胡适应邀在北京女子师范学校讲演《美国的妇人》。他高度称赞美国妇女"超于贤妻良母"的自立的人生观，指出这正是中国妇女最为缺乏的观念。因此，若能"把这种自立的精神，来补助我们的'依赖'性质，若能把那种'超于贤妻良母的人生观'来补助我们的'贤妻良母'观念，定可使中国女界有一点'新鲜空气'，定可使中国产出一些真能'自立'的女子"①。此外，胡适还将挪威戏剧家易卜生笔下的"娜拉"这一全新的现代女性形象介绍给中国妇女。娜拉被丈夫当作"玩意儿"，没有家庭地位和个性自由，她在被迫离家出走时向丈夫宣告："我相信我第一要紧的是，我是一个人，同你是一样的人。无论如何，我总得努力做一个人。"② 这实际上为中国妇女树立了一个勇于反抗家庭、争取个性解放和人格独立的新女性的模范。中国社会由此掀起了一股"娜拉热"。

五四运动后，妇女解放思潮不断趋于深化。1923 年 5 月，北京女高师学生演出话剧《娜拉》，深受社会各界的关注，这同时也说明她们是怎样深深地受到胡适所介绍的"娜拉"的影响了。然而，正值"娜拉"效应达到高潮之际，鲁迅应邀在女高师发表了题为"娜拉走后怎样"的讲演，给沉浸在"娜拉式出走"浪漫激情中的女学生泼了一盆冷水。在他看来，身处现实环境中的"娜拉"只有两条路：不是堕落，就是回来。显然，鲁迅对积弊深重的社会现实有着一份比常人更为清醒的体察。身为妇女解放的引领者，鲁迅深知"梦醒了无路可以走"的

---

① 胡适：《美国的妇人》，《新青年》1918 年第 5 卷第 3 期。
② 易卜生：《娜拉》，罗家伦、胡适译，《新青年》1918 年第 4 卷第 6 期。

痛楚，更懂得"既然醒了，是很不容易回到梦境"的残酷，对中国"娜拉"的现实困境感同身受。因此，他主张经济自立的重要性，"在家应先获得男女平均的分配"，"在社会应获得男女相等的势力"。① 对于经济权的获得，鲁迅进一步指出其实现过程的艰难，"也许比要求高尚的参政权以及博大的女子解放之类更烦难"。因为"中国太难改变了，即使搬动一张桌子，改装一个火炉，几乎也要血；而且即使有了血，也未必一定能搬动，能改装"②。妇女解放也是如此，传统的社会、家庭制度和父权文化根深蒂固，妇女解放因经济问题而遭遇挫折的事例屡见不鲜，如 1919 年的李超事件。虽然鲁迅在讲演中并没有明确给出获取经济权的方法，但他号召妇女解放者应用剧烈的、深沉的、韧性的战斗去争取与男子平等的经济权。这次讲演后，学生们"思潮汹涌，掀起了巨浪，思想上跳出了一向不曾注意或从来就没有想过的一些问题。从此，同学们常互问'娜拉走后怎样？'"③ 足见，鲁迅将学生的思想，在胡适提供的基础上，进一步引向了深化。

随着科学社会主义思想的兴盛，陈独秀、李大钊逐渐用马克思主义理论思考并指导中国的妇女解放运动。针对北京女高师的李超事件，陈独秀强调李超之死，"不是个人问题，是社会问题，是社会底重大问题"④，并由此看出社会制度的两大缺点：一是男系制，二是遗产制。他通过进一步考察男系制和遗产制的发展历史，指出俘虏制度和私有制度是二者的历史根源。那俘虏制度、私有制度的根源又来自何处呢？陈独秀认为"此种恶习皆由于人类占有冲动与劫夺本能"⑤。由此可见，当时的陈独秀虽说受到马克思主义学说的影响，但同时也接受了英国罗素的新唯实主义哲学。这说明他处于向马克思主义转变的阶段，但这种转变并非径情直遂，而是经历了一个摇摆的过程。此外，李大钊在女高师开设的"女权运动史"课堂上，不仅介绍了各国妇女争取自由平等、女子参政、保护女工同工同酬的动态，而且指出这些"不过是企图枝节

---

① 鲁迅：《娜拉走后怎样》，陆学仁、何肇葆笔记，《北京女子高等师范文艺会刊》第 6 期。

② 鲁迅：《娜拉走后怎样》，陆学仁、何肇葆笔记，《北京女子高等师范文艺会刊》第 6 期。

③ 陆晶清：《鲁迅先生在女师大》，《大地》1981 年第 5 期。

④ 独秀：《男系制与遗产制》，《新青年》1920 年第 7 卷第 2 期。

⑤ 《李超女士追悼会之演说词》，《晨报》1919 年 12 月 13 日第 7 版。

的改良，不能彻底解决问题。只有社会性质改变，只有实现共产主义社会，妇女才能获得真正的解放"①。这表明李大钊受马克思主义妇女观的影响，自觉意识到中国的妇女解放必然与社会主义革命相结合才能真正实现。

　　上述新文化运动组织者的讲演涉及民主、科学、妇女解放等新文化的诸多方面，对女高师的思想启蒙和学术繁荣产生了积极地影响。除了学术讲演之外，他们的课堂教授情形又是如何呢？我们可以通过女高师学生的回忆录以窥其一斑。1919 年 9 月，北大教授胡适兼任北京女高师哲学教员，讲授中国哲学史。苏雪林对其讲课情形有生动的回忆：

> 　　胡先生点名时，常爱于学生姓名下缀以"女士"字样，譬如钱用和女士、孙继绪女士……常使我们听得互相而微笑。他那时声名正盛，每逢他来上课，别班同学有许多来旁听，连我们的监学、舍监及其他女职员都端只凳子坐在后面。一间教室容纳不下，将毗连图书室的扇槅打开，黑压压地一堂人，鸦雀无声，聚精会神，倾听这位大师沉着有力、音节则潺潺如清泉非常悦耳的演讲，有时说句幽默的话，风趣横生，引起全堂哗然一笑，但立刻又沉寂下去，谁都不忍忽略胡先生的只词片语。因为听胡先生讲话，不但是心灵莫大的享受，也是耳朵莫大的享受。②

　　从 1919 年开始，李大钊在女高师先后讲授社会学、女权运动史和伦理学等课程，学生们因"能够作他门徒，亲聆教诲，无不引以为幸"③。即便是持有反共政治偏见的苏雪林，当回忆起这位共产党早期创始人的时候，仍是满怀敬意：

> 　　李大钊先生讲书极有条理，上课时滔滔千言，如瓶泻水，但你永远莫愁他的笔记难记，因为他说话只直说下去，不着一句废话，也没半点游姿余韵，所以一点钟的话记述下来，自然成为实实在在

---

　　① 程俊英：《怀念李大钊老师》，载朱杰人、戴从喜编《程俊英教授纪念文集》，华东师范大学出版社 2004 年版，第 318 页。
　　② 苏雪林：《浮生十记》，江苏文艺出版社 2005 年版，第 201—202 页。
　　③ 程俊英：《怀念李大钊老师》，载朱杰人、戴从喜编《程俊英教授纪念文集》，华东师范大学出版社 2004 年版，第 317 页。

的一章讲义。他的朴实诚恳的面貌和性格也同他的讲授一般，很引起我的敬爱。①

鲁迅在女高师讲授的中国小说史颇受好评。陆晶清回忆道："鲁迅先生讲课，不是在讲台上旁若无人，口若悬河滔滔不绝地自说自话，也不是用记录速度念讲义。而是在深入浅出地讲解教材时，联系实际，提出问题并引导学生思考、分析问题。每听鲁迅先生讲一次课后，我们都要议论、咀嚼多时。"② 可见，鲁迅讲课富于启发性，正如许广平所言："虽说是讲《中国小说史略》，实在是对一切事物都含有教育道理，无怪乎学生们对这门功课，对这样的讲解拥护不尽，实觉受益无穷。"③

新文化运动主将的频繁到校，成为女高师校园内一道道传播新文化的风景线。针对他们在女高师的活动及师生们的作为，我们可以引出以下几点认识。

一是五四新文化运动对北京女高师的发展有着重要而深刻的影响。新文化运动组织者在女高师弘文励教，极大地提升了学校的社会声誉和影响力，同时促进整个学校形成了思想解放、积极向上的校园氛围，使之成为新文化运动的重要阵地之一。尤为重要的是，他们把爱国、民主和科学精神具体而微地融入教学管理中，使之内化成为女高师的优良传统。缘是，我们便不难理解，后来女师大学生在"三·一八"惨案中的英勇爱国，在"女师大风潮"中的奋力抗争，正体现了女师大师生对爱国、民主传统的深刻认同和自觉维护。

二是北京女高师对推进五四新文化运动做出了重要贡献。受新文化运动组织者的启蒙和指引，女高师师生们主动致力于新文化的建设。她们积极倡导白话文，主张兼容新旧文化，庐隐、苏雪林等女学生逐渐成长为五四新文学运动的知名女作家，为中国现代新文学的发生做出了不可磨灭的贡献。

三是五四新文化、新教育是五四新女性成长的重要"营养剂"。五四新文化运动对中国妇女发展而言，是一个至关重要的历史时刻。在科学和民主精神的指导下，女子教育获得极大发展，更多具有"独立人

① 苏雪林著，沈辉编：《苏雪林文集》（第 2 卷），安徽文艺出版社 1996 年版，第 63 页。
② 陆晶清：《鲁迅先生在女师大》，《大地》1981 年第 5 期。
③ 许广平：《许广平文集》（第 2 卷），江苏文艺出版社 1998 年版，第 231 页。

格"的五四新女性走向社会。对女高师学生而言，新文化运动组织者的宣讲，"自有一种无形的吸力吸引着"她们的"人格向上升腾"①，思维趋于理性，她们多以"重新估定一切价值"的评判态度打破了原有的信仰，逐渐供奉起"一尊尊严无比仪态万方的神明——理性"。② 这种理性精神正是女高师学生及其一代五四新女性迥异于传统女性的特质所在。

## 第二节　从女学生到女作家：女高师新文学之发生

五四时期，北京女高师的新文学活动十分活跃。其中庐隐、冯沅君、苏雪林、程俊英、石评梅等一批女高师学生逐渐成长为女作家，并以卓然可观的文学作品向世人宣告：她们既是新文化运动熏陶下成长起来的新女性，又是中国现代女性文学的引领者，能和男性作家一样，开拓中国新文学的发展道路。这种荣誉足以显示北京女高师在中国现代新文学发生期的地位和影响。

钱理群先生曾在《二十世纪中国文学与大学文化》丛书的总序中指出，"中国现代文学在发生学上与中国现代教育、校园文化"存在着"血肉般的联系"，在新文化运动这种"历史的变革与开拓时期"，现代文学与现代教育之间是一种"互为依托、相互促进的密切关系"③。这一特点在北京女高师与现代文学的发生问题上体现得尤为显豁。女高师作为中国近代第一所国立女子高校，以其独特的文学教育和校园文化为女学生与新文学的结合提供了重要的历史契机和创作平台。庐隐、冯沅君、苏雪林、王世瑛等女高师学生，凭借文学教育的培养、文学空间的扶持以及自身的努力，终成为"五四"新文学的第一批女作家。

---

① 苏雪林著，沈辉编：《苏雪林文集》（第2卷），安徽文艺出版社1996年版，第62页。
② 苏雪林著，沈辉编：《苏雪林文集》（第2卷），安徽文艺出版社1996年版，第62页。
③ 钱理群：《现当代文学与大学教育关系的历史考察——"二十世纪中国文学与大学文化"丛书序》，《中国现代文学研究丛刊》1991年第1期。

## 一　国文部①的文学教育

所谓"文学教育",主要指传授文学知识和理论、锻炼文学研究和创作技能以及培养文学情怀和精神的教育。深受蔡元培革新北大文科的影响,陈中凡、许寿裳等以实验的态度,逐渐改良女高师国文部,这主要表现在以下几个方面。

第一,改革课程,实行选科制。据《文科国文部学科课程一览并说明》所知,女高师国文部开列了一份系统的国文教育清单(参见表2-2),计划开设16门必修课、39门选修课及3门随意课,包含文字学、声韵学、中国文学史、修辞学等研究中国古典文学所必需的基础性科目。如此丰富的课程设置扩充了该部文学教育的内容,体现了设计者的宏愿和良苦用心。但限于学校经费及师资的短缺,上述学科计划很难真正落实。为此,女高师国文部采取了有效的方法,尽最大努力向原计划靠拢,力图为将来实现这种课程设置创造条件和培养人才。随后颁布的《国文部学科课程一览并教授与概况》,证实了女高师国文部的务实态度,他们依据校情对原有的课程体系进行了调整:原计划的文学、教育选修组并未设立,而是成立了文学哲学组、文学史地组,其课程设置相对平衡了必修课和选修课程的比重,共计23门主课、22门选课及3门辅课(参见表2-3)。可见,调整后的国文部更注重充实必修课,适量缩减选修课,以全力培养学生的专业基础知识和技能,同时兼重扩展学生的兴趣和视野。可见,经历新文化运动的洗礼,女高师国文部的课程体系确实发生了变化,但并不是由文言文主导的"旧文学"急剧转变为白话文主导的新文学。②事实证明,这一论断显然是站不住脚的。在1919—1920年的第一学年中,国文部的本科一年级开设了9门主课、5门选课及4门辅课(参见表2-4),包含学术文选、模范文选、文字学、文法学等课程,仍然侧重中国古典文学的研究和写作。因此,

---

①　北京女高师国文部的前身是1917年北京女子师范学校创办的国文专修科,1919年,该校升格为北京女子高等师范时,国文专修科改组为国文部本科。1922年,女高师废除文理分科,改"部"为"系",国文部改称为国文系。为便于论述起见,笔者将其通称为"国文部"。

②　参见姜丽静《北京女子高等师范学校非常规办学的成功经验与启示》,《国家教育行政学院学报》2009年第12期。

"五四"之后女高师国文部的课程体系并非由传统文学径直转向新文学，而是有一个兼容新旧文学的过渡。

表2-2　　　　《文科国文部学科课程一览并说明》中的课程表①

| 本部分科 | 学科 | 课程 | 学分 |
|---|---|---|---|
| 公共必修科 | 教育科 | 伦理学 | 2 |
| | | 论理学 | 2 |
| | | 心理学 | 2 |
| | | 教育学 | 3 |
| | | 教育史 | 2 |
| | | 教学法 | 2 |
| | 国文科 | 模范文（并作文） | 10 |
| | | 学术文（并作论文） | 8 |
| | | 诗赋词曲 | 4 |
| | 国文学科 | 文字学 | 3 |
| | | 声韵学 | 2 |
| | | 国文法 | 2 |
| | | 文学概论 | 2 |
| | | 修辞学 | 2 |
| | | 中国文学史 | 3 |
| | | 国学概要 | 2 |
| 分组选修科 | 哲学组 | 西洋哲学概论及其哲学史 | 4 |
| | | 中国学术原流 | 5 |
| | | 社会学 | 2 |
| | | 美学及美术史 | 2 |
| | 教育学组 | 言语学 | 2 |
| | | 心理学 | 2 |
| | | 青年心理及儿童心理 | 2 |
| | | 教育哲学 | 2 |
| | | 教育心理及心理测验 | 4 |
| | | 教育社会学 | 2 |
| | | 教育史 | 4 |

① 《文科国文部学科课程一览并说明》，《北京女子高等师范文艺会刊》第4期。

续表

| 本部分科 | 学科 | 课程 | 学分 |
|---|---|---|---|
| 分组选修科 | 文学组 | 教育行政及管理 | 3 |
| | | 各级及各科教学法 | 4 |
| | | 教育试验及学校试验 | 2 |
| | | 西洋文学史 | 2 |
| | | 诗学及诗史 | 3 |
| | | 小说 | 2 |
| | | 词曲史 | 2 |
| | | 小说史 | 2 |
| | | 文字学史 | 2 |
| | 史地组 | 声韵学史 | 2 |
| | | 言语学 | 1 |
| | | 宏辩术 | 1 |
| | | 中国通史 | 3 |
| | | 西洋通史 | 2 |
| | | 中国地理概论 | 2 |
| | | 世界地理概论 | 2 |
| | | 西洋文化史 | 2 |
| | | 东亚史 | 1 |
| | | 地人学及地史学 | 1 |
| | | 地文学 | 1 |
| | | 本国地方志 | 3 |
| 公共选修科 | | 语体文及语法 | 2 |
| | | 语法文法之比较 | 1 |
| | | 日文 | 1 |
| | | 国文教学法 | 1 |
| | | 国文评点及改作法 | 2 |
| | | 家事 | 1 |
| | | 缝纫及烹饪 | 1 |

续表

| 本部分科 | 学科 | 课程 | 学分 |
|---|---|---|---|
| 随意科 | | 乐歌 | |
| | | 图画 | |
| | | 书法 | |

表 2-3　　《国文部学科课程一览并教授与概况》中的课程设置表①

| 学科 | 课目 | 课名 | 单位 |
|---|---|---|---|
| 预科课程 | 主课 | 实践伦理 | 1 |
| | | 论理学 | 2 |
| | | 心理学 | 2 |
| | | 各体文选（附作文一单位） | 3 |
| | | 文法 | 2 |
| | | 中国史 | 3 |
| | 选课 | 文学概论 | 2 |
| | | 国学概要 | 2 |
| | | 数学 | 2 |
| | | 家事 | 1 |
| | | 图画 | 1 |
| | 辅课 | 英语 | 3 |
| | | 音乐 | 2 |
| | | 体操 | 3 |

---

① 《国文部学科课程一览并教授与概况》，《北京女子高等师范文艺会刊》1921 年第 3 期，"附录"第 1—5 页。

续表

| 学科 | 课目 | | 课名 | 单位 |
|---|---|---|---|---|
| 本科课程 | 主课 | 伦理 | 伦理学 | 2 |
| | | | 西洋伦理学史 | 2 |
| | | | 中国伦理学史 | 2 |
| | | 教育 | 教育学 | 2 |
| | | | 教育史 | 2 |
| | | | 教学法 | 2 |
| | | | 学校经营 | 1 |
| | | | 教育法令及学校卫生 | |
| | | 国文及国文学 | 文字学 | 3 |
| | | | 声韵学 | 2 |
| | | | 文学史 | 2 |
| | | | 比较文法 | 2 |
| | | | 模范文法 | 5 |
| | | | 学术文选 | 5 |
| | | | 语体文选 | 2 |
| | | | 附作文 | 3 |
| | | | 评点及改作法 | 2 |
| 以上各科，分三学年授毕 | | | | |
| 本科课程 | 选课 | 哲学组 | 中国学术源流 | 3 |
| | | | 西洋哲学概论 | 2 |
| | | | 社会学 | 2 |
| | | | 美学 | 2 |
| | | | 言语学 | 2 |

续表

| 学科 | 课目 | | 课名 | 单位 |
|---|---|---|---|---|
| 本科课程 | 选课 | 史地组 | 中国历史 | 4 |
| | | | 西洋历史 | 2 |
| | | | 西洋文化史 | 2 |
| | | | 地理通理及人文地理 | 2 |
| | | | 地文学及地史学 | 2 |
| | | | 地方志 | 2 |
| | | 哲学组和史地组共同选修 | 诗选 | 2 |
| | | | 诗学及诗史 | 2 |
| | | | 词曲选 | 1 |
| | | | 修辞学 | 2 |
| | | | 西洋文学史 | 2 |
| | | | 家事 | 1 |
| | 辅课 | | 英语 | 12 |
| | | | 音乐 | 1 |
| | | | 体操 | 9 |

**表 2-4　北京女高师国文部一年级的课程表（1919 年 7 月—1920 年 6 月）**[①]

| 本部 | 学科 | 课程 | 授课教师 |
|---|---|---|---|
| 主课 | 伦理 | 伦理学 | 毛邦伟 |
| | 教育 | 教育学 | 邓萃英 |
| | 国文及国文学 | 文学史 | 王家吉 |
| | | 学术文选 | 陈钟凡 |
| | | 文法学 | 陈钟凡 |
| | | 模范文选 | 顾震福 |
| | | 文字学 | 顾震福 |
| | | 诗选 | 顾震福 |
| | | 国语选及国语学 | 陈钟凡 |

① 《北京女子高等师范学校周年概况报告书》（1919 年 7 月—1920 年 6 月），《教育公报》1921 年第 9 期。

续表

| 本部 | 学科 | 课程 | 授课教师 |
|---|---|---|---|
| 选课 | 哲学组 | 西洋哲学概论及中国哲学方法论 | 胡适 |
| | | 中国学术源流 | 陈中凡 |
| | 史地组 | 中国历史 | 王家吉 |
| | | 人文地理 | 钱振椿 |
| | 哲学组与史地组共同选课 | 家事 | 郑审因 |
| 辅课 | | 音乐 | 潘珍宝 |
| | | 习字 | 张之屏 |
| | | 体操 | 高梓 |
| | | 英语 | 赵丽莲、陈淑、吴贻芳、高觉 |

　　所谓选科制，即是一种允许学生自愿选择学科、专业和课程的教学制度。1919 年 9 月，女高师国文部主任陈中凡发表《文科进行方针》，提议采用选科制以取代过去的分科制。经过共同的商议，国文部课程分为公共必修科、分组选修科、公共选修科、随意科四类。随着选科制的推行，其优越性得以逐渐显现。对教师而言，可拥有充分的学术自由，能将自己研究的新成果充实到教学内容中。如陈中凡的《中国学术原流》、周作人的《西洋文学史》，这两门选修课均是二者学术研究的兴趣所在。因此，他们的教学积极性比较高，利于促进教学和科研的共同发展。对于学生而言，选科制的实行利于激发学生的学习兴趣，培养学生自学的习惯和能力。

　　第二，兼容新文学。五四运动之前，女高师的旧学氛围浓厚。校长方还博文好古，要求学生做文言文。国文部级部主任陈中凡受家学和师承关系的影响，亦重视教授传统文学。他还延请国学领域的两位大师——刘师培和黄侃来校任教。刘师培讲授中国文学史，经常介绍《国粹学报》让学生们阅读。黄侃教授中国文学史和诗歌选作，教学方法新颖，使学生受益良多。这两位国学大师的授课，不仅进一步夯实了女高师重视古文旧学的教育基础，而且他们深厚的学术功力、会通文史的治学路数、严谨认真的教学态度深深地影响了女学生。她们效仿两位老师的风格写作骈文，创作古典诗词，对校外的文学革命尤其是白话文运动则多持保留态度。① 五四运动以后，女高师的校园文化日益走向开放。一方面，受蔡元培的影响，陈中凡拒斥新文学的态度逐渐松动，积极引荐新文化运动主将莅临国文部；另一方面，学生们在研究古典文学的同时，亦用白话文创作新文学，这正体现了新旧文学兼容的特色。

第三，广聘优秀师资。女高师改组之初，教员多为女子师范时期的老班底。陈中凡入职国文部以后，师资状况开始发生较大地改变，兼职教员逐渐增多，一批学养深厚、有留学经历的优秀国文教师（详见表2-5）陆续执教于此，壮大了国文师资的力量，营造了浓厚的国学研究氛围。

表 2-5　　　　北京女高师国文部的国文师资（1919—1924 年）②

| 姓名 | 籍贯 | 授课 | 教育经历 |
|---|---|---|---|
| 潘树声 | | 模范文 | |
| 顾震福 | 江苏淮安 | 模范文、诗赋词曲、文字学、诗学及诗史、近代文选 | |
| 胡光炜 | 浙江嘉兴 | 模范文、修辞学 | 1910 年毕业于南京两江师范学堂 |
| 陈中凡 | 江苏盐城 | 学术文、国文法、中国学术原流、语体文及语法 | 1917 年毕业于北京大学哲学系 |
| 张煊 | 江苏常州 | 声韵学 | 毕业于北京大学 |
| 黄侃 | 湖北蕲春 | 文学史、古代文选 | 曾赴日本游学，北京大学任教 |
| 刘师培 | 江苏仪征 | 文学概论 | 曾赴日本留学 |
| 王家吉 | | 中国文学史 | |
| 胡适 | 安徽绩溪 | 中国哲学史、西洋哲学史 | 1917 年获得美国哥伦比亚大学哲学博士学位 |
| 周作人 | 浙江绍兴 | 西洋文学史、外国文译读 | 曾赴日本留学 |
| 郑奠 | 浙江诸暨 | 国文 | 1920 年毕业于北京大学文学系 |

---

① 《文艺会季刊》第 1 期有 4 篇关于文学革命的文章：罗静轩的《改革文学管见》、梁惠珍的《文言合一之研究》、高晓岚的《文字读音统一之商榷》、刘云孙的《文言合一之研究》。从她们的主张来看，多对文学改革、白话文运动有着较为冷静、清醒的认识。

② 据《北京女子高等师范文艺会刊》《教育公报》《北京女子高等师范周刊》及北京师范大学档案（全宗号 2 卷号 2 及 卷号 4）的相关内容整理而成。

续表

| 姓名 | 籍贯 | 授课 | 教育经历 |
| --- | --- | --- | --- |
| 马裕藻 | 浙江宁波 | 古籍校读、音韵学 | 曾先后入东京早稻田大学、东京帝国大学学习 |
| 钱玄同 | 浙江吴兴 | 文字学、语音学 | 曾赴日本留学 |
| 陈君哲 | 浙江绍兴 | 文法 | 曾赴日本留学 |
| 罗庸 | 江苏江都 | 国文 | 1920 年毕业于北京大学中文系，1924 年毕业于北京大学研究院国学门 |
| 沈士远 | 陕西汉阴 | 国文 | 曾赴日本留学 |
| 雷国能 | | 演说辩论 | 毕业于北京大学 |
| 汪伯烈 | 江苏常州 | 国文 | |
| 王璞 | | 国音 | |
| 史萧 | | 国文 | |
| 周树人 | 浙江绍兴 | 小说史 | 曾赴日本留学 |
| 黎锦熙 | 湖南湘潭 | 语法 | 毕业于湖南优级师范学堂 |
| 沈尹默 | 陕西汉阴 | 诗词 | 曾赴日本留学 |
| 沈兼士 | 陕西汉阴 | 文字形义 | 曾赴日本留学 |
| 许之衡 | 广东番禺 | 曲学 | 毕业于日本明治大学 |

　　这份名单很显赫，荟萃了五四时期国文研究和创作的重要人物，许多北京大学教授亦兼职于此。以上诸人中，对国文部影响较大的当属级部主任陈中凡和胡光炜[①]。他们在教授过程中，善于将国学研究和国文教学相结合，在教学的基础上取得了丰硕的学术成果。陈中凡讲授经学课时，编纂了一本《经学通论》讲义。该讲义的内容，除了考释群经的名称、作者、篇数、内容、传授的源流外，还有各家及自己的评论。后经整理，《经学通论》一书于 1923 年由东南大学出版社出版。1925年，他又将教授诸子学的讲义编纂成《诸子通谊》一书，由商务印书

---

　　① 胡光炜（1888—1962），字小石，浙江嘉兴人。1921 年任北京女高师国文部主任，1922 年辞职，后任东南大学国文系教授。博学多识，对于文学、目录学、史学、书法等均有研究。主要著作有《中国修辞学史略》《中国文学史》《楚辞学考》等。

馆出版。此外，陈中凡在女高师任教期间还发表了《老子学说略》①
《庄子学说略》② 等文章。胡光炜在女高师教授"修辞学""诗歌选作"
和"中国文学史"课程，后将课堂上的讲稿编辑成文章予以发表，如
《中国修辞学史略》③《中国修辞学史》④。

　　第四，完善考试制度和课堂教授法。在陈中凡的主持下，女高师
国文部不再局限于侧重死记硬背的知识性考试，而是实行知识性和水
平性相结合的考试制度：对于主课改行"论文试验"，即教员于每学
期或学年各出几个论题，让学生随意择定数题，自由发挥，或学生就
平日研究所得自拟论题；对于辅课则考查学生平时成绩，或以"课题
式试验"评定分数。陈中凡去职后，继任国文部主任胡光炜也坚持采
用论文考试。如测试"修辞学"时，他要求学生自拟题目，写一篇关
于修辞的论文。这种考试制度利于更全面的考察学生的知识和能力，
尤其是学术研究能力。陈中凡对课堂教学方法还提出了改革意见，他
认为对于高等教育而言，启发和注入"此二式皆未能收美满之效果，
拟以'讨论式'辅其不逮"。如此教法不仅可以使学生"纯求自动，
不致囿于成说，毫无心得"，而且能互相联络各科知识，"免至毫无统
纪"。⑤ 他身体力行，在课堂上引入讨论法，取得了良好的效果。几十
年以后，学生程俊英对他的教学方法仍留有深刻的印象，更感念陈师
对自己学术道路的影响。⑥

　　综上，女高师国文部的文学教育偏于对传统文学的考据和研究，对
于新文学殊少注重。事实上，这是五四时期大学文学教育的通例，当时
北京大学、清华大学的中国文学系也不例外。正如朱自清在《清华大学
中国文学系概况》中所言："中国各大学的国学系，国文学系，或中国
文学系的课程，范围往往很广，除纯文学外，更涉及哲学、史学、考古
学等。他们所要造就的是国学的人才，而不一定是中国文学的人才。对

---

① 陈钟凡：《老子学说略》，《国民》1919 年第 1 卷第 1 期。
② 陈钟凡：《庄子学说略》，《国民》1919 年第 1 卷第 4 期。
③ 胡光炜：《中国修辞学史略》，《国学丛刊》1923 年第 1 卷第 1 期。
④ 胡光炜：《中国修辞学史》，《国学丛刊》1924 年第 2 卷第 1 期。
⑤ 黄英笔述：《陈斠玄先生演讲文科进行方针》，《北京女子高师师范文艺会刊》1920
年第 2 期，"演讲" 第 49—50 页。
⑥ 参见程俊英《陈中凡老师在女高师》，载朱杰人、戴从喜编《程俊英教授纪念文
集》，华东师范大学出版社 2004 年版，第 343 页。

于中国文学，他们所要学生做的是旧文学研究考证的工夫，而不及新文学的创进。"[1] 当然，新文学历史过短，师资条件有限，也会影响到新文学进入大学文学教育的进程。此外，国文部的文学教育旨在培养国文师资，并非文学家，故重在传授系统的国文知识和写作技能。那为什么在上述教育环境中，女高师国文部涌现出了一批从事新文学创作的女作家？笔者认为，她们能够成长为女作家需要诸多条件的促成，文学教育只是其中的一个重要因素。单就文学教育而言，它是一种既包含按照课程设置讲授文学知识和技能的课堂教学，又包括文学讲演、辩论和交流在内的课外教授的复合教育。因此，尽管女高师国文部的课堂教学注重对传统文学的考据和研究，但"文学革命"先驱者来校讲演或兼课所讲授的新文学观念和思想，对女学生从事新文学创作有着重要的影响。庐隐在女高师国文部读书期间，极力吸收新思想，积极从事新文学创作，最终出类拔萃于"五四"新文学界。此外，研究传统文学与创作新文学并不是决然隔离的，二者是相互联系和渗透的。重估中国传统文学的价值可以为创作新文学提供基础和借鉴，同时新的文学观念和创作经历也能给传统文学的研究带来一种新的视角，这样才能够实现新旧文学的对接。"五四"文学革命的先驱者既是新文学历史的创作者，又是传统文学历史的解释者。女高师国文部培养出来的一批女学生，如冯沅君、程俊英、苏雪林，既是新文学女作家，同时也是古典文学研究家。如冯沅君于1931年与陆侃如合著《中国诗史》，显示了她在古诗研究方面的能力，日后又凭借《古优解》《古剧说汇》成为著名的古代戏剧研究家；苏雪林、程俊英也分别成为《楚辞》和《诗经》领域的古典文学专家。她们之所以能较好地"对接"新旧文学，固然离不开家学渊源和自身的天赋、努力，还有一个很重要的原因，就是她们在女高师阶段所接受的文学教育和学术训练。

## 二　新文学的传播媒介[2]

北京女高师能走出一批现代新文学的女作家，离不开该校文学教育

---

① 朱自清：《清华大学中国文学系概况》，《朱自清全集》（第8卷），江苏教育出版社1993年版，第405页。

② 此处新文学的传播媒介主要指五四时期的现代文学社团及报刊。

的培养，同时也离不开校内外现代文学社团和报刊的支持。它们为女高师新文学的发生提供了更加广阔的空间。

（一）校内媒介：文艺研究会及《北京女子高等师范文艺会刊》

从发生学的角度来看，创始期的中国现代新文学是一种校园文学：不仅它的发源地在北京大学，而且诸多早期文学社团与刊物，大都在校园内产生。如发动文学革命的《新青年》及其最有力的鼓吹者《新潮》都是北大师生所办的刊物。随着二者相得益彰地推动"文学革命"的发展，北大之外的其他一些京城高校也纷纷成立文学社团和刊物与之呼应。

1919年[1]，北京女高师成立了文艺研究会[2]。该会由国文专修科发起，得到了教师的指导和学校的支持。同年6月，在国文部教员陈中凡的领导和支持下，女高师文艺研究会创办了《文艺会季刊》（1920年改名为《北京女子高等师范文艺会刊》，以下简称《文艺会刊》），这是中国现代文学史上第一个由女大学生创办的文学期刊。作为文艺研究会的成员，庐隐、冯沅君、程俊英、苏雪林等国文部学生积极投稿，从此真正走上了文学研究和创作之路。起初，文艺研究会旨在会员之间以文艺来"陶冶优美情操""涵养强固意志"[3]。不久，该会与学生自治会协同合作，明确提出"研究文艺"的宗旨。这种回归文艺研究正轨的转变，表明了文艺研究会日益自觉的文学意识和责任感。与北大的《新潮》从创办伊始就积极鼓吹文学革命，从事新文学创作不同，北京女高师文艺研究会对"五四"新文学的态度，经历了一个从抗拒到接纳的转变过程。《文艺

---

① 关于文艺研究会成立的时间，有学者认为是1919年3月，参见何玲华《新教育·新女性：北京女高师研究（1919—1924）》，中国社会科学出版社2007年版，第278页；王翠艳《女子高等教育与中国现代女性文学的发生——以北京女子高等师范为中心》，文化艺术出版社2007年版，第103页。虽然笔者未收集到有关该会成立时间的确切资料，但据《文艺会季刊》第1期的《本会记事》可知，1919年1—3月，该会的讲演部已召开了三次常会。因此，以1919年3月为文艺研究会的成立时间是值得商榷的，笔者推断大约在1919年1月。

② 文艺研究会成立时，北京女子师范学校正值改组高等师范时期。其下设编辑、庶务和讲演三个部门，后改名为"北京女子高等师范文艺研究会"。至于改名的时间，何玲华认为是在1922年，参见《新教育·新女性：北京女高师研究（1919—1924）》，中国社会科学出版社2007年版，第283页。笔者认为1922年这个时间有待商榷。《文艺研究会改订章程》中规定该会名称为北京女子高等师范文艺研究会，刊载于《北京女子高等师范文艺会刊》第4期。该刊并未注明出版时间，由于其中兼收录1922年和1923年的诗歌，故不能确定《北京女子高等师范文艺会刊》第4期发行于1922年。因此，该会改名的时间尚待考证。

③ 《文艺研究会简章》，《文艺会季刊》1919年第1期，"附录"第3页。

会刊》所登文章的语体和内容较好地体现了这一点。

　　第一，兼容文言、白话语体。《文艺会刊》创刊于 1919 年 6 月，终刊于 1924 年，前后共出版了 6 期①，这为我们管窥五四时期新旧文学在大学校园的消长提供了极好的窗口。首先，从《文艺会刊》的栏目设置来看，1919 年 6 月出版的第 1 期《文艺会季刊》包括 "论说" "讲演" "诗文" "记载" 等门类，从第 2 期起增加了 "小说" 栏目，从第 5 期开始加入了 "研究" "新体诗" 等栏目，至 1924 年出版的第 6 期则包含 "考证" "研究" "论说" "讲演" "讨论" "杂感" "杂著" "诗词" "语体诗" "短篇小说" "谐文" 11 个栏目。"诗词" 栏目中的作品多为古体诗，而 "新体诗"（即 "语体诗"）、"小说" 栏目则刊登了诸多白话诗文及白话小说，文白语体的兼容并蓄由此可见一斑。其次，从《文艺会刊》的语体来看，1919 年出版的第 1 期《文艺会季刊》有着浓厚的旧文学色彩。这一期所有文章均为文言文，没有任何形式的新文学作品，明显迥异于后五期新旧杂糅的文学风格。之所以如此，与指导教师陈中凡不无关系，他对《文艺会刊》的创办起了十分重要的作用。② 在 "文学革命" 初期，陈中凡作为刘师培的弟子，曾站在保存国粹的立场上反对白话文。1919 年，他参加了刘师培、黄侃等创办的国故社，担任《国故》月刊的编辑。该刊旨在 "昌明中国固有之学术"，全用文言文写成，不用新式标点，透露出浓烈的复古色彩。陈中凡的思想倾向和文学主张必然要影响其所参与创办的《文艺会刊》，从而使得该刊第 1 期全为文言作品。不过，陈中凡是一个思想不断趋新的学者。受蔡元培等新文化运动主将的影响，他的思想观念在五四运动之后发生了很大的转变，对新旧思想及文学作品多持 "思想自由，兼容并包"

---

　　① 该刊原计划为季刊，后因经济、印刷等原因未能按时出版，遂成为不定期刊物，前三期分别出版于 1919 年 6 月、1920 年 4 月和 1921 年 4 月。由于后三期均未注明出版时间，故有论者根据 "各期《会刊》刊发文章的落款日期推算"，认为后三期大约分别出版于 1922 年、1923 年和 1924 年，由此指出该刊基本保持了每年一期的出版频率，参见王翠艳的《女子高等教育与中国现代女性文学的发生——以北京女子高等师范为中心》，文化艺术出版社 2007 年版，第 106 页。对于后三期的出版时间，笔者并不认同上述观点。以该刊第 4 期为例，刘作炎《夜中杂感》，参见《北京女子高等师范文艺会刊》第 4 期写于 1922 年，而俞钰《望着》《怀疑》，参见《北京女子高等师范文艺会刊》第 4 期则写于 1923 年。故不能断定该刊第 4 期发表于 1922 年，亦无法确定该刊的出版频率为每年一期。

　　② 参见程俊英《陈中凡老师在女高师》，载朱杰人、戴从喜编《程俊英教授纪念文集》，华东师范大学出版社 2004 年版，第 342 页。

的态度。故 1920 年《文艺会刊》的第 2 期便明确声明："本期同人发表底意见和所用底文体，各不相同；甚至于彼此矛盾，也是不可免底现象。本会为尊重各会员思想自由，言论自由起见，概不敢以个人私意，妄加增损。"[1] 除文言文之外，白话文作品开始被录用，并且一律采用教育部国语统一会所规定的标点符号。《文艺会刊》从第 3 期开始，出现了白话小说、新体诗等新文学的作品。虽然这类作品的总体数量少于古体诗、骈散文等文言作品，但其上升趋势已然十分明显，这为女学生进行新文学创作提供了难得的平台。

　　第二，囊括新文学思想。《文艺会刊》不仅刊发新诗、小说等新文学作品，而且还登载研究新文学的论文。以新文学创作而言，尤以新诗的数量为多。女高师学生所做的新诗，无论是艺术形式还是内容思想，均呈现出对五四初期新诗的继承和发展。胡适等早期新诗先驱者所倡导的"诗须要用具体的做法，不可用抽象的说法"[2] 以及散文化倾向的新诗形式，显示了他们在改革传统诗歌方面所具有的历史价值。但他们创作的新诗大多缺乏艺术的想象力，这就为后来一批诗人主张对新诗进行结构性调整埋下了伏笔。20 世纪 20 年代初，很多新诗人对早期白话诗的理性色彩展开了批评，强调"情感"与"想象"的重要性。1923 年，冰心的《繁星》《春水》等的出版，引发了人们对"小诗体"的关注与兴趣。上述这些变化，对女高师学生的新诗创作产生了影响。陆秀珍在《文艺会刊》第 5 期发表的《新诗丛谈》，反映出她对当时新诗发展潮流的呼应和思考。首先，强调新诗的抒情本质。她认为新诗的创作"是诗来找诗人，并不是诗人去找诗"，因此，"新诗是写出来的，不是做出来的；是由情感自然迸发出来的，不是勉强凑杂成的，诗人因外界的美感或刺激，感情上受了冲动，不得不写出来的，才是真正的诗"。其次，反对新诗形式"太长""太冗"。她指出新诗"'太长'则近于繁冗，流为散文；而'太详'则呆滞而欠含蓄，失了诗的色彩"。再次，注重诗意的个性。"即各人应该写各人的诗；多读他人的作品，固然可以供自己的参考，但却不能变更自己的情感而模仿他人，更不能窃盗他人的心意！"最后，陆秀珍提出学习新诗，"不惟应该多读关于新诗的

---

① 《编辑略例》，《北京女子高等师范文艺会刊》1920 年第 2 期。

② 陆秀珍：《新诗杂谈》，《北京女子高等师范文艺会刊》第 5 期，"谈丛"第 33—34 页。

作品，更应该多读好的古诗和外国诗，来丰润意境，增加情绪"。① 正是基于对新诗的这一认识，陆秀珍创作的《可怜的雁儿心》《颤抖风中的箫声》都是形式简约的小诗。女高师其他学生所创作的新诗也多为小诗，以三五行诗文表现作者刹那间的情感，寄寓一种人生哲理或情思。如孙祥偈的《夜雨》："是孤儿泪？/是离人泪？/窗前，窗外，/断断续续的声浪，/淅沥凄切。//不管你——/梦不成，/恨不平；/不喜听，/不堪听；/只不住的冷冷清清；/在空阶上滴到天明。"② 深夜下雨时，人对雨滴刹那间感觉的微妙变化被诗人敏锐地抓住，并赋予如此悲凉的诗意，显示了诗人捕捉自己内心世界微妙感情的努力。这种自由诗体的句式，从外部客观世界的描绘转向内心感受的表现，都是"小诗体"的特征。

与新诗创作的成绩相比，《文艺会刊》的小说虽然艺术手法比较稚嫩，但已显露出"问题小说"的端倪，涉及当时青年关心的家族礼教、婚恋家庭等题材。苏梅的《童养媳》③、俞钰的《怨谁》④ 以及钱用和的《冲喜》⑤，均以同情的笔调描述了深受封建礼教压迫的旧式女性的悲苦生活。松泉的《依然是她》⑥ 及隋廷玫的《恋爱的坟墓》⑦ 讲述了青年男女在婚恋方面所遭受的挫折和不幸，反映了传统家庭的黑暗和残暴。这也体现了五四时期"问题小说"潮流对女高师学生从事小说写作的影响。

值得注意的是，女高师学生多认识到新旧文学融合之重要。罗静轩的《改革文学管见》反对全盘否定传统文学，认为改革文学必须首先谙熟古今文史的变迁沿革，"采其精华，去其糟粕"，融合新旧文学才能应时势发展的趋势创造出一种新的体制。⑧ 梁惠珍对骤然实施"文言合一"的可行性提出质疑，她主张渐行改革，先制定国语统一的标准，然后逐渐推行于普通教育。至于专门教育，则仍适宜从事古代文学的研

---

① 陆秀珍：《新诗杂谈》，《北京女子高等师范文艺会刊》第 5 期，"谈丛"第 33—34 页。

② 孙祥偈：《夜雨》，《北京女子高等师范文艺会刊》第 6 期，"语体诗"第 67—68 页。

③ 苏梅：《童养媳》，《北京女子高等师范文艺会刊》1920 年第 2 期。

④ 俞钰：《怨谁》，《北京女子高等师范文艺会刊》第 6 期。

⑤ 钱用和：《冲喜》，《北京女子高等师范文艺会刊》1921 年第 3 期。

⑥ 松泉：《依然是她》，《北京女子高等师范文艺会刊》第 6 期。

⑦ 隋廷玫：《恋爱的坟墓》，《北京女子高等师范文艺会刊》第 5 期。

⑧ 罗静轩：《改革文学管见》，《文艺会季刊》1919 年第 1 期，"论说"第 15 页。

究，以使中国"数千年独具特色之学术，不至随之沦丧"①。杨文一主
张兼容新旧文化，"一方宜整理故有学术，一方陶镕新进文化"，以期
"恢复中华古往之声誉，建设世界将来之文明"。② 黄英（即庐隐）将新
剧与时代关系的变迁归纳为"由贵族进于平民""由空想进于现实"
"由奢侈进于实用"。③ 相比陈独秀提出的"推倒雕琢的阿谀的贵族文
学，建设平易的抒情的国民文学""推倒迂晦的艰涩的山林文学，建设
明了的通俗的社会文学""推倒陈腐的铺张的古典文学，建设新鲜的立
诚的写实文学"，④ 后者用"推倒"，前者用"进于"，反映出后者于新
旧文学持简单化态度，前者则突出了传承中的"发展"取向。可见庐
隐的文学思想自有独到的合理性。上述女高师学生对新旧文学关系的包
容态度，显示出她们并未盲从新文化运动主将的某些激进主张，而是秉
承"思想自由，兼容并包"的原则，实事求是地研究新旧文学的关系，
清醒地注意到融合新旧文学的重要性。

　　总之，北京女高师文艺研究会及《文艺会刊》具有五四时期新旧文
化的过渡性，其所坚持的"思想自由，兼容并包"的原则，表现出对
于新文学的容纳姿态。它们所提供的新文学空间，对于刺激女高师学生
从事新文学创作和研究的自觉意识，并以此为机缘汇入更广大的新文学
阵地提供了十分重要的发展平台。


　　（二）校外媒介：现代文学社团及刊物

　　五四运动后，女高师的校园环境日益开放，女学生逐渐与社会各界
建立了广泛的联系，其中包括现代文学社团及刊物。如庐隐、王世瑛、
隋廷玫是文学研究会会员，她们在该会出版物《小说月报》《文学旬
刊》上发表了很多新文学作品；冯沅君与创造社保持密切的联系，她的
代表作《隔绝》《隔绝之后》《旅行》《慈母》均发表于《创造季刊》
及《创造周报》；石评梅与诗学社有一定的关系，她的许多诗歌发表于
《诗学半月刊》；苏雪林、周寅颐、程俊英等应《益世报》主编成舍我

---

① 梁惠珍：《文言合一之研究》，《文艺会季刊》1919 年第 1 期，"论说"第 19—20 页。

② 杨文一：《新文化与新文学》，《北京女子高等师范文艺会刊》1920 年第 2 期，"论说"
第 26 页。

③ 黄英：《近世戏剧的新趋向》，《北京女子高等师范文艺会刊》1921 年第 3 期。

④ 陈独秀：《文学革命论》，《新青年》1917 年第 2 卷第 6 期。

之邀担任《益世报·女子周刊》的编辑等。此外,《晨报》《晨报副刊》《京报副刊》《时事新报·学灯》等都曾刊发过女高师学生的文章。上述现代文学媒介对女高师学生文学作品的支持和肯定,为她们从校园创作进入校外文学潮流提供了相当广阔的新文学空间。同时,这也表明在女高师学生成为现代女作家的过程中,现代文学社团及刊物起了举足轻重的作用。女高师学生是如何进入校外的新文学空间并推动新文学的发生?这与人事关系、文学观念和读者的阅读趣味又有怎样的联系?这可以从女高师学生庐隐、王世瑛与文学研究会及其刊物《小说月报》《文学旬刊》的关系略见一斑。

文学研究会简章规定:“凡赞成本会宗旨,有会员二人以上之介绍,经多数会员同意之承认者,得为本会会员。”① 这其中包含了两条重要的入会条件:一是赞成该会的宗旨,即“研究介绍世界文学,整理中国旧文学,创作新文学”②;二是会员的介绍与认同。目前多数学者提及庐隐加入文学研究会时,侧重于论述她与部分会员是福建同乡,较少注意到她的文学观念契合该会的宗旨,往往单方面强调文学研究会对其文学观念的影响。不可否认的是,庐隐和王世瑛加入文学研究会的确存在一定的人事因素。1919 年,福建福州发生了日本人枪杀学生的事件,郑振铎等人遂联络在京闽籍学生发起成立福建同乡会予以声援。庐隐、王世瑛、程俊英等女高师闽籍学生加入了福建同乡会,结识了诸多文学研究会中的闽籍男学生,如郑振铎、郭梦良、许地山等。在与男学生的合作和交流中,庐隐与郭梦良、王世瑛与郑振铎之间还形成了纯洁的恋爱关系。同年,福建同乡会解散,郑振铎等人又发起成立了社会实进会,出版《新社会》月刊(后改名《人道》)。庐隐作为撰稿人之一,曾在《人道》第 1 期发表了《思想革新底原因》一文。翌年 1 月,以郑振铎、沈雁冰等发起组织的文学研究会成立。该会对有志于新文学创作的同人,无论派别及性别,均兼容并包之。庐隐、王世瑛因为与该会闽籍会员的同乡关系,使得她们在“会员的介绍与认同”这一入会资格方面占有优势。

---

① 《文学研究会简章》,《小说月报》1921 年第 12 卷第 1 期,“附录”第 1 页。文中标点系笔者所加。

② 《文学研究会简章》,《小说月报》1921 年第 12 卷第 1 期,“附录”第 1 页。文中标点系笔者所加。

当然，庐隐、王世瑛与文学研究会所结下的人事机缘只是她们入会的条件之一，事实上更为重要的是，她们赞成该会的宗旨，基本认同"为人生而艺术"的文学主张。庐隐认为文学创作家对社会的种种悲剧"应用热烈的同情，沉痛的语调描写出来，使身受痛苦的人，一方面得到同情绝大的慰藉，一方面引起其自觉心，努力奋斗从黑暗中得到光明——增加生趣"，即强调文学创作应用批判的眼光探求人生社会，"于悲苦之中寓生路"。① 王世瑛认为研究和创作文学时应具备以下四点，即"要有文学的修养""要了解人生意义""要留心社会各方面底考察，揭出他底真相""要直接慎重于文章修饰底工夫，合于美底方式"。② 她们的这些观点与文学研究主张"文学应该反映社会的现象，表现并且讨论一些有关人生一般的问题"③ 的态度相一致。因此，庐隐、王世瑛能够成为文学研究会的会员，进入现代文学的中心，上述两个条件缺一不可。

就庐隐而言，文学研究会的刊物《小说月报》是其从事新文学创作的正式起点。事实上，这个起点很高，《小说月报》在当时的新文学界有着重要的影响力。庐隐的白话小说《一个著作家》能发表在这份刊物上，无疑增强了她创作新文学的自信心。1921 年文学研究会共出版了 12 期《小说月报》，其中就有 6 期刊登了庐隐的作品，如此密集的发表频率使得这位刚刚踏上文坛的女高师学生很快为读者知晓。接下来的几年，虽然发表频率没有之前那样高，但庐隐的许多代表作依然刊登于《小说月报》，如《海滨故人》《或人的悲哀》及《丽石的日记》等。此外，庐隐在文学研究会上海分会的刊物《文学旬刊》上也发表了许多文章，尝试了除小说之外的诗歌、散文等形式的新文学创作。

考察庐隐的创作生涯，可知文学研究会及其刊物《小说月报》《文学旬刊》，是扶持与推动她成为新文学作家的重要力量。需要注意的是，主流文学媒介的扶持对于一个作家的成长是有着重要的影响，但这种影响力不宜过分夸大。能够进入现代主流文学媒介发表作品，并不意味着作者一定会成为现代文学史上著名的作家。以文学研究会

---

① 庐隐：《创作的我见》，《小说月报》1921 年第 12 卷第 7 期。
② 王世瑛：《怎样去创作》，《小说月报》1921 年第 12 卷第 7 期。
③ 茅盾：《中国新文学大系·小说一集·导言》，载鲁迅等著，刘运峰编《1917—1927中国新文学大系导言集》，天津人民出版社 2009 年版，第 54 页。

的会员庐隐、王世瑛为例，二者虽然均在《小说月报》《文学旬刊》《晨报副刊》《京报》等主流文学媒介上发表过作品（详见表 2-6），但说起中国现代新文学第一批女作家来，庐隐无疑是其中的佼佼者，而王世瑛则湮没无闻。造成这种现象的原因是什么呢？笔者以为，成为著名女作家需要多方面的因素，不仅需要主流文学媒介的扶持，而且作者本身持久的创作活力、作品本身的艺术魅力及社会影响力也是非常重要的因素。两人均毕业于北京女高师，先后从事教育工作及组建各自的家庭。庐隐在教书的同时并未放弃写作，依然笔耕不辍直至去世；王世瑛则将更多的精力投入家庭生活，中断了文学创作的进程。此外，庐隐的文学作品数量较多，拥有自己的代表作、读者群和社会影响力，被公认为"五四"新文学女作家中的代表。而王世瑛的文学作品不仅数量少，而且在文坛的影响力也不大，这使她成为中国现代新文学史上昙花一现的过客。

表 2-6　庐隐、王世瑛发表在文学研究会刊物上的文章（1919—1922 年）

| 姓名 | 文章名称 | 发表刊物及时间 |
| --- | --- | --- |
| 庐隐 | 《一个著作家》（小说） | 《小说月报》1921 年第 12 卷第 2 期 |
| | 《一封信》（小说） | 《小说月报》1921 年第 12 卷第 6 期 |
| | 《创作的我见》（杂文） | 《小说月报》1921 年第 12 卷第 7 期 |
| | 《红玫瑰》（小说） | 《小说月报》1921 年第 12 卷第 7 期 |
| | 《两个小学生》（小说） | 《小说月报》1921 年第 12 卷第 8 期 |
| | 《灵魂可以卖吗》（小说） | 《小说月报》1921 年第 12 卷第 11 期 |
| | 《思潮》（小说） | 《小说月报》1921 年第 12 卷第 12 期 |
| | 《余泪》（小说） | 《小说月报》1921 年第 13 卷第 6 期 |
| | 《小说的小经验》（杂文） | 《文学旬刊》1921 年第 3 期 |
| | 《一个病人》（小说） | 《文学旬刊》1921 年第 6 期 |
| | 《月夜里箫声》（小说） | 《文学旬刊》1921 年第 9 期 |
| | 《整理旧文学与创造新文学》（杂文） | 《文学旬刊》1921 年第 9 期 |
| | 《"作甚么"》（小说） | 《文学旬刊》1921 年第 10 期 |
| | 《哀音》（小说） | 《文学旬刊》1921 年第 13 期 |
| | 《余泪》（小说） | 《小说月报》1922 年 13 卷第 6 期 |

| 姓名 | 文章名称 | 发表刊物及时间 |
|---|---|---|
| 庐隐 | 《月下的回忆》（散文） | 《小说月报》1922 年 13 卷第 10 期 |
| | 《或人的悲哀》（小说） | 《小说月报》1922 年 13 卷第 12 期 |
| | 《一个女教员》（小说） | 《文学旬刊》1922 年第 29 期、第 30 期 |
| | 《灵魂的伤痕》（散文） | 《文学旬刊》1922 年第 46 期 |
| | 《东游得来的礼物》（散文） | 《文学旬刊》1922 年第 48 期 |
| | 《华严泷下》（散文） | 《文学旬刊》1922 年第 49 期 |
| | 《海边上的谈话》（散文） | 《文学旬刊》1922 年第 50 期 |
| | 《最后的光荣》（小说） | 《文学旬刊》1922 年第 52 期 |
| | 《月下》（诗歌） | 《文学旬刊》1922 年第 55 期 |
| | 《旧历年的最后一夜》 | 《诗》1922 年第 1 卷第 3 期 |
| 王世瑛 | 《怎样去创作》（杂文） | 《小说月报》1921 年第 12 卷第 7 期 |
| | 《心境》（小说） | 《文学旬刊》1921 年第 4 期 |
| | 《"不全则无"》（小说） | 《文学旬刊》1921 年第 8 期 |
| | 《二百元》（小说） | 《文学旬刊》1921 年第 10 期 |
| | 《苦儿女》（小说） | 《文学旬刊》1921 年第 11 期 |
| | 《出洋热》（小说） | 《文学旬刊》1921 年第 12 期 |
| | 《东京行》（诗歌） | 《文学旬刊》1922 年第 56 期、第 57 期 |

### 三　女学生的努力

女高师国文部的文学教育、新文学空间的支持，为女学生走上文学道路提供了外在的客观条件，而自身的天赋和主观努力则对她们成长为女作家起着更为重要的作用。下面主要以北京女高师擅长文学的"四大金刚"——庐隐、苏雪林、冯沅君和程俊英为例，考察她们成长为中国新文学史上第一批女作家所付出的努力。

首先，她们有着广泛的阅读兴趣，养成了阅读的习惯。阅读与写作是一种互助互惠的关系，阅读对作家的成长有着基础性的作用。庐隐、苏雪林在进入女高师之前，都曾阅读过诸多中国古典文学作品，"为林黛玉、崔莺莺不知洒了多少眼泪"①。她们还是林译小说的爱好者，庐隐自称看过"林译的三百多种小说"②，苏雪林自述读林译小说"读的几乎入了迷"③，后来还学着用林译的笔调来写日记。庐隐还读过礼拜六派的作品，"也曾试用文言写作一些章回或短篇小说之类"④。据程俊英回忆，庐隐曾以自身经历为题材写过一个小说《隐娘小传》，该书的笔调即受到了鸳鸯蝴蝶派的影响。

1919 年，她们升入北京女高师时，正值五四新文化运动高涨之际，"各种学说如雨后春笋般，勃然而兴"⑤。在新思想和新文学的洗礼下，《新青年》《新潮》《每周评论》《晨报副刊》等刊物，成为她们"必不可少的读物"⑥。为了能够看到全部的《新青年》杂志，程俊英还特意拜访了胡适。待借书回到学校后，她"一口气从第一卷读到末卷，顿觉头脑清醒，眼睛明亮，好像从'子曰诗云'的桎梏里爬了出来"⑦。她们不仅学做白话文，而且也把"红楼水浒做圣经宝典来研究"，并且"竭力阅读西洋名著，易卜生的戏剧、安徒生的童话、斯德林堡、库普林、托尔斯泰、杜斯妥益夫斯基等人的小说"⑧。这种涉及古今中西的阅读视野，坚持读书的阅读习惯，为她们以后的文学创作起到了积极的作用。

其次，她们大都敏于思考，勤于写作。女高师学生大都深知旧社会压迫的痛苦和传统思想束缚的弊端，所以易于接受新思想，"争先恐后地向着光明阵营跑"⑨。庐隐算是最快"跑进"新文学创作阵营的女学生之一，"在别人对于新诗、小说的创作还在迟疑犹豫的时候，她的作

---

① 程俊英：《回忆庐隐二三事》，《新文学史料》1987 年第 1 期。

② 庐隐：《庐隐自传》，载钱虹编《庐隐选集》（上册），福建人民出版社 1985 年版，第 567 页。

③ 苏雪林：《浮生九四：苏雪林回忆录》，三民书局 1991 年版，第 17 页。

④ 苏雪林：《〈海滨故人〉的作者庐隐女士》，《中华日报》副刊 1959 年第 21 卷第 10 期。

⑤ 庐隐：《庐隐自传》，载钱虹编《庐隐选集》（上册），福建人民出版社 1985 年版，第 577 页。

⑥ 程俊英、罗静轩：《"五四"运动的回忆点滴》，载朱杰人、戴从喜编《程俊英教授纪念文集》，华东师范大学出版社 2004 年版，第 276 页。

⑦ 程俊英、罗静轩：《"五四"运动的回忆点滴》，载朱杰人、戴从喜编《程俊英教授纪念文集》，华东师范大学出版社 2004 年版，第 282 页。

⑧ 苏雪林著，沈辉编：《苏雪林文集》（第 2 卷），安徽文艺出版社 1996 年版，第 65 页。

⑨ 苏雪林著，沈辉编：《苏雪林文集》（第 2 卷），安徽文艺出版社 1996 年版，第 62 页。

品已在报纸上发表了"①。从 1920 年起，她便在《晨报副刊》《小说月报》《文学旬刊》《京报》等刊物上发表文章，声名鹊起。受社会主义思潮的影响，庐隐阅读了大量介绍社会主义学说的书籍，认识到"近几年来国运更是蜩螗，政治的腐败，权奸的专横，哪一件不叫人发指？百姓们受的罪，稍有心肝的人，都终难缄默"②，于是她把满腔的忧患意识和社会责任感化作了反映社会现实的文学创作，写出了《一个著作家》等一系列的"问题小说"，以"打破人们的迷梦，揭开欢乐的假面目"③。庐隐最初创作的社会题材类小说，虽然因缺乏亲身经历而不免显得有些肤浅，但她并非"追求题材的丰富性"而刻意为之，更不是"为获得'主流'的认可所采取的'策略'或是所作出的'牺牲'"④。事实上，当时受社会主义学说的影响，庐隐十分关注社会问题，她的早期文学作品多是反映社会现实的问题小说。后来，庐隐的思想发生了转变，开始意识到要面对自己内心的情感体验来写作。因此，庐隐早期注重写实主义的文学创作不是融入主流的策略，而是自身思想发展的历史产物。

　　庐隐才思敏捷，勤于写作。苏雪林对此回忆称："她做小说也一般从不起草，一支自来水笔在纸上飕飕写去，两小时内可以写两三千字……她的座位恰在我前面，每遇作文时，我们咿呀苦吟，或终日不能成一字。庐隐坐椅子上低着头，按着纸，笔不停地写下去，顷刻一篇脱稿。"⑤ 凭借如此的创作热情，庐隐在大学三年里大约写了十几万字的文章，将它们发表于多种报刊（参见表 2-7）。对于庐隐敏于求新，勤奋写作的情形，1934 年刘大杰有过如下中肯的评述："新文学运动起来，她便很敏锐地接受了这种思潮，抛弃了旧文学的观念，用白话文的体裁，写出完全近代式的小说了。并且从那时候起，一直到现在，她没有偷过懒，在她求衣求食的余暇，写了将近十册的作品了。从这一点讲

---

　　① 冯沅君：《忆庐隐》，载袁世硕、张可礼主编《陆侃如冯沅君合集》（第 15 卷），安徽教育出版社 2011 年版，第 274 页。

　　② 庐隐女士：《一个女教员》，《文学旬刊》1921 年 3 月 1 日第 2 版。

　　③《庐隐自传》，钱虹编《庐隐选集》（上册），福建人民出版社 1985 年版，第 591 页。

　　④ 张莉：《浮出历史地表之前：中国现代女性写作的发生》，南开大学出版社 2010 年版，第 172 页。

　　⑤ 林伟民编选：《海滨故人庐隐》，人民文学出版社 2001 年版，第 10—11 页。

来，在十四年来中国新文学运动的历史上，她是有她应得的地位的。"①

表 2-7　庐隐在女高师读书期间发表的文章（1919 年 5 月—1922 年 6 月）

| 文章名称 | 发表时间 | 发表刊物 |
|---|---|---|
| 《"女子成美会"希望于妇女》（杂文） | 1920 年 2 月 19 日 | 《晨报副刊》 |
| 《利己主义与利他主义》（杂文）、《金陵》《小重阳登陶然亭记》（诗歌） | 1920 年 4 月 1 日 | 《北京女子高等师范文艺会刊》第 2 期 |
| 《我对于大学开放女禁底意见》（杂文） | 1920 年 5 月 1 日 | 《今生》第 1 卷第 1 期 |
| 《思想革新底原因》（杂文） | 1920 年 8 月 5 日 | 《人道》第 1 期 |
| 《新村底理想与人生底价值》（杂文） | 1920 年 12 月 8 日 | 《民国日报·批评》第 4 期 |
| 《真幸福》（小说） | 1921 年 1 月 5 日 | 《家庭研究》第 1 卷第 3 期 |
| 《劳心者和劳力者》（杂文） | 1921 年 1 月 11 日 | 《民国日报·批评》第 6 期 |
| 《海洋里底一出惨剧》（小说） | 1921 年 1 月 25、26 日 | 《时事新报》 |
| 《一个著作家》（小说） | 1921 年 2 月 10 日 | 《小说月报》第 12 卷第 2 期 |
| 《邮差》（小说） | 1921 年 2 月 20 日 | 《京报·青年之友》第 7 版 |
| 《金钱、你、母子的恩情!》（小说） | 1921 年 2 月 25 日 | 《京报·青年之友》第 7 版 |
| 《一个月夜里的印象》（小说） | 1921 年 3 月 8、9 日 | 《京报·青年之友》第 7 版 |
| 《瀑布下的一个青年》（小说） | 1921 年 3 月 22 日 | 《京报·青年之友》第 7 版 |
| 《僵尸》（小说） | 1921 年 3 月 26 日 | 《京报·青年之友》第 7 版 |
| 《傍晚的来客》（小说） | 1921 年 3 月 29 日 | 《京报·青年之友》第 7 版 |
| 《近世戏剧的新倾向》（杂文） | 1921 年 4 月 1 日 | 《北京女子高等师范文艺会刊》第 3 期 |
| 《早晨的歌声》（小说） | 1921 年 4 月 6 日 | 《京报·青年之友》第 6—7 版 |
| 《失望》（小说） | 1921 年 4 月 20、21 日 | 《京报·青年之友》第 6—7 版 |
| 《破产》（小说） | 1921 年 4 月 30 日 | 《京报·青年之友》第 6—7 版 |

---

① 刘大杰：《黄庐隐》，载钱虹编《庐隐集外集》，书目文献出版社 1989 年版，第 551 页。

续表

| 文章名称 | 发表时间 | 发表刊物 |
| --- | --- | --- |
| 《泪痕》（小说） | 1921 年 5 月 8 日 | 《京报·青年之友》第 6—7 版 |
| 《隔壁的哀音》（小说） | 1921 年 5 月 13 日 | 《京报·青年之友》第 6 版 |
| 《他狂了》（诗歌） | 1921 年 5 月 17 日 | 《京报·青年之友》第 6 版 |
| 《送春去》（诗歌） | 1921 年 5 月 24 日 | 《京报·青年之友》第 6 版 |
| 《耽忧》（小说） | 1921 年 5 月 25 日 | 《京报·青年之友》第 6 版 |
| 《小说的小经验》（杂文） | 1921 年 5 月 29 日 | 《文学旬刊》第 3 期 |
| 《一封信》（小说） | 1921 年 6 月 10 日 | 《小说月报》第 12 卷第 6 期 |
| 《一个病人》（小说） | 1921 年 6 月 30 日 | 《文学旬刊》第 6 期 |
| 《创作的我见》（杂文）、《红玫瑰》（小说） | 1921 年 7 月 10 日 | 《小说月报》第 12 卷第 7 期 |
| 《整理旧文学与创造新文学》（杂文）、《月夜里箫声》（小说） | 1921 年 7 月 30 日 | 《文学旬刊》第 9 期 |
| 《两个小学生》（小说） | 1921 年 8 月 10 日 | 《小说月报》第 12 卷第 8 期 |
| 《"作甚么?"》（小说） | 1921 年 8 月 10 日 | 《文学旬刊》第 10 期 |
| 《王阿大之死》（小说） | 1921 年 9 月 4—6 日 | 《时事新报·学灯》 |
| 《哀音》（小说） | 1921 年 9 月 10 日 | 《文学旬刊》第 13 期 |
| 《迷路的羊》《安眠的儿》（诗歌） | 1921 年 10 月 3 日 | 《益世报·女子周刊》 |
| 《秋风秋雨》《黄昏的梦》（诗歌） | 1921 年 10 月 10 日 | 《益世报·女子周刊》 |
| 《心弦之音》《影》（诗歌） | 1921 年 10 月 17 日 | 《益世报·女子周刊》 |
| 《一件小事》（小说）、《月下》（诗歌） | 1921 年 10 月 24 日 | 《益世报·女子周刊》 |
| 《灵魂可以卖吗?》（小说） | 1921 年 11 月 10 日 | 《小说月报》第 12 卷第 11 期 |
| 《祝〈晨报〉第三周的纪念》 | 1921 年 12 月 1 日 | 《晨报》第 9 版 |
| 《思潮》（小说） | 1921 年 12 月 10 日 | 《小说月报》第 12 卷第 12 期 |
| 《一个女教员》（小说） | 1922 年 2 月 21 日、3 月 1 日 | 《文学旬刊》第 29 期、第 30 期 |

续表

| 文章名称 | 发表时间 | 发表刊物 |
| --- | --- | --- |
| 《一个快乐的村庄》（小说） | 1922 年 5 月 | 《小说汇刊》 |
| 《余泪》（小说） | 1922 年 6 月 10 日 | 《小说月报》第 13 卷第 6 期 |
| 《女子在文化上的地位》（杂文） | 1922 年 | 《北京女学界联合会汇刊》第 1 期 |

最后，她们的文学创作和研究体现了鲜明的"五四精神"。茅盾评价庐隐时曾说："庐隐与五四运动，有'血统'的关系。庐隐，她是被'五四'的怒潮从封建的氛围中掀起来的，觉醒了的一个女性；庐隐，她是'五四'的产儿。"① 这不只说明庐隐是经历过五四时代的人，更意在强调她所具有的"五四精神"。对于庐隐、石评梅、苏雪林等女高师学生而言，她们的新文学创作和研究同样体现了这种精神。

何谓"五四精神"？陈独秀对此概括为"民主和科学"，胡适则认为是"一种评判的态度"。二者实质上都指向了一种理性精神。从《新青年》鼓吹"文学革命"开始，现代新文学的先驱者们就主张以科学、民主的精神重估中国传统文学的价值，指导新文学的创造，以文学作为改造社会人生的重要工具。这就使得五四时期的中国现代文学具有强烈的理性批判色彩。新文学家们开始摆脱传统禁锢的思维方式，力图借助理性精神去观察与思考生活，进一步探求人的生存价值及种种人生观的问题。这种理性精神对女高师学生的文学创作产生了直接的影响。庐隐在新文学创作初期满身带着"社会运动"的热气，注意文学创作题材的社会意义，写了一批反映社会现实的"问题小说"。"《一封信》写农民的女儿怎样被土财主巧夺为妾，以至惨死；《两个小学生》写军阀政府轰打请愿的小学生；《灵魂可以卖么？》写纱厂女工；《余泪》写一个真正为'和平'而殉道的女教士。"② 苏雪林受"为人生"派文学的影响，创作了一些反映社会黑暗和底层平民生活痛苦，抨击封建礼教的新文学作品。如《京汉火车中所见》写士兵手持枪支抢占病弱老妇座位的情形；《一个女医生》写军阀逞凶导致

---

① 未明：《庐隐论》，《文学》1934 年第 3 卷第 1 期。
② 未明：《庐隐论》，《文学》1934 年第 3 卷第 1 期。

家破人亡的罪恶事迹；《节孝坊》写了一个"为了贪图贞节牌坊而牺牲一世青春和幸福的女人"①。虽然这些文章在艺术上不免幼稚生硬，但她们在创作中所体现出来的追求理性的精神，奠定了她们成长为五四时期新文学作家的基础。

事实上，广泛的"五四精神"不仅仅包括"科学和民主"，还应包含"独立之精神与自由之思想"。因为追求思想解放，固然需要坚持科学反对愚昧，坚持民主反对专制，但它同时还有赖于个人内在的人格力量，即新文化运动主将所讲求的"独立自主之人格"与"个性的发达"，这一点在女高师作家身上也带有鲜明的印记。冯沅君评价庐隐道："她那微近男性的谈吐，她那时似傲慢的举措，她那对于爱的热烈的追求，这些使她的老友对她常有微词的地方，都可以显示她是有个性的，有使她不落于庸俗的个性。"② 1921 年引起文坛轩然大波的《呜呼苏梅》事件，虽使当事人苏雪林身心受伤，但她在文学评论过程中仍表现了追求独立人格和言论自由的精神。1921 年，谢楚桢所著的《白话诗研究集》出版，并在《京报》上连登广告以造势，鼓吹该作"讨论批评，创造采集，无所不有，诚为新文艺中别开生面之书"，"凡有志研究新诗的人，当无不先睹为快"。③ 旧诗功底颇深且对新文学感兴趣的苏雪林细读此书后，对此书诗论中的一些观点不以为然。她认为在新诗萌芽的时代，自己有必要"做芟割蓬草的斧和锯"，让新文学得以健康、自由的发展，这种批评新文学的勇气和自觉意识是值得肯定的。1921 年 4 月 25 日，苏雪林以本名"苏梅"在《益世报·女子周刊》上发表了《对于谢君楚桢〈白话诗研究集〉的批评》，以犀利、刻薄但又不无道理的口吻，对《白话诗研究集》进行了尖锐的批评。此文一出，便引发了一场颇为壮观的笔战。罗敦伟、易家钺、郭梦良为维护谢楚桢，以《京报·青年之友》为阵地，对苏雪林大加挞伐。尤以《京报》刊登的署名"右"的文章《呜呼苏梅!》最为恶劣，对苏雪林极尽辱骂、诋毁之辞。时人都猜测这篇文章为易家钺所做，事实也的确如此。对此，支持苏雪林的女高师学

---

① 苏雪林著，于青选编：《归途》，群众出版社 1999 年版，第 78 页。

② 冯沅君：《忆庐隐》，载袁世硕、张可礼主编《陆侃如冯沅君合集》（第 15 卷），安徽教育出版社 2011 年版，第 274 页。

③ 《介绍新出版的〈白话诗研究集〉》，《京报》1921 年 4 月 25 日第 4 版。

生以《益世报·女子周刊》为基地，极力反驳罗敦伟、易家钺带有侮辱性的言辞。易家钺因不堪社会多方面的谴责和压力，转而请李石曾、杨树达、熊崇煦等 8 位社会知名人士联合发表声明以示其清白。这又引发向来主张拿证据说话的胡适的不满，他联合高一涵发表了一则启事，要求上述 8 人拿出确凿的证据，否则决不应该滥用自己的姓名"替无赖少年作辩护"①。以今人的立场来看，论战双方均有意气用事和过激之词，不过由此可以看到，女性在现代新文学发生初期进行新文学批评所处的复杂环境。面对新文化文圈内的性别歧视及专制风气，苏雪林勇于反抗与辩驳，认为言论有自由之权，不能以私见抑制他人的言论，坚持只要"我舌尚存，我笔尚在，我必定将今日这'一件不平的事'（以印刷传单之法）请大家评论"②。其独立精神之强及个性之烈由此可见一斑。正是凭借独立的个性和自由的精神，苏雪林在日后的《楚辞》研究领域，坚持自己的学术观点，成一家之言。

北京女高师学生成长为"五四"新文学女作家的过程，即是该校现代新文学发生的重要表现。女高师学生利用外部的机遇和自身的努力，成为中国现代新文学的第一代女作家，这不仅证实了现代文学与大学教育所存在的密切关系，而且彰显了北京女高师在中国现代新文学发生期所占据的重要地位。

# 第三节　爱国与求索：女高师与社会思潮

五四运动时期，各种社会思潮相互激荡，气象万千。北京女高师处于新文化运动的发源地，不可避免地与各种社会思潮发生密切的联系，并凭借自身的影响对它们发挥了重要的助推作用。

---

① 胡适著，季羡林主编：《胡适全集》（第 29 卷），安徽教育出版社 2003 年版，第 260 页。
② 韶卿：《不得已的答辩》，《京报》1921 年 5 月 7 日第 7 版。

## 一　女高师与爱国主义

北京女高师的学生关心时政，富有爱国热情。她们的这一特质，在五四运动中更得到了集中的展现。

五四运动之前，北京女高师校风保守，管理严格，学生被封闭在囚笼似的学校，鲜有与外界社会接触的机会。"五四"前夜，北京大学曾派几位代表前往女高师，联络上街游行事宜。校方以"男女授受不亲"为由，把男女学生代表分别安排在大礼堂的两个角落，由女学监代为传话。结果是，双方思想无法沟通，女学生未能参加"五四"当天的游行。亲历者吕云章认为还存在其他方面的原因：

（一）她们求学的机会非常难得，她们能读到中学，在当时已经是非常幸运了。她们必须把握时间，努力用功，方可不负宝贵的良机。不到万不得已，她们决不愿参加罢课游行，以免妨碍学业。

（二）当时社会一般心理，总认为女孩子不应抛头露面。一个十六七岁的姑娘，如果到街头和男孩子混在一起，无论有什么理由，都是说不过去的。所以一般家长对女学生的管束都是特别严格，除了上学之外，总是禁止她们单独外出。

（三）当时女师范已设有专科，行将改制高师，人才众多，声望亦高，所以其他各女校的活动，无不以女师的马首是瞻。而女师校长方还先生，为人温和保守，据说又新得政府授给五等嘉禾勋章，自极不愿学生有与政府敌对的行动。是故于五四运动发生以来，就一面命教职员对学生严加约束，一面通知家长决不允许学生有罢课行为，学生如果违犯，即请家长领回，宁肯将学校解散，校址交还政府，绝不让女师成为学生运动的场合。

由于以上种种原因，学校当局与学生家长有意无意之间，形成一配合，再加上女士本身的困难，自然使她们的活动，大受约束。①

吕云章的言论颇为中肯，道出了许多不为人知的历史细节。在上述

---

① 吕云章：《五四运动中的北京女学生》，载中国人民政治协商会议全国委员会文史资料委员会编《五四运动亲历记》，中国文史出版社 1999 年版，第 125—126 页。

条件的制约下，女高师学生未能加入五四运动爆发当日的游行。不过，国文部教员陈中凡于 5 月 5 日讲述了五四运动的详情，这不禁点燃了女学生心底压抑的怒火，并转化为巨大的爱国能量。从这一天起，女高师学生"才正式地加入北京学生队伍中去，经常的开会、编写刊物，到街头讲演宣传、游行请愿等，投入了五四运动的战斗"①。

5 月 7 日，以女高师为首的京城 12 所女校的代表聚集开会，决定以北京女校全体学生的名义通电巴黎和会及中国代表，要求公正处理青岛问题。5 月 22 日，女高师学生创办了该校第一个政治性刊物《女界钟》，以发表对五四运动的意见。由于印刷局不予以付印，女高师学生气愤至极，于是将《女界钟》自行油印，发至北京学界。② 为加强北京各女校间的联系，发扬爱国精神，女高师联络培华、贝满、笃志等女校，成立了北京女学界联合会，并在其中发挥了主导作用。6 月 3 日，北京政府派出大量的军警、保安队上街逮捕游行的学生。为营救他们，女高师邀请各女校代表召开紧急会议，决定于翌日上街游行请愿。6 月 4 日，女高师学生冲出封锁的校门，手持"打倒日本帝国主义""还我青岛"等口号的旗子，整队前往总统府请愿。至新华门后，派代表钱中慧、吴学恒、陶斌、赵翠菊③往见总统，并提出了四项要求④。

女高师学生的"六四"游行，产生了广泛的社会影响。但是，校长

---

① 程俊英、罗静轩：《五四运动的回忆点滴》，载北京师范大学校史资料室编《五四运动与北京高师》，北京师范大学出版社 1984 年版，第 152 页。

② 有关《女界钟》的出版情况，学界对此的认识较为模糊。郑永福、吕美颐认为该刊"由于到印刷局付印时遭警方干涉而夭折"，参见郑永福、吕美颐《中国妇女通史　民国卷》，杭州出版社 2010 年版，第 63 页。据程俊英回忆，因为遭到印刷局的干涉，"于是将《女界钟》油印，发至北京的学界"，参见程俊英《回忆女师大》，载朱杰人、戴从喜编《程俊英教授纪念文集》，华东师范大学出版社 2004 年版，第 348 页。此外，据《北京女学界联合会汇刊》（1922 年）载，1919 年 5 月该会出版了《女界钟》第二期。可见，《女界钟》并没有因印刷局的干涉而夭折，至少出了两期。

③ 有关"六四"请愿中往见总统的女学生代表问题，目前学界一致肯定的是钱中慧、吴学恒、陶斌，而对于第四个人存有分歧：一说是赵翠菊，如彭明的《五四运动史》、郑永福、吕美颐的《中国妇女通史》（民国卷）等；另一说是赵翠兰，周纵策《五四运动史》《五四爱国运动资料》、刘巨才《中国近代妇女运动史》等。据《京报》《每周评论》载，当时往见总统的学生代之一为赵翠菊，参见《北京女学生之活动》，《京报》1919 年 6 月 6 日第 3 版；《军警压迫中的学生运动》，《每周评论》1919 年第 25 期。对于"赵翠兰"一说，笔者并未找到较为直接的一手资料。因此，笔者认为赵翠菊有一定的史料依据，更具历史的真实性。

④ 这四项要求分别为：（1）大学不能作为监狱，请从速释放被捕学生；（2）不应以对待土匪的办法对待高尚的学生；（3）以后不得再以军警干涉学生爱国之讲演；（4）对于学生只可告诫，不应苛待。

方还对此却大为震怒，认为教员陈中凡和吕凤子约束不力，决定停发二人的聘书。对此，学生们愤慨万分，认为校长迂腐顽固，既阻挠学生爱国运动于前，又无理迁怒两位教员于后。于是，学生自治会决议全校无限期罢课，并对方还提出了下列条件：第一，请回两位级主任并向他们赔礼道歉；第二，要求校长和学监，嗣后不能再行干涉学生的爱国行动。① 为对付这些"狂妄"的学生，方还加紧了对她们的压制，以整修校舍为由提前放假，要求学生一律迁出学校。由于事出仓促，学生们只好卷铺盖回家，有些非京籍无家可归的则暂住同学或亲戚家。② 面对如此高压的政策，部分学生立即商讨"驱方"策略。她们用白话文写成"驱方"宣言，历数方还干涉学生游行等十大罪，并将之印成传单，昭示群众，以谋求社会舆论的同情与支持。最终教育部免除了方还的职务，委任毛邦伟为校长，至此"驱方运动"结束。

　　此外，女高师学生还积极响应外省的五四爱国运动。1919 年 8 月，山东发生了皖系军阀马良镇压济南人民反日爱国的"马良祸鲁案"③，这不仅激起了山东学生和各界爱国人士的仇恨，还引发了全国人民的公愤，各地掀起了声势浩大的请愿运动。女高师加入了北京的请愿活动，并派代表孙雅平、佟蕙瑗等向北洋政府请愿，要求惩办祸首，释放被捕学生。1919 年 11 月，福州学生为抵制日货，与日本居留民团发生冲突，结果造成了多名学生及市民死伤。惨案发生后，驻福州的日本当局，不但未严加惩治凶手，反而以保护日侨为借口，电请本国政府派舰来闽，进行威吓。消息传出后，全国各地联合会和学生联合会一致反抗，敦促北京政府外交部与日本政府严重交涉。女高师学生亦积极投身声援运动，派出代表及学生讲演团沿途讲演。1920 年，日本无视中国主权，悍然进军延边，杀戮当地平民，激起了全国人民的极大愤慨。女高师学生闻讯后，立即分赴北京各大街讲演，抗议日军的暴行。

---

　　① 罗静轩：《北京女高师在五四运动中》，载北京师范大学校史资料室编《五四运动与北京高师》，北京师范大学出版社 1984 年版，第 147 页。

　　② 参见罗静轩《北京女高师在五四运动中》，载北京师范大学校史资料室编《五四运动与北京高师》，北京师范大学出版社 1984 年版，第 148 页。

　　③ 1919 年 7 月，山东的五四爱国运动爆发后，济南的工、商、学、农各界千余人于 21 日在省议会召开救国大会，举行示威游行。25 日，北洋军阀当局宣布济南戒严，时任马良为戒严司令。8 月 3 日，山东学生请愿团向督军、省长请愿，要求解除戒严令，禁止卖米给日本人和释放被捕的爱国者。马良亲率部队镇压学生，杀害了三名回教教民，史称"马良祸鲁案"。

　　值得注意的是，女高师学生注重宣传"五四"精神，积极参与"五四"纪念活动。1920 年 5 月 4 日，《晨报》特设专刊以纪念五四运动一周年，女高师学生陶玄、钱用和、冯淑兰的文章被选入其中。陶玄在《我底五四纪念观》一文中，高度赞扬青年学生在五四运动中发挥了团结奋斗的精神，指出"五四"周年纪念的价值在于，"本着改造社会，造福平民的精神"，"由自觉方面，推到觉人方面，打破恶社会制度，进到建设良善的社会，善良的制度方面"。① 钱用和认为，"五四"精神是创造的、互助的、永久的，"现在只做到创造的，互助的，还希望加以永久的"②。冯淑兰则指出，五四运动对社会的改造仍存在诸多令人失望的问题，勉励"大家振起当初发扬蹈厉的精神来，并且永久继续下去"③。三人均参加过五四运动，这次积极发表纪念性文章，足见她们对宣传五四运动及"五四"精神的自觉意识和责任感。

　　北京女高师学生的爱国运动，开创了近代中国女大学生集体运动的先河。应当说，女高师学生是五四时期爱国运动的一支生力军。所以，我们说北京女高师是中国近代早期女子高等教育的典范，不仅是指办学的意义，而且也在于强调，它同时还是女学生高扬爱国精神的重要阵地。

## 二　女高师与工读主义

　　五四时期，国内的社会主义思潮风起云涌。北京女高师，屡开风气之先，亦走在探索社会主义发展前途的潮流前列。一批具有社会主义思想倾向的文化名人纷纷走入女高师，为学生们带来了精彩各异的讲演。英国哲学家罗素在女高师的讲演中说到，布尔什维是有目的、有方法的理想，其重要的特征就是"公理""公道"，进而指出欲实现男女平等，"非实行共产主义不足以致之"④。与罗素一同访华的勃拉克，讲演了《共产主义与女子问题》，主张依照共产主义的"协同"办法，组建"各尽所能、各取所需"的公共生活机关，然后发挥女性的个人特长，

---

① 陶玄：《我底五四纪念观》，《晨报》1920 年 5 月 4 日第 7 版。
② 钱用和：《"五四"的精神》，《晨报》1920 年 5 月 4 日第 7 版。
③ 冯淑兰：《五四纪念的杂感》，《晨报》1920 年 5 月 4 日第 6 版。
④ 罗素讲述，王世瑛笔记：《宝雪维几 Bcrskouik 之理想》，《北京女子高等师范文艺会刊》1921 年第 3 期，"讲演"第 48 页。

"尽一己之责任，谋人类幸福之增加"①。事实上，罗素与勃拉克所主张的是一种改良社会主义，他们反对阶级革命和唯物史观的马克思主义。一向鼓吹"社会主义"的江亢虎，发表了题为"俄共产主义的原始"的讲演，批评了俄国现行制度的不足之处，同时表达了自己的社会主义主张，即"资产共有""共产主义可以取法于资本主义"②，这实际上也是一种空想社会主义。提倡工读主义的李石曾，为女高师学生讲述了法国女学界及留法俭学会的情形，认为"留学范围极广，不仅少数程度高底人应该到各国"③，鼓励女子留学国外。后来，女高师学生苏雪林、林宝权赴法国里昂大学留学，与此次的讲演不无关系。有些女高师学生受互助论的影响，进而反思竞争的进化论所导致的强权论及功利论。陈定秀在论及中国教育宗旨时，认为"人类之进化愈深，则相互之关系愈切"④，欧战中德国的惨败即证明了"害人害己"的军国主义教育已成明日黄花，不足为我国的教育宗旨。张龄芝认识到了实利主义教育的弊端，"若专致力于实利之一方，惟恐此主义一倡，一般人民，惟利是趋，强攘弱，众暴寡"，"置国家社会之公共于不顾"。⑤ 因此，要与道德教育相辅而行才可以有利无弊。庐隐热衷研究社会问题，曾受到新村主义的影响。她在《新村底理想与人生底价值》一文，阐发了"新村"社会主义的理想："专务物质的进步，不顾人的生活，这种进步是没有价值，是增进人底苦恼"，"而新村底理想，正要挽此流弊，而倡互相和平的生活，使人人有生存的权利，无代价取得衣食住"，且各尽所能，在精神方面还可以"自由发展"，"谋共同的幸福"。⑥

在此时期，一些知识分子试图借鉴、吸收各种社会主义学说，将其杂糅成中国式的主义，以此作为改造社会和创造新生活的指导思想。王光祈就是其中独具个性的一位。他提出组织工读互助团的想

① 勃拉克讲述，陈定秀笔述：《共产主义与女子问题》，《北京女子高等师范文艺会刊》1921年第3期，"讲演"第53页。

② 江亢虎讲述，俊英笔记：《俄国共产党主义的原始》，《北京女子高等师范周刊》1923年3月18日。

③ 黄英、程俊英记录：《李石曾先生讲演〈法国底女学界〉》，《北京女子高等师范文艺会刊》第4期，第39页。

④ 陈定秀：《吾国教育宗旨之商榷》，《文艺会季刊》1919年第1期，"论说"第3页。

⑤ 张龄芝：《实利主义之批评》，《文艺会季刊》1919年第1期，"讲演"第18页。

⑥ 庐隐：《新村底理想与人生底价值》，载钱虹编《庐隐选集》（上册），福建人民出版社1985年版，第11页。

法，这与北京女高师的李超事件颇有渊源。1919 年 11 月底，王光祈参加了女高师举办的李超追悼会，虽未发表讲演，但所受触动很深，会后写成《改革旧家庭的方法》一文，发表于 12 月 2 日的《晨报》。在这篇文章中，他再次重申了解决女子求学的方法，在于组织女子生活互助社。若能如愿办成，"凡是受黑暗家庭虐待的女子，或是因婚姻压迫的女子，或是生活困难的女子"，都可以在此边做工边求学，"共同向旧家庭旧社会开始总攻击"，这种团体便是"与旧家庭抵抗的大本营"。[①] 12 月 4 日，他在《晨报》又发一文《城市中的新生活》，进一步修正了想法：改造社会的理想由"乡村间的新生活"变成"城市中的新生活"；改造家庭的方法由组织"女子互助社"扩展为"男女生活互助社"。至此，王光祈正式提出了组织"工读互助团"的主张和具体方法，认为此种社团，比"半工半读学校""成美会""新村"切实可行，更益于新社会、新生活之实现。[②] 文章发表后，王光祈"立即奔走筹划，不多一星期，居然有了头绪"[③]，得到了诸多新文化运动主将的支持。《新青年》于 1920 年第 7 卷第 2 期开辟"北京工读互助团消息"一栏，刊登了《工读互助团募款启事》《工读互助团简章》及《本团预算及工作分配方法》。计划该团暂分三组，第一组在北京大学附近，第二组在工业专门学校、法文专修馆、北京师范学校附近，第三组全由女子组织，在女子高等师范附近。事实上，北京工读互助团第一组、第二组于 1919 年底相继成立，此时第三组尚未建成。至此，北京地区出现了两大工读主义的社团：一是北京工读互助团；二是北京高师学生组织的工学会[④]。与二者相比，成立较晚的女子工读互助团，则显示了求同存异的特征。

1920 年 1 月初，鉴于工读互助团仅成立了两个男子组，女高师学生议决发起女子工读互助团，其中愿意"共同负责者不下十余人，而其他同学亦无不愿竭力赞助"[⑤]。1921 年 1 月 21 日，女子工读互助团在《晨

① 王光祈：《改革旧家庭的方法》，《晨报》1919 年 12 月 2 日第 7 版。
② 王光祈：《城市中的新生活》，《晨报》1919 年 12 月 4 日第 7 版。
③ 王光祈：《工读互助团简章》，《少年中国》1920 年第 1 卷第 7 期。
④ 工学会，由北京高师学生匡日休、周馨等发起，成立于 1919 年 5 月，至 1922 年停止活动。该会以励行工学主义为宗旨，在进行工学主义实践的同时，注重研究工学主义的理论和实行方法。该会成员仅限于北京高师学生，因此其社会影响比较有限。
⑤ 《女子工读互助团快成立》，《晨报》1920 年 1 月 17 日第 3 版。

报》发表了《第三组工读互助团简章》，为招募工作造势。她们在《吾亲爱的姊妹们曷兴乎来!》一文中呼吁："姊妹们呀! 处黑暗的家庭，受种种的束缚，这岂不是最苦痛的事情么? 但是我知道我们女子并非甘心受这种痛苦，没有奋斗的精神，实在没有奋斗的机会罢了! 现在女子工读互助团已经成立了，就是吾们女子谋幸福的机会到了。""这岂不是吾们女子求独立的机会，改革旧家庭的初步吗?""姊妹们呀! 快快下一个决心，打破依赖的旧观念; 由彻底觉悟造就社会的新生活，这就是最好的机会，千万不要错过!"① 可以说，女子工读互助团之"互助"，不仅是一种"工读"之间的互助、女子之间的互助，更是一种旨在解放妇女与改造社会间的互助。

　　此外，工读互助团的发起人强调，征求团员，务要慎重。陈独秀认为"经济方面、道德方面皆要极端注意"，李大钊则指出"经济方面尚无可虑，精神方面尤为重要"。② 工读互助团第一组、第二组成立后，团员之间感情隔阂、精神涣散等"人"的问题开始暴露，以事实证明了选择团员的重要性。鉴于此，女子工读互助团对入团资格有着较为严苛的规定: 一是"凡志愿入本团者，须具有毅力，并了解本团之宗旨; 至于知识、技能，亦须略有基础方为合格"③; 二是团员的年龄以 15—35 岁为限。她们认为: "这个工读互助团是破天荒的创举，开各地女子组的先河，务必要做得精神，特别有价值，所以选择团员不能受时间上的支配。"④ 即使为选择团员拖延了成立的时间，但要招募到既能了解社团的宗旨，又具有一定知识、技能和毅力的女子，也是非常困难的。因为平民女子鲜有接受教育的机会，很多受过新式教育的女性，也很难真正理解"工读互助"的宗旨。后来的招募事实便验证了这一点。当时到女高师报名的有 20 多人，但是对工读主义有点把握的不过二三人，其余的多不能理解该团的宗旨: 有的"以为这是个慈善事业，像女子职业学堂"; 有的想借此进入女高师旁听; 有些太太们听说该团体是"女子解放的先声，谋自由独立的好机会"，便想报名参加，"后来听说要在团里住，洗衣煮饭都要自己做，读书做工都有一定的时间"，就不愿来了。面对如此良莠不齐的报名者，

---

①　《吾亲爱的姊妹们曷兴乎来!》，《晨报》1920 年 1 月 21 日第 7 版。

②　王光祈:《工读互助团简章》，《少年中国》1920 年第 1 卷第 7 期。

③　《第三组工读互助团简章》，《晨报》1920 年 1 月 21 日第 7 版。

④　致殊:《工读互助团第三组情形》，《晨报》1920 年 3 月 24 日第 6 版。

再加之工读互助团第一组的解散，张人瑞、田维、杨璠等女高师学生，虽坚持"一意做下去"①，但"不免有种怀疑的态度和研究的性质，将来的进行怎样，那也不敢武断"②。

　　1920 年 4 月，北京女子工读互助团正式成立，系北京工读互助团第三组，以"互助之精神实行半工半读"为宗旨。北京高师工学会对此"表示无限的欢迎"，高呼"工学主义"万岁。③ 他们认为，工读互助团第一组的失败是组织的问题，不是工学主义本身的问题，所以，仍对女子工读互助团的成立抱有极大的希望。第三组团员共同承担团内事务和日常工作，实行"各尽所能、各取所需"的共产原则。团员生活之必需费用由团体供给，而团员工作所得的费用则为团体公有。这一点与工读互助团的其他各组相一致，但比北京高师工学会的做法更为彻底。团员每人每日做工 5 小时，工作种类有缝纫、刺绣、织袜、小工艺及贩卖商品和书籍，皆适合发挥女性的特长。至于读书，文化程度高者可入北京女高师旁听，程度低一些的团员可由女高师学生分担教授。据此可知，女子工读互助团是一个独立于学校的组织，北京女高师为其求学提供一定的帮助。与之相比，工学会因依托于北京高等师范学校，不可避免地要受现行学制的束缚。为此，他们打算另行成立一个实验"工学主义"的组织，要求学校对于实验会员，"须与以选习学科之自由"。这项要求实际上会牵动学校全局，故一直未能实现。工学会陷于"制度的全套里面"，不能接收外校成员，从而很大程度上限制了它的社会影响力。④

　　尽管有着谋求妇女独立、造就新社会的美好理想，但北京女子工读互助团却无法克服现实的阻碍，尤其是最根本的经济困难。迫于经济的拮据，她们有时"每日只吃一顿饭，甚至于只吃一顿烤白薯"，"每至于食不得饱"，甚至于深夜痛哭。⑤ 随着募集的款项不断地支出，女子劳动所得的收入又极其微薄，女子工读互助团最终解散。女子工读互助团大约存活了半年有余，较第一组、第二组的时间要略长一些。对于工读互助团第三组的成绩，王光祈曾这样评价道："至于女子工读互助团，则因现在女子受黑暗势力的压迫较男子为烈，往往牺牲性命而不辞，故对于工读互助

---

① 《北京工读互助团消息》，《工读》1920 年第 5 期。
② 致殊：《工读互助团第三组情形》，《晨报》1920 年 3 月 24 日第 6 版。
③ 中一：《实行"工学主义"与女子》，《工学》1920 年第 1 卷第 4 期。
④ 《会务纪要》，《工学》1920 年第 1 卷第 3 期。
⑤ 罗敦伟：《工读主义者罗敦健女士传》，《现代妇女》1923 年第 16 期。

团之需要，较男子为急切。此所以女子工读互助团之成绩，较第一组、第
二组为佳。"①

　　女子工读互助团是整个北京工读互助团的重要组成部分。她们主张妇
女解放与社会改造相统一，以"小团体大联合"的方式逐步实现"平和
的经济革命"，最终建立没有剥削、没有压迫、人人自由平等的社会。尽
管学生们充满了热情与执着，但工读互助主义毕竟是一种改良主义的空
想，所以失败是不可避免的。部分女高师学生由此吸取了深刻的教训，认
识到必须用革命手段根本改造社会经济制度，才是建立理想社会的唯一途
径。这就促使她们更快地接受科学的社会主义，如缪伯英等人。

　　综上所述，在思潮激荡的五四新文化运动时期，北京女高师效仿北京
大学倡导"思想自由，兼容并包"。程俊英回忆说："北大校长蔡元培办
学的方针，是允许百家争鸣，各派的教师都请，他办学成功就在这一点。
女高师国文部的教师许多是从北大请来的，因此也有几派"：以刘师培、
黄侃为代表的国故派，以李大钊、胡适为代表的新潮派，以吴卓生、傅
铜、林砺儒为代表的欧美派。"我们那个时候，确实受各派老师思想的影
响。到现在这些影响还是存在的。"② 女高师正是凭借这种精神，营造了
学术自由的校园氛围，积极推动了新文化运动的建设和发展。

---

① 参见《少年中国》1921 年第 2 卷第 11 期。
② 程俊英：《"五四"时期的北京女高师》，载朱杰人、戴从喜编《程俊英教授纪念文集》，
华东师范大学出版社 2004 年版，第 294—295 页。

# 第三章

# 北京女高师与五四时期的妇女解放

近代以降，先进知识分子在探索救亡图存、振兴中华民族的奋斗中，逐渐认识到国家兴亡与妇女问题密切相关，他们把改造女性作为拯救国家、变革社会的有效手段，并重视教育对塑造新女性的作用，主张大力发展女子教育。由此可见，民族国家、妇女解放与教育紧密联系在一起。目前学界关于近代教育与妇女解放关系的研究成果较多，大都从宏观视野肯定近代教育对妇女解放的推动作用，以及近代女子教育对促进知识女性解放思想、锻炼能力所起的重要作用；① 但从微观视角考察近代女子高校对妇女解放的推动，即女子学校通过怎样的教育思想和途径设计来培养女学生的知识技能和价值观念，促进她们主体意识的觉醒以及提高解放能力等方面的研究略显不足。本章从微观视角切入，着重探讨北京女高师与五四时期妇女解放的关系，以期对女子高等教育及妇女解放运动的研究现状有所裨益。

## 第一节　施教与受教：女高师致力
## 于新女性的培养

北京女高师由于地处新文化运动的发源地，无论在女子教育方面，还

---

① 参见鲍琴《中国近代女子教育与妇女解放》，硕士学位论文，安徽师范大学，2005 年；郭夏云、苏泽龙《近代知识女性对妇女解放运动的推动》，《山西高等学校学报》（社会科学版）2003 年第 5 期等。

是妇女解放层面，皆开风气之先。女高师顺应五四时期妇女解放的潮流，积极致力于新女性的培养，鼓励女学生树立引领妇女解放运动的自觉意识。如此情境中的女高师学生，大多数投身于妇女解放的事业中，成为走在五四时代前列的新女性。

## 一　"德智体美"全面发展的教育观念

北京女高师的教育目标十分明确，旨在培养女子师范学校、女子中小学校的教职员及蒙养园的保姆。在此教育目标下，北京女高师实行专业教育与教师养成合一的人才培养模式，即学校培养学生都是在各系各专业进行，专业课程与教育课程混编，修完规定的学分后，学生便可毕业，同时自动获得了教师的资格。为培养合格且具有竞争力的师资，北京女高师力求"德、智、体、美"四育并举，培育人格健全、素质全面的新女性。

首先，德育"实为完全人格之本"①。北京女高师作为全国女学的模范，十分重视道德教育。"五四"之前，女高师的德育仍以讲授传统女德的修身课程为主，多停留在课堂讲授层面，不甚注重日常的道德实践；五四运动之后，该校不断革新道德教育，传统的修身课程逐渐销声匿迹，取而代之的是"讲社会道德，反对忠孝节义"②的伦理学课程。新文化运动主将李大钊曾受聘于女高师教授伦理学，他在课堂上大力批判封建的伦理道德，使学生信服。如他反对封建主义的"孝道"，认为孝道不是天经地义的事情，而是随着社会的发展产生变化的。针对"如何与不接受新思想的父母相处"这一实际问题，李大钊指出："对于老年人，只能用说服的方法来批判旧道德，并向他们解释新道德的意义，不要生硬地强迫他们接受新思想。"③这种新的伦理教育引导学生们对道德问题有了崭新的理解，虽抨击旧道德的不合理性，但又不过于偏激。她们反对传统的"忠孝节义"观念和封建礼教，但对忠孝节义之士并不过于苛责，而是抱有同情、理解和崇敬之情。钱用和在《贞女平议》中批判传统的贞节思想

　　① 蔡元培：《在爱国女学校之演说》，载中国蔡元培研究会编《蔡元培全集》（第3卷），浙江教育出版社1997年版，第13页。

　　② 程俊英：《"五四"时期的北京女高师》，载朱杰人、戴从喜编《程俊英教授纪念文集》，华东师范大学出版社2004年版，第293页。

　　③ 李星华：《回忆我的父亲李大钊》，上海文艺出版社1981年版，第71页。

"不合于论理、心理、伦理诸原则",亦不符合"人情国法"。① 孙继绪指出节烈之事体现了传统礼教、专制权力对女性的压迫,是男女不平等的表现。冯沅君研究今后女子的道德问题时,提出四点建议:一是不仅做贤妻良母,还要成为社会人;二是处事接物应当发挥同情博爱的精神;三是做事应当本于个人的良心,为真理和正义而活动;四是不被金钱所引诱,不被势力所压迫。② 她强调社会道德的重要性,观点中肯,符合五四时期新道德的要求。苏雪林在自传性小说《棘心》中写道,女主人公醒秋对忠孝节义这类旧道德虽多否定,"但对旧时代的德行人物,却仍给予相当的敬重"③。

此外,李大钊认为教授伦理学,不是纸上谈兵,而是要身体力行的。在他的建议和指导下,女高师国文部的第一届毕业生公演了新剧《孔雀东南飞》,引起了极大的社会轰动并广受观众好评。该剧由女高师学生集体创作,以汉代乐府诗《孔雀东南飞》为底本,改编为五幕话剧,讲述了一对恩爱夫妻焦仲卿和刘兰芝,因焦母的强行干涉而被迫分开,最终以死殉情的爱情悲剧故事。这场话剧表演表达了她们要求摆脱封建礼教的束缚,争取婚姻自由的强烈愿望,也彰显出她们敢于向封建旧道德宣战的先觉者姿态,这种"不名道德教育的道德教育"同样取得了良好的教育效果。

其次,智育是培养健全人格的重点。北京女高师的智育主要有两条标准:一是传授知识和培养思想能力,注重提出问题与试验;二是培养应用能力,注重理论联系实际。女高师的读书氛围是极为浓厚的。对此,校友陆晶清曾回忆道:"同学们虽然一方面参加社会事业,革命运动,但对于学校功课,也极认真。认真的学习,认真的研究,无故不缺课,这是当年很好的精神。"④ 女高师学生学习勤奋,思维活跃,这是当时有口皆碑的事实,英国哲学家罗素亦赞赏该校"女学生自由提问的精神"⑤。学生修

---

① 钱用和:《贞女评论》,《北京女子高等师范文艺会刊》1920 年第 2 期,"论说"第 43—44 页。

② 冯沅君:《今后吾国女子的道德问题》,《北京女子高等师范文艺会刊》1920 年第 2 期,"论说"第 41—42 页。

③ 苏雪林:《棘心》,载沈晖编《苏雪林文集》(第 1 卷),安徽文艺出版社 1996 年版,第 159 页。

④ 陆晶清:《几个建议》,《女师大旬刊》1931 年第 1 期。

⑤ [英] 罗素:《罗素自述》,黄忠晶编译,天津人民出版社 2012 年版,第 323 页。

毕理论知识后，还需参加教育实习，否则"他日为师难收成效"[①]。为此，女高师建立了实习制度和机构，努力拓展实习基地。1919 年，该校为保证教育实习有章可循，制定了《教生实习规则》，要求本科及专修科学生于第三学年到附属学校实习，除了教授课程外，还必须练习学校管理、训练监护及处理各项事务。1922 年，女高师设立了教生实习指导委员会[②]，负责全面计划和组织实习事宜。经过严格的教育实习，女高师学生将已获得的专业知识、教育技能运用于教学活动中，在完善知识结构、锻炼教学能力的同时，也增强了学为人师的责任感。

与综合性大学相比，高师学校存在着如何处理好师范性与学术性关系的问题。如国文系的老师认为一个学生如果欠缺国文知识和研究能力，则不能说明你的教育水平高，他们希望学生学习国文专业课程的时间多于教育课程与实习的时间。但是，教授教育学的老师则认为，学生只有专业知识和技能，不熟悉教育理论和方法，则不可能成为好老师。双方都有各自的道理，但都笼统强调师范的特殊性。其实，高等教育的基础在于学术，创造卓越的学术是各类高等院校的普遍追求，差别只在于具体的学科、专业与人才培养的目标设置上，各有不同而已。北京女高师的教育宗旨虽未明确规定研究高深的学问，但其教育实践并没有轻视培养学生研究学术的兴趣和能力。该校拥有一支学术力量雄厚的师资队伍，汇集了五四时期学界各领域的顶尖学者（参见表 3-1），他们深湛的学术造诣及悉心的教授指导，增强了女学生的研究能力，造就了一批杰出的科研人才。如冯沅君、程俊英、苏雪林后来分别成为古代戏剧、《诗经》及《楚辞》研究领域的知名学者，酆云鹤是我国麻类纤维研究的化学家。

表 3-1　　　北京女高师各专业课程的主要教师（1919—1924 年）

| 专业 | 姓名 |
|---|---|
| 国文 | 刘师培、黄侃、陈中凡、胡小石、顾震福、钱玄同、鲁迅、周作人、马裕藻、沈尹默、沈士远、沈兼士、黎锦熙、郑奠、朱希祖 |

---

① 《教育部通行师范教育注重实习训令》，载璩鑫圭等编《中国近代教育史资料汇编·实业教育·师范教育》，上海教育出版社 2007 年版，第 825 页。

② 该会主要由女高师校长、相关各部主任、教育学科教员及附属学校学科主任等组成，负责订立实习程序、大纲及时间，审核实习各项报告，评核学生实习总成绩，处理其他有关实习之重大事宜。

续表

| 专业 | 姓名 |
|------|------|
| 教育 | 毛邦伟、林砺儒、邓萃英、许寿裳、艾华、欧阳祖经、杨荫榆、杨荫庆、周学章、汪典存 |
| 哲学 | 胡适、傅铜、徐旭升、尚渭南 |
| 英文 | 刘吴卓生、吴贻芳、杨袁昌英、程振基 |
| 数学 | 王仁辅、汤璪真、傅种孙、吴清林、冯祖荀 |
| 理化 | 张泽垚、许诗荃、程千云、薛培元、文范村、张贻惠、张贻侗、陈裕光、吴沆、夏元瑮 |
| 生物 | 陈映璜、李顺卿、王陵南 |
| 历史 | 李泰棻、王桐龄、王家吉 |
| 地理 | 陈枢、白眉初 |
| 体育 | 曾绍兴、华慕杰、高梓 |
| 音乐 | 杨祖锡、萧友梅、易韦斋、伦灵飞、嘉祉、赵丽莲、刘天华、谭步民、柯政和 |

　　再次，体育是人格健全的保证。北京女高师重视学生的体育锻炼，不仅规定体操为各专业的必修课，而且不断加强体育学科的建设。1921 年，女高师体育专修科正式成立。一年后改组为体育系，培养四年制的专业人才。女高师体育系招考学生时，并非只注重学生的体格及体操成绩，还看重学生在国文、英文、数学、历史地理、物理化学、博物诸科目的成绩。为了解学生入学的程度，以下引用 1923 年体育系新生入学考试中国文、史地、博物诸科的试题，以窥其一斑。

　　国文作文试题：试各述升学之志趣、拟到京后与亲友书，以上两题任作一题。

　　史地题：1. 试述鸦片战争后南京条约之大概；2. 北美合众国独立之原因若何？试详述之；3. 中国已开商埠，共有若干？试述其名及其所在地；4. 试述欧战后欧洲新建国之名及其位置（在欧洲何部）。

　　博物试题：1. 试略述腔肠动物之体制并举其实例；2. 气孔之构造及保护细胞之作用；3. 试分述大脑、小脑、延髓及脊髓之作用；

4. 地球之生成及构造。①

应该说，女高师体育系注重学生的综合素质，招收的学生具有较好的文理知识基础。她们经过 4 年的专业训练后，大多成为兼具博识的体育人才，其中石评梅就是一个典型的代表。除体育之外，她还喜爱文学，在五四时期的北京文坛上很负盛名。1923 年毕业后，石评梅留在北师大附中担任女子部主任，兼体育、国文教员。时任北师大附中校长的林砺儒对她寄予了深厚的期望，认为其具备了体育教员的理想人格——高尚的德行、过硬的专业素质及宽博的学识，这与当时人们对体育老师不必识字的刻板印象相去甚远。今天的体育系大学生，大多专业素养强而人文素质偏弱。相比之下，石评梅长于体育，还娴于文学，这在今天看来，实属难能可贵。

对于体育的重要性，女高师学生多有自觉的意识。有学生认为锻炼身体 "这是关于女子自身方面的问题，但为将来强健之国民计，女子体育尤为重要"②，需要学校、社会和家庭的共同努力。庐隐则希望 "办女子教育的，和女子本身，要早点觉悟，要明白健全的精神，是寄在健全的身体上呵！"③ 体育系学生王静贞指出体育对人生而言至关重要，因为 "人生在世，各人都有一种应尽的义务，和应享的幸福；假如身体是柔弱的，一点精神没有，那末，自己应尽的义务也不能负担，应享的幸福也不得享受，还要受种种的痛苦，慢慢地就要归于自然淘汰之列。这岂不是最危险的事吗？所以我们这个身躯，须十分注意才好。但是我们要怎样才能够有一个强健的身体，具健全精神呢？就是一句话，要注重体育"④。学生们平常注重体育锻炼，"每日课余在操场上分组打球或游戏，有体操教员指导方法"⑤。一位女高师体育教员曾回忆说："学校重视体育，每天都有晨练，而且各系的学生一周要上 3—4 小时的体操课。体操课的内容包括排球、篮球、游戏和民间舞蹈。……少数学生仍然是小脚，所以她们在表演

　　① 《本届招考大学预科及体育系新生入学试题第二次》，《北京女子高等师范周镌》1923 年 10 月 28 日第 4—5 版。

　　② 雪纹：《女子体育》，《京报·妇女周刊》1924 年 12 月 10 日第 4 版。

　　③ 庐隐：《扶桑印影》，载钱虹编《庐隐散文选集》，百花文艺出版社 2009 年版，第 37 页。

　　④ 王静贞：《体育与人生》，《教育声》1922 年第 5 期。

　　⑤ 璩鑫圭等编：《中国近代教育史资料汇编·实业教育·师范教育》，上海教育出版社 2007 年版，第 1066 页。

时感到困难。尽管学生们有诸多的不足，但她们总是很努力地进行练习。她们富有团结精神，年纪小一点且没有缠足的学生会帮助那些小脚的女生。在我们的体育课上，总是充满了欢声笑语。"[1]

每逢学校举行运动会，学生们更是热情地予以响应，借此向社会各界展现她们的身体素质和精神风貌。1919 年 11 月，女高师举行了第 11 周年纪念运动会，这是该校改组为高等师范学校后的第一次纪念会，因此规模较往年盛大。参加运动会的女学生共计 1000 多人，其中高等师范生260 人，附属中学生 280 人，附属小学生 500 余人，参观来宾尤为踊跃，"达六千余人"[2]。此次运动会并非以竞技比赛为主，而是重在表演展示以及趣味参与，以便使更多的学生体验体育的乐趣。学生们表演了体操、各式舞蹈、滑稽写真、游戏等节目，充分激发了她们参加体育活动的积极性，展示了健康、活泼、昂扬向上的精神面貌。对此，有评论者认为"会场点缀朴而不华，运动程序要而不繁，运动员精神焕发，平日训练可知已"[3]。

最后，健全的人格离不开美育的熏陶。针对女性在艺术方面的特长，北京女高师十分重视美育。校长许寿裳认为艺术是女性最明显的特长之一，因此要求女学生应尊重自己的特长，"就性之所近，选择研究，尽量发挥"[4]。学生高晓岚对此也表示认同，指出女子在艺术、教育、慈善、宗教等领域占有优势，应"选择文化中近于本能的事业，与环境奋斗，而自树实力"[5]。就学科设置而言，女高师与其他高师学校相比，最有特色的美育学科就是音乐科。作为早期创设音乐学科的高校之一，北京女高师对近代音乐教育的开创和探索起过重要的作用。1920 年，该校聘请萧友梅、杨仲子等共同创办了我国早期现代高等教育的音乐科系——音乐体育专修科，以培养音乐、体育教师和发展女性特长。由于音乐与体育的专业区别较大，二者联合教学的效

---

[1]　Sun Yen-Chu: *Chinese National Higher Education for Women in the context of Social Reform 1919—1929: A Case Study*, Doctoral Dissertation of New York University, 1985.

[2]　《女高师学校之运动会》，《晨报》1919 年 11 月 4 日第 3 版。

[3]　南迁:《参观北京女子高师校运动会记》，《晨报》1919 年 11 月 16 日第 6 版。文中标点为笔者所加。

[4]　《北京女子高等师范周刊》1922 年 10 月 10 日第 4 版。

[5]　高晓岚:《女性与文化的关系》，《北京女子高等师范文艺会刊》1921 年第 3 期，"论说"第 86 页。

果不甚令人满意。翌年，音乐、体育两科正式分离，各自独立成科，至此，女高师音乐专修科正式确立。至 1922 年，改组为四年制的音乐系。该系的师资队伍虽然人数不多，但雄厚的师资水平多为当时音乐界所公认，包括萧友梅、杨仲子、刘天华、易韦斋、伦灵飞、嘉祉、霍尔瓦特夫人、柯政和、赵丽莲等，他们培育了我国音乐师资的诸多女性先驱。从 1920 年 9 月招收第一届师范生，至 1924 年 6 月该届学生毕业时，女高师音乐系共举办了 5 场音乐演奏会，1 场毕业音乐会，借此磨炼学生的表演经验，提高音乐素养。同年 6 月，女高师音乐系的 11 名学生①即将毕业，师生们决定举行一场音乐会，以向社会各界展示教学成果。女高师校刊《北京女子高等师范周镌》连续两期（第 65 期、第 66 期）在头版头条刊登了《本校音乐系毕业音乐会预告》，足见学校对此次音乐会的重视。5 月 17 日晚 8 时，女高师音乐系师生在北京青年会礼堂举办了盛大的音乐会，共表演了 3 首器乐曲、5 首合唱曲和 1 首独唱曲。其中器乐曲全部为钢琴与管弦乐合奏，包括两首莫扎特的钢琴协奏曲；合唱曲、独唱曲都是由音乐系教师易韦斋、伦灵飞、萧友梅及杨仲子合力创作的。音乐会特意邀请了北大音乐传习所的管弦乐队前来助阵，还有女高师体育系毕业生的舞蹈演出，这堪称一台别具特色的音乐盛宴。这场音乐会有两点特别值得关注：其一，北京有音乐会以来，尚未有人演奏过钢琴协奏曲，因此，此次音乐会上演奏的两首莫扎特钢琴协奏曲，是北京乐坛的首次公演。其中分任独奏部分的诸位女高师学生，无疑成为最早在北京地区演奏钢琴协奏曲的表演者。其二，歌剧式的女声合唱曲《别校辞》在北大管弦乐队的伴奏下演出，实则开创了一种新式的合唱曲风格。这种高水平的音乐会不仅证明了女高师的教育实力，"可为音乐系前途做一好例"②，而且大大提升了学生们的音乐素养和自信。

此外，北京女高师还经常举办丰富多彩的文艺活动，尤其是新剧表演。在"五四"导师们的影响下，女高师学生对话剧表演产生了兴趣，她们不仅关注戏剧改良的文本研究，而且进一步追求舞台表演。1922

---

① 女高师音乐系第一届毕业生分别为毛应鹤、李耀辉、胡兰、袁慧熙、徐淑琛、马文芳、梁瑞黉、廖坤泰、谢蕙如、谭彩珠、萧福瑗。

② 《本校音乐系毕业音乐会预告》，《北京女子高等师范周镌》1924 年 5 月 11 日第 1 版。

年 2 月 24—26 日，女高师国文部第一届毕业生在教育部大礼堂举行游艺会，连续 3 天公演《叶启瑞》《归去》《孔雀东南飞》《爱情与金钱》四部话剧。① 上述剧目由李大钊、陈大悲指导，女高师学生自编自演，希望借此文艺形式批判传统的封建礼教及轻视艺人的传统观念。事实证明，女大学生"抛头露面"上台演新剧，对于五四时期的思想界确有很大的震动。当时多家报刊发表了一系列的剧评，引发了人们对妇女解放、戏剧改良问题的热烈讨论。著名戏剧家陈大悲肯定了此次公演对传统社会风气的冲击作用："北京的教育部礼堂内居然能借作三黄昏的爱美的剧场！演剧的还是女学生！谁说中国社会里的许多偶像是打不破的？谁说新空气吹了进来之后旧空气驱除不去的？'事在人为'呵。"② 这种话剧表演的经历对女高师学生的审美情趣、自我塑造也有深远的影响。对于冯沅君而言，《孔雀东南飞》的创作和演出激发了她对戏剧的兴趣，此后她所从事的古剧、古优研究，或许就在此时埋下了最初的机缘。

　　总之，北京女高师对学生的培养，并非仅教给学生谋生的知识和技能，停留于物质的层面，也没有局限于只传授学生欣赏文艺的法门，停留在精神的界面，而是注重培养和提升学生的灵魂境界，鼓励学生追求人类的终极价值，使她们成为有灵魂、有信仰的人。德国著名哲学家雅斯贝尔斯认为，"教育是人的灵魂的教育，而非理智知识和认识的堆集"③。有灵魂的教育意味着要鼓励学生追求自由、平等、民主、科学等人类的终极价值；有灵魂的学校意味着尊重独立的思考和自由的表达。北京女高师经受"五四"新文化运动的洗礼，积极宣传民主、科学、自由、独立的精神，这对学生的灵魂塑造有着重要的影响。女学生们信奉理性主义，"无论什么问题都要拿来放在理性的权衡上称量一下"，"只须理性这一端的砝码略为向下低沉"，即使她们平素至所溺爱

---

①　《叶启瑞》《归去》都是女学生原创的剧本，前者由社会真实事件编写而成；后者则是为表现新女性对抗教育界的腐败而创作的时事剧；《孔雀东南飞》则是改编自汉代乐府诗的历史剧，《爱情与金钱》是改编法国作家莫里哀的剧本《悭吝》。

②　《戏剧》1922 年第 2 卷第 2 号，"通讯"第 4 页。

③　[德] 雅斯贝尔斯：《什么是教育》，邹进译，生活·读书·新知三联书店 1991 年版，第 4 页。

和偏袒的，"也不敢不放弃，不愿不放弃"。① 无论是女高师学生在学术界成一家之言，还是在教育界矢志奉献终身，都彰显了她们所拥有美丽的心灵和高尚的灵魂。

## 二　"思想自由、兼容并包"的校园氛围

蔡元培主政北京大学期间，以民主和科学的精神对北大进行革新。他认为，治大学者"对于各家学说，依各国大学之通例，循思想自由之原则，兼容并包。无论何种学派，苟其确有所见，而言之成理，则虽在一校中，两相反对之学说，不妨同时并行，而一任学生比较而选择，此大学之所以为大也"②。受蔡元培思想的影响，女高师国文部主任陈中凡也认为"学术之道，宜于竞争，不宜于专主"③。因此，他鼓励学术争鸣，让持有不同学术思想和政见的学者各抒己见，自由辩驳。女高师校长许寿裳也具有同样的境界，他改革校务时首重民治精神，秉持开放式的人才观，多方延揽优秀的教员。为此，女高师逐渐形成"思想自由、兼容并包"的校园氛围，这主要表现在：

第一，课程兼容中西学。女高师的课程结构引入了一些西学科目，如伦理学、社会学、心理学、人类学、教育统计和测量学等课程，同时在原有课程中增加西学的内容，如西洋文学史、西洋哲学史等。受上述西学新课程的影响，女学生的认知视野和精神世界日趋开阔和成熟。王世瑛的《我之人生观》、黄英的《利己主义与利他主义》、张龄芝的《实利主义之批评》、冯淑兰的《今后吾国女子之道德问题》、刘云孙的《道德进化说》等文章所提出的人生"意义""准则""道德"等问题，体现了女学生对人生问题和社会道德的深入思索。比之相夫教子的传统闺阁女性，女高师学生执着于新女性精神人格的构建，这与她们所受的新式教育密切相关。

第二，大师云集，思想活跃。五四时期，各派代表人物陆续执教北

---

① 苏雪林：《我的学生时代》，载沈辉编《苏雪林文集》（第2卷），安徽文艺出版社1996年版，第62页。

② 高平叔：《蔡元培教育论集》，湖南教育出版社1987年版，第152页。

③ 杨文一、梁惠珍记：《陈钟凡先生讲演学术进步之途径》，《文艺会季刊》1919年第1期，"讲演"第12页。

京女高师，使得该校的办学环境逐渐呈现出自由、活跃、开放的新态势：既有国内文化名人的讲演，又有外国访华学者的讲学；既有以蔡元培、胡适为代表的新文化运动主将，又有以梁启超、梁漱溟为首的"东方文化派"；既有早期马克思主义者陈独秀、李大钊，又有空想社会主义者江亢虎、王光祈。上述思想大师的讲学，不仅给予学生们自由选择的机会，锻炼她们自主判断的能力，而且利于打破迷信权威和二元对立的思维模式，从而使她们的思想来源和人生道路呈现多样化的趋势。如关于救国和社会改造的方式，大多数女高师学生选择了教育救国，但也有部分学生在马克思主义的指导下投身革命，如缪伯英、张秀岩、陈璧如等。

第三，校方具有较为开明的包容态度。李超追悼会的举行和女子剪发事件即体现了这一点。1919 年 8 月 16 日，北京女高师国文部学生李超，因不堪承受家庭压迫而病逝。她的同乡、朋友及新文化代表人物倡议发起追悼会，借此引起社会各界对社会家庭改革的关注。尽管女高师校长以"该校前故学生向无追悼会"[1] 为由未能到会，但李超追悼会最终在北京女高师大礼堂举行的事实，则说明了校方对此的包容态度。

五四运动前，出于维持教化、严肃风纪的考虑，女高师禁止学生剪短发，规定学生发式为传统的上梳发髻，"不覆额，不御装饰品"[2]。五四以后，倡导女子剪发的风潮日益高涨，女学生视剪发为"新女性"的标志而积极争取，遂引发了 1920 年女学生许羡苏等人因为剪短发差点被女高师除名的事件。对于此事，许羡苏在日记中写道："我们四人一致不肯留发，学校当局向保证人交涉，甚至找保证人、监护人的麻烦。"[3] 作为许羡苏的保证人，鲁迅在《从胡须说到牙齿》对此亦有记载："校长 M 先生[4]虽被天夺其魄，自己的头顶秃到近乎精光了，却偏以为女子的头发可系千钧，示意要她留起。设法去疏通了几回，没有效，连我也听得麻烦起来，于是乎'感慨系之矣'了，随口呻吟了一篇《头发的故事》。但是，不知怎的，她后来竟居然并不留长，现在还

---

[1] 《昨日李超女士追悼会情形》，《晨报》1919 年 12 月 1 日第 3 版。

[2] 《附北京女子高等师范学校暂行简章》，《教育公报》1919 年第 7 期。

[3] 余锦廉：《许羡苏在北京十年》（上），《鲁迅研究月刊》2007 年第 6 期。

[4] 即校长毛邦伟。毛邦伟（1873—1928），字子农，贵州遵义人。清光绪年间举人，后赴日本留学，毕业于东京高等师范学校。1919 年 9 月起出任北京女子高等师范学校校长，1920 年 9 月去职，后又两次复任。著有《教育大纲》《中国教育史》等书。

是蓬蓬松松的在北京道上走。"① 对女高师校方而言，学生剪短发无异于是对学校规定和传统观念的反抗，是以一种对立的方式表达女学生的思想追求。对于这种对抗行为，不管出于怎样的考虑，校方并未采取专制措施，而是最终准许剪发女子入学，这表明女高师经受新文化运动的洗礼后，对僭越传统的新思想具有一定的包容性。

正是在"思想自由、兼容并包"校园氛围的熏陶下，女高师学生逐渐摆脱对传统和权威的迷信和盲从，开始自由择取不同的知识和思想，最终成长为一代勇于冲破传统网罗，追求思想自由和精神独立的"五四"新女性。

### 三　"自动与社会化为原则"② 的管理思路

经五四新文化运动的启蒙，学校的管理思路也发生了积极的变化，渗入了科学与民主的精神。北京女高师实行自动和社会化相结合的管理思路，注重发挥学生的主动性、积极性和创造性，通过组织展览、建立社团、创办报刊等方式（详见表 3-2、表 3-3、表 3-4），培养学生的自治能力、责任感和社会服务意识。

表 3-2　　　　　　　　　北京女高师的游艺、展览概况

| 时间 | 活动简介 |
| --- | --- |
| 1919 年 7 月 28—30 日 | 北京女高师参与北京女学界联合会组织的女界游艺大会，以为创办平民职业女学校筹款。 |
| 1919 年 11 月 3 日 | 北京女高师 11 周年纪念会，并举行运动会。 |
| 1919 年 12 月 25 日 | 北京女高师闽籍学生参加旅京福建学生联合会举办的游艺大会。 |
| 1920 年 5 月 15 日 | 北京女高师举行春季运动会。 |
| 1921 年 1 月 3—4 日 | 北京女高师参与北京学生联合会组织的游艺会，以筹款扩充平民教育。 |

---

① 鲁迅：《从胡须说到牙齿》，《鲁迅全集》（第 1 卷），人民文学出版社 2005 年版，第 260—261 页。

② 邓萃英：《中国之师范教育》，载舒新城编《中国新教育概况》，中华书局 1928 年版，第 128 页。

续表

| 时间 | 活动简介 |
|---|---|
| 1921 年 10 月 18—20 日 | 北京女高师在江西会馆举行赈灾游艺会。 |
| 1921 年 4 月 25—26 日 | 北京女高师参加北京女学界联合会举办的跳舞会。 |
| 1921 年 6 月 19—20 日 | 北京女高师图画手工专修科举办图画展览会，以示教学成绩。 |
| 1921 年 10 月 21 日 | 北京女高师参加北京妇女青年会举办的蓝三角文艺会。 |
| 1921 年 12 月 3 日 | 北京女高师应南开大学湘、鄂、川、黔四省同乡赈灾游艺会的邀请，赴天津参会并表演舞蹈。 |
| 1922 年 2 月 25—26 日 | 北京女高师国文部四年级学生在教育部大礼堂举行游艺会，以为毕业旅行筹款。 |
| 1922 年 3 月 17—19 日 | 北京女高师与男高师联合举行筹款赎路游艺会，包括武术、音乐、跳舞、新剧、电影等内容。 |
| 1922 年 6 月 1 日 | 北京女高师音乐系在该校大礼堂举行第三次音乐演奏会，演奏各种西乐，并由音乐教员萧友梅、杨祖锡等指导。 |
| 1923 年 3 月 29 日—4 月 1 日 | 北京女高师博物系在奉天会馆开办春季游艺会。 |
| 1923 年 4 月 6—7 日 | 北京女高师家事医学系举行游艺会，包括新剧、电影、哑剧、趣剧、舞蹈等内容。 |
| 1923 年 4 月 21—22 日 | 北京女高师体育系举行游艺会，以跳舞为主要形式，同时还有新剧表演。 |
| 1923 年 4 月 28 日 | 北京女高师学生参加北京美专学校举行的游艺大会，表演了各种新式彩舞。 |
| 1923 年 5 月 13—14 日 | 北京女高师参与北京女学界联合会组织的女校大联合游艺会，以为平民职业女学校筹款。 |
| 1923 年 5 月 12、14 日 | 北京女高师参加北京女学界联合会举办的女学界游艺大会，以为平民职业女学校筹款。 |
| 1923 年 11 月 3 日 | 北京女高师举行 15 周年纪念会，白天举行各种游艺运动会，晚间演剧并有音乐、跳舞。 |
| 1924 年 5 月 17 日 | 北京女高师音乐系举行音乐会。 |
| 1924 年 4 月 19—20 日 | 女高师英文系举办游艺会，表演新剧。 |

表 3-3　　　　　　　　　　　北京女高师的学生社团一览表

| 名称 | 时间（年） | 宗旨及相关情况 |
|---|---|---|
| 北京女高师校友会 | 1917 年 12 月 | 以"联络友谊，交换学识，发展本能以收互助相辅之益"① 为宗旨，分总务、学艺、编辑和运动四部，进行研究文艺、刊布杂志及发展体育等活动。 |
| 学生自治会 | 1919 年 12 月 | 以"本互助之精神，谋个人能力之发展及校务之发达"② 为宗旨，主要负责学生管理工作。 |
| 女子国货会 | 1919 | 由北京女高师学生创办，主张凡入学的学生，一切用品皆用国货。③ |
| 女高师基督教女青年会 | 1923 | 北京女高师学生创办的校内团体。 |
| 女权运动同盟会 | 1922 | 由北京女高师自治会创办，以扩展女权、解放妇女、争取男女平等为宗旨。 |
| 北京女学界联合会 | 1919 | 该会以女高师学生自治会为主体，同时联络协和女子大学、中央女校、贝满女校、培德女校等一批京城女子学校组成，以"提倡社会服务，发挥爱国精神"为宗旨。 |
| 北京赎路集金会 | 1922 | 该会以联合国民共同集资收回胶济铁路为宗旨④，北京女高师学生积极参与并分组讲演。⑤ |
| 女子进德会 | | 该会由女高师毕业生沈淑端等发起。⑥ |
| 青年自立会 | 1921 | 该会由北京女高师学生杨璠、胡淑光与北大学生等共同发起，旨在"救济受家庭痛苦之男女青年，至对于精神上受家庭痛苦之人亦当尽力援助"⑦。 |
| 北京社会主义青年团 | 1920 | 在李大钊的指导下，由张国焘、邓中夏等发起成立，主要负责联络和组织进步青年学习和宣传马克思主义。北京女高师学生缪伯英为团员之一。 |

---

① 《学生集会一览表》，《北京女子高等师范学校文艺会刊》1920 年第 2 期，"附录"第1—2 页。

② 《学生集会一览表》，《北京女子高等师范学校文艺会刊》1920 年第 2 期，"附录"第1—2 页。

③ 《立女子国货会》，《益世报》1919 年 12 月 8 日第 6 版。

④ 《北京赎路集金会成立》，《申报》1922 年 3 月 2 日第 7 版。

⑤ 《女界之筹款赎路热》，《京报》1922 年 2 月 4 日第 7 版。

⑥ 《女子进德会之发起》，《京报》1922 年 2 月 15 日第 7 版。

⑦ 《青年自立会简章及缘起》，《家庭研究》1921 年第 1 卷第 3 期。

续表

| 名称 | 时间（年） | 宗旨及相关情况 |
|---|---|---|
| 北京女子工读互助团 | 1920 | 由女高师学生缪伯英、钱初雅等创立，为北京工读互助团第三组，旨在以互助的精神，实行半工半读。 |
| 北京平民职业女学校 | 1919 | 由北京女学界联合会设立，推选女高师学生陶玄任校长，教职员中有许多女高师学生。该校分知识、技能两科，实行半工半读主义。 |
| 北京女子高等师范平民学校 | 1923 | 该校为中华平民教育促进会筹备处开设的一个试验班。借用女高师大礼堂为教室，由女高师教员和学生负责教授和管理。① |

附注：北京女高师学生还参与旅京学生组织的学生同乡会或同乡学生联合会。

**表 3-4　　　北京女高师创办的报刊一览表（1919—1924 年）②**

| 报刊名称 | 创刊时间 | 期数 | 简介 |
|---|---|---|---|
| 《女界钟》 | 1919 年 5 月 | 未详 | 该刊主要为女高师学生对"五四"事件的意见，是该校第一个政治性刊物。 |
| 《北京女子高等师范文艺会刊》 | 1919 年 6 月 | 6 期 | 该刊由女高师文艺研究会创办，原计划为季刊，后因经费等问题未能按时出版，遂改为不定期刊物。 |
| 《北京女子高等师范临时自治会会刊》 | 1919 年 12 月 | 未详 | 原刊已佚。素秋在《北京女高师半月刊发刊词》中称，"直到去年秋里，才有个'文艺会刊'出现，去年十二月底，又有个'临时自治会会刊'出现"③，可知《临时自治会会刊》创刊于 1919 年。 |

---

① 朱君允：《北京女子高等师范平民学校》，《新教育》1923 年第 7 卷第 2—3 期。

② 据《北京女子高等师范学校文艺会刊》《北京女子高等师范周刊》，载田景昆、郑晓燕编《中国近现代妇女报刊通览》，海洋出版社 1990 年版、王桧林、朱汉国主编《中国报刊辞典》，书海出版社 1992 年版、姜纬堂、刘宁元主编《北京妇女报刊考》，光明日报出版社 1990 年版、朱杰人、戴从喜《程俊英教授纪念文集》，华东师范大学出版社 2004 年版等资料整理而成。

③ 北京师范大学校史资料室编：《五四运动与北京高师》，北京师范大学出版社 1984 年版，第 416 页。

续表

| 报刊名称 | 创刊时间 | 期数 | 简介 |
|---|---|---|---|
| 《北京女高师半月刊》 | 1920 年 2 月 | 1 期 | 该刊由女高师学生自治会创办，主张本着奋斗的精神，改革旧制度，建设新文明。后被北洋政府以妨害时局为由查封。 |
| 《北京女高师幼稚教育的研究》 | 1920 年 | 1 期 | 该刊由北京女高师保姆科学生创办，以研究幼儿教育为宗旨，分通论、专著、讲演、童话、游戏、制造、附录 7 栏。 |
| 《益世报·女子周刊》 | 1920 年 10 月 30 日—1922 年 2 月 20 日 | 60 期 | 该刊由女高师学生周寅颐、苏雪林、程俊英、杨璠等主编，以"主张女子教育平等与生活独立；提倡女子艺术，以期造成艺术化的新妇女；研究中国妇女界种种难题，以促成最善之解决；介绍合理的新学说，而抛弃过于偏激与未经考量之理论"① 为宗旨。该刊的宗教色彩较淡，较多地反映了"五四"以来妇女解放的新思潮。 |
| 《女权运动号》 | 1922 年 | | 该刊由北京女权运动同盟创办。 |
| 《北京女子高等师范周刊》 | 1922 年 10 月 | 73 期 | 该刊以研究各门科学、探讨人生、服务社会为宗旨，为该校师生研究学术、发表思想和记载校闻之刊物。该刊自 1923 年 3 月 4 日第 22 期起改称《北京女子高等师范周镌》。追升女高师格为北京女子师范大学后，自 1924 年 9 月 7 日第 74 期起改称为《国立北京女子师范大学周刊》。 |
| 《北京女学界联合会刊》 | 1922 年 | 第 1 号 | 该刊由北京女学界联合会创办，第 1 号刊录有该会概况、简章、著述、小说、文牍、讲演报告、职员录等。 |
| 《京报·妇女周刊》 | 1924 年 12 月 10 日—1925 年 11 月 25 日 | 50 期 | 该刊为《京报》所设之第 3 种周刊，由女高师学生陆晶清、石评梅主编，旨在"粉碎偏枯的道德、脱弃礼教的束缚、发挥艺术的天才、拯救沉溺的弱者、创造未来的新生、介绍海内外消息"② 。宣扬妇女解放思想，具有一定的进步倾向。 |

---

① 《本周刊紧要启事》，《益世报·女子周刊》1921 年 5 月 2 日第 4 版。
② 《发刊词》，《京报·妇女周刊》1924 年 12 月 10 日第 1 版。

据表 3-2 可知，北京女高师的游艺活动丰富多彩，凝聚了师生们的心血、智慧和胆识，充分彰显了学生们较强的自治能力和社会意识。按照教育部的规定，师范生毕业前应考察国内外教育的实情，以便毕业后更好地服务教育事业。至于旅费，照章应由学校、毕业生户籍所在地补助，但实际上因教育经费支绌，二者所发放的津贴大多不敷开销，因此女高师学生不得不选择开办游艺会、表演新剧等方式自筹费用。当时女子演剧面临重重困难，不仅受到传统社会观念的束缚，视女性演剧为伤风败俗之举，而且传统剧本中除了"贞节为本"的模范式的妇女外，就是"尽在不言中"的妖怪式的女性，适合新式女学生的剧本很少。鉴于此，女高师学生自主创作剧本，并在老师的指导下排演新剧，她们的胆识和自治能力由此可见一斑。为扩大游艺会的社会影响力，吸引不同社会层次的观众，女学生多利用报纸事先刊登启事，详细介绍游艺会的目的、票价和内容。游艺会一般分包厢票、散票、学生票，并且游艺种类丰富，包括舞蹈、新剧、电影、哑剧等形式。由于当时女大学生表演新剧还是一件创举，自然吸引了大批观众前来观看。1922 年，北京女高师国文部四年级学生举办游艺会，筹募赴日本考察的旅费。此次游艺会得到了教育部、学校教职员及社会各界人士的帮助，其中教育部提供大礼堂供学生开办游艺会之用，女高师教员李大钊、陈大悲指导学生排演话剧，新明大戏院的院主姚佩兰慷慨提供舞台布景。女学生共举办了三场游艺会，场场爆满，"共计售出票价二千元左右"[1]，这在很大程度上解决了她们的旅行费用问题。4 月 29 日，女高师国文部学生 20 余人在教务主任李贻燕的率领下，前往日本等地参观考察，这可谓近代中国女子教育团体赴日参观之嚆矢，即使放在今天来看，也不失为一件了不起的事情。1924 年，女高师英语系学生举办游艺会，当时南方孙中山革命政府的机关报《广州民国日报》对此进行了详细报道：

　　北京女高师向来设有一游艺部，对于跳舞及新剧等，迭次表演，早为社会所称赞。该校各组学生，每届毕业之时多举行游艺会，藉收入场券费，充作考察国内外教育之资。本年暑假以前，该校英语部四年级学生卒业，特于十九二十两晚，连演新剧两次，一

---

① 《女高师游艺会之结束》，《晨报》1922 年 2 月 28 日第 7 版。

则藉以试验英语之成绩，一则为将来毕业时开游艺会之预备。两夜
所演，完全用英语表现。（第一夜节目是"十二磅神态"，第二夜
为"浪漫者"。由于第一场反映甚佳，故第二场临时加印入场券，
分送校处各朋友）……按用英语演剧，在我国各大学中尚属罕见，
而女高师演习，能如此纯熟，其程度可想见矣。①

远在广州的革命政府机关刊物都能如此具体地报道女高师的新剧活
动，足以说明其影响之广。女高师活跃的学生活动，不仅展现了该校显
著的教学成效，为女学发展前途提供了良好的实例，而且显示了五四时
期开放、自由的校园氛围，这值得现今我国高校的反思和借鉴。

作为全国最高的国立女子教育机关，北京女高师对于全国妇女解放
运动，负有责无旁贷的使命。校长许寿裳希望将女高师打造成全国女子
文化的中心，主张全面展开有关女子问题的讲演、研究、出版及社会运
动等事宜，其中组织成立"女权运动同盟会"即这种女子文化运动的
一个起点。1922 年 8 月 23 日，北京女高师学生周敏、陶玄、孙继绪等
在李大钊的热心帮助下，联合其他女校发起成立了北京女权运动同盟
会。该会的基础是女高师学生自治会，由其承担活动经费，并在该校设
有办公室，负责办理相关事宜。女权运动同盟会在成立宣言中提出以下
几点作为纲领："（一）全国教育机关，一概为妇女开放；（二）女子与
男子平等地享有宪法上人民应享的权利；（三）私法上的夫妻关系、亲
子关系、继承权、财产权、行为权等一律依男女平等的原则，大加修
正；（四）制定男女平等的婚姻法；（五）刑法上加入'同意年龄'及
'纳妾者以重婚罪论'的规定；（六）禁止公娼，禁止买卖婢女，禁止
妇女缠足；（七）依'同工同酬'及'保护母性'的原则，制定保护女
工法。"② 由此可见，该会进一步扩大女子权利的诉求范围，力争女子
在政治、教育、法律、职业等方面的权利及其地位的平等。为此，女权
运动同盟会主要开展了以下活动。一是该会学生创办了刊物《女权运动
号》，大力宣传妇女解放思想。二是该会自筹办以来，积极邀请各界名

---

① 《北京女高师演新剧纪》，《广州民国日报》1924 年 4 月 30 日第 8 版。

② 《女权运动同盟会宣言》，中华全国妇女联合会妇女运动史研究室编：《中国妇女运动
历史资料（1921—1927）》，人民出版社 1986 年版，第 60 页。

流和会员，举行女权方面的讲演。① 三是实地调研有关妇女的社会问题，并曾多次上书政府部门请愿。1922 年 9 月 5 日，该会正式向国会递交请愿书，明确提出两项要求："（一）在宪法上明白规定，'女子与男子平等地享有宪法上所定人民应享之权利'；（二）在刑法民法未修订公布以前，请贵院依男女平等的原则，自动地将民法上'亲子关系'，'继承权'，'财产权'，'行为权'等提案修正公布。并在刑法上加入'同意年龄'，'纳妾者以重婚罪论'之规定。"② 同年 11 月 15 日，女权运动同盟会在女高师召开全体职员会议，议决事项中包括"向交通部请愿，要求邮电机关兼用女职员，并将交通大学解除女禁"③。1922 年冬，清华大学董事会决定停派女学生赴美留学，这一事件引发女界的强烈抗议。北京女权运动同盟会随即发表通电，指出"方今妇女问题，急待解决，解决之道，首在增高女子知识，增高女子知识，须取得教育平等，该校乃反停派女生留学，此项议案，不平孰甚。且清华学校，经费为美国退回庚子赔款，用以培养人才，然专为男子而设也。隔岁派送女生十名，女子之享受者，因以过薄，今竟并此而削夺之，毋乃过甚。同人等痛在切肤，义难坐视，除就近向该校交涉外，特此电达。女界同志，谅表赞同。教育界诸君，责任所在，深望协力共图，务期清华取消停派女生案，并进而要求该校增加考派女名额"④。同时，该会再次向清华校董事会交涉，并联合教育改进社及其他女界团体共同力争。最终，清华大学在 1923 年派遣赴美留学生时男、女生各 5 名。北京女权运动同盟会在实现男女平等，促进妇女解放方面起到了推动作用，进一步锻炼了女高师学生自信、自尊与自强的人格精神，并逐渐成长为领导妇女解放事业的重要力量。

可见，北京女高师对女学生的觉醒有着引导和塑造的主动权，为她们自身的解放及投身社会运动提供了良好的平台。同时该校注重发挥学生的主体作用，激发和凝聚她们的社会责任感，从而培育了一批具有教

① 王世杰：《女权运动者之任务与方法》、陶行知：《对于女权运动者之希望》、余仲衡：《法律上女权应享有之地位》、谭仲逵：《女权与合理的社会生活》、张耀翔：《近世各国女权运动之经过》、吕复：《女权与社会》、Christinsen 讲《丹麦国之女子问题》、［日］布施知足：《日本近代之妇女问题》、李石曾：《女权运动问题》。

② 《女权运动同盟会之请愿书》，《晨报》1922 年 9 月 6 日第 3 版。

③ 《女权运动同盟会前天的决议》，《晨报》1922 年 11 月 17 日第 7 版。

④ 《清华停派女生之反响》，《晨报》1923 年 2 月 8 日第 7 版。

师资格且能够立足于社会的新女性。

# 第二节　觉醒与迷茫：女高师学生从事妇女解放的矛盾

北京女高师学生多出自名门，且为各省女界先觉。她们从固守礼教的封建大家庭到讲求新知的现代高校，这样的求学经历可谓一部缩微的女性解放史。待她们义无反顾地挣脱封建束缚，以先觉者的姿态投身妇女解放潮流时，却因理想和现实的巨大反差而感到彷徨和焦虑。因兼具女权新知和传统礼教这两种文化因子，她们成为背负旧传统的"五四"新女性。

## 一　女性主体意识的觉醒

五四时期，国内思想界的自由风气非常浓厚，妇女解放问题也"总使惯于思索的人们难于安枕，使感情奔放的人们趋向行动"[①]。深受新文化运动及自我"女性"身份的影响，北京女高师学生对妇女问题的讨论十分踊跃，常有文章见诸报刊，如表3-5所示。

表3-5　北京女高师学生发表的有关妇女问题的文章（1919—1924年）

| 文章题目 | 作者 | 发表刊物（年） | 文章题目 | 作者 | 发表刊物（年） |
| --- | --- | --- | --- | --- | --- |
| 《论今日女子之责任》 | 孙继绪 | 《文艺会季刊》第1期（1919） | 《婢》 | 沁秋（周寅颐） | 《益世报·女子周刊》第4期（1920） |
| 《家庭改良之研究》 | 李渼 | 同上 | 《我们女子的希望》 | 筱笙 | 《益世报·女子周刊》第5期（1920） |
| 《家庭改良之研究》 | 关应麟 | 同上 | 《女子大学》 | 沁秋 | 《益世报·女子周刊》第7期（1920） |

---

[①]　蒋梦麟：《西潮》，辽宁教育出版社1997年版，第115页。

| 文章题目 | 作者 | 发表刊物（年） | 文章题目 | 作者 | 发表刊物（年） |
|---|---|---|---|---|---|
| 《我国之妇女问题》 | 张龄芝 | 《北京女子高等师范文艺会刊》第 2 期（1920） | 《妇女的娱乐法》 | 沁秋 | 《益世报·女子周刊》第 8 期（1920） |
| 《女学生与家庭》 | 柳介 | 同上 | 《女子自立运动》 | 筱笙 | 《益世报·女子周刊》第 10 期（1921） |
| 《今后吾国女子之道德问题》 | 冯淑兰 | 同上 | 《旧式的婚礼谈》 | 频伽（苏雪林） | 《益世报·女子周刊》第 11 期、第 12 期、第 13 期、1921） |
| 《贞女平议》 | 钱用和 | 同上 | 《女子与政治》 | 沁秋 | 《益世报·女子周刊》第 14 期（1921） |
| 《节烈问题》 | 孙继绪 | 同上 | 《中国现在的婚姻》 | 沁秋 | 《益世报·女子周刊》第 15 期（1921） |
| 《论古人妇德说之纰缪》 | 罗静轩 | 《北京女子高等师范文艺会刊》第 3 期（1921） | 《女子教育》 | 沁秋 | 《益世报·女子周刊》第 17 期（1921） |
| 《女性与文化的关系》 | 高晓岚 | 同上 | 《社会进化与男女交际的关系》 | 筱笙 | 《益世报·女子周刊》第 18 期（1921） |
| 《中国古代妇女在社会上之地位》 | 吴湘如 | 同上 | 《女子体育》 | 沁秋 | 《益世报·女子周刊》第 20 期（1921） |
| 《今后女子教育的希望》 | 关应麟 | 同上 | 《中国现在妇女是否要注意教育》 | 冷岩（张峥漪） | 《益世报·女子周刊》（1921 年 9 月 26 日） |
| 《女子教育问题》 | 田隆仪 | 同上 | 《现在我们女学界应该注意的有几事》 | 隽因（程俊英） | 《益世报·女子周刊》（1921 年 10 月 10 日） |
| 《韦实斋妇女篇的批评》 | 史佩英 | 《北京女子高等师范文艺会刊》第 4 期 | 《我乡村妇女的生活》 | 冷岩 | 同上 |

续表

| 文章题目 | 作者 | 发表刊物（年） | 文章题目 | 作者 | 发表刊物（年） |
|---|---|---|---|---|---|
| 《文学女士社交之今昔观》 | 罗敦健 | 《北京女子高等师范文艺会刊》第5期 | 《中国女子思想变迁的我见》 | 冷岩 | 《益世报·女子周刊》（1921年10月17、24日） |
| 《旧婚姻的杂异谈》 | 净子 | 同上 | 《现在中国普通人对于妇女的观念》 | 冷岩 | 《益世报·女子周刊》（1921年12月19日） |
| 《北京女界商业储蓄两银行先后开幕的感想》 | 叶家璧 | 同上 | 《现在我国妇女生活的困难》 | 冷岩 | 《益世报·女子周刊》（1922年1月16日） |
| 《婚姻问题的我见》 | 我愚 | 《北京女子高等师范文艺会刊》第6期 | 《女子教育应当特别注意之点》 | 隐峻 | 《益世报·女子周刊》（1922年1月23日） |
| 《现在中国女子底责任》 | 王世瑛 | 《北京女学界联合会汇刊》（1922） | 《"女子成美会"希望于妇女》 | 卢隐 | 《晨报副刊》（1920年2月19日） |
| 《中国法律上女子地位底研究》 | 程俊英 | 同上 | 《我对于大学开放女禁底意见》 | 卢隐 | 《今生》第1卷第1期（1920） |
| 《中国古代妇女在社会上底地位》 | 陈定秀 | 同上 | 《生育限制运动声中的感想》 | 灵芬（苏雪林） | 《家庭研究》第2卷第2期（1922） |
| 《求学与结婚》 | 竹君 | 同上 | 《中国女子参政声中之生育问题》 | 何觉余 | 同上 |
| 《女子在文化上的地位》 | 黄卢隐 | 《北京女子高等师范周镌》第39期（1923） | 《小范围的产儿限制问题》 | 何觉余 | 同上 |

续表

| 文章题目 | 作者 | 发表刊物（年） | 文章题目 | 作者 | 发表刊物（年） |
|---|---|---|---|---|---|
| 《今后女子之责任》 | 沁秋 | 《益世报·女子周刊》第 1 期（1920） | 《家庭和女子》 | 缪伯英 | 《家庭研究》第 1 卷第 3 期（1921） |
| 《女子剪发不应该吗》 | 晓芳（吴湘如） | 同上 | 《家族道德之根本改造》 | 缪伯英 | 《家庭研究》第七八合期（1921 年） |
| 《灾荒与女子底堕落》 | 沁秋 | 《益世报·女子周刊》第 2 期（1920） | 《沉沦中的妇女》 | 灵芬 | 《民铎杂志》第 3 卷第 2 期（1922） |
| 《今日中国之女子应该怎么样运动》 | 致殊（杨璠） | 同上 | 《新生活里的妇女问题》 | 灵芬 | 《晨报副刊》（1919 年 10 月 1 日） |
| 《妇女装饰底解放》 | 沁秋 | 《益世报·女子周刊》第 3 期（1920） | 《女权运动和参政》 | 钱用和 | 《晨报副刊》第 8 期（1922 年 8 月 14 日） |
| 《对于妇女解放的评议》 | 无逸女士 | 《四川教育新潮》第 1 期（1920） | 《我对于女子教育解放上的主张》 | 烛光女士 | 《四川教育新潮》第 1 期（1920） |
| 《我对于大学开放女禁底意见》 | 卢隐女士 | 《今生》（1920） | 《我女界应筹备加入万国妇女参政会》 | 叶家璧 | 《妇女杂志》（1923） |
| 《女子教育进步小史》 | 杨寿珣 | 《新教育》（1920） | 《辗近宪法上妇女权利问题》 | 何觉余 | 《东方杂志》（1922） |
| 《振兴四川女子教育的浅言》 | 盛绍尧 | 《四川教育新潮》（1922） | 《四川的女学应当改革否?》 | 竹庐女士 | 《四川教育新潮》（1920） |

　　由上表我们可以看出以下几点：一是文章的议题丰富，涉及女子在道德、政治、教育、法律、家庭、婚姻、社交、生育及发饰诸方面

的问题，这足以反映出女高师学生开阔的视野及关注妇女解放的自觉意识。需要指出的是，部分文章是女高师学生在文艺研究会的讲演稿，如孙继绪的《节烈问题》、钱用和的《贞女平议》。部分文章是她们的课堂作业或考试内容，如李大钊曾在女高师开设"女权运动史"一课，苏雪林受其所讲内容的启发，在《晨报副刊》上发表了《新生活里的妇女问题》。该文开宗明义即指出："旧社会的生活，是烦闷的生活，不自然的生活，非人的生活，现在晓得我们是人，是要过人的生活，所以我们要革旧社会的命，要铲除那烦闷的生活，和不自然的生活。"同时呼吁"新青年的男子要有同情心，要从恶社会里去救出我们的同胞，去指导那没有觉悟的女子"，"不是单求自己的新生活，还要求社会全体的新生活，不单利己，还要利人"。[①] 此文充分展现了苏雪林在接受新思想的洗礼后，对妇女命运的剖析更具深刻性。二是文章的发表渠道多样，既有校内刊物，又有校外报刊如《晨报副刊》《益世报》等。女高师学生认识到妇女问题是一个重要的社会问题，为此，她们积极介入社会影响力较大的报刊，以此作为宣传妇女解放的思想阵地。1920 年，苏雪林、程俊英、张峥嵘、杨璠等女高师学生应《益世报》主编成舍我之邀，担任该报副刊《女子周刊》的编辑。按照《益世报》社方的设想，《女子周刊》的宗旨应"依《益世报》故有之宗旨，欲以普通常识，贡献于一般妇女，并注重道德观念。质言之，即主张所谓贤妻良母主义是也"[②]。但就其刊发的文章来看，这份由受过新式高等教育的女高师学生所主办的副刊，从第1 期开始就与所谓"贤妻良母主义"的既定宗旨保持着相当的距离，到第 24 期便以"紧要启事"的形式申明了新的宗旨，即"主张女子教育平等与生活独立；提倡女子艺术以期造成艺术化的新妇女；研究中国妇女界种种难题，以促成最善之解决；介绍合理的新学说，而抛弃过于偏激与未经考查之理论"[③]。可见，《益世报·女子周刊》为女高师学生宣传妇女解放思想提供了重要的载体。归纳起来，女高师学生争取妇女解放的言行集中体现在以下几个方面。

---

① 灵芬：《新生活里的妇女问题》，《晨报副刊》1919 年 10 月 1 日。
② 均一：《发刊词》，《益世报·女子周刊》1920 年 10 月 30 日第 1 版。
③ 《益世报·女子周刊》1921 年 5 月 2 日第 2 版。

（一）抨击封建礼教，倡导女性自立

五四时期，新文化运动主将对封建纲常名教进行了猛烈地抨击，倡导妇女解放。随后众多思想精英竞相跟进，纷纷讨论女子问题，妇女解放思潮此起彼伏，蔚为壮观。在这场声势浩大的思想解放运动中，女高师学生批判传统的妇德、节烈观念，主张女性人格和经济的独立。罗静轩在《论古人妇德说之纰缪》中指出，传统的妇德是养成"木偶""奴隶"的一种命令，是不合人道、不符进化公理的。今后的新女性应打破传统妇德的徽号，发展独立的人格，决不能"恭顺一人，保养一家"①了。冯沅君的《今后吾国女子的道德问题》在质疑传统妇德的同时，更注重从建设方面立论，探讨今后妇女的道德问题。她认为"现在女子顶缺乏的，就是社会道德，为补偏救弊计，应当注重社会方面才好"②。此外，钱用和的《贞女平议》和孙继绪的《节烈问题》，分别从语源学的角度解释了"贞""节""烈"三字的本意，斥责传统的贞节观念是维护封建礼教的世俗之论，是男女不平等的表现。由于兼具扎实的国学根底以及平等观、进化论等西学思想，女高师学生对旧道德的批判既有历史深度，又不乏理性色彩，充分展现了她们思想的活跃、自由。

较之戊戌、辛亥时期的妇女解放运动关注于女性应尽的义务和应享有的权利，五四时期的妇女解放运动则更多地关注女子的人格独立。陈东原在《中国妇女生活史》中写道："妇女有独立人格的生活，实在是在《新青年》倡导之后。而'五四'是一个重大之关键。"③ 经历新文化运动洗礼后的女高师学生，主体自觉意识高涨，积极地追求个性解放和人格独立。张龄芝认为妇女争取教育权、就业权等，只不过是妇女解放的方法，而"'自觉心'与'自动力'者乃根本之动机也"④。筱笙也指出女子自立应是妇女解放的初步，其中女子自立的顺序依次为肢体

① 罗静轩：《论古人妇德说之纰缪》，《北京女子高等师范文艺会刊》1921 年第 3 期。

② 冯淑兰：《今后吾国女子的道德问题》，《北京女子高等师范文艺会刊》1920 年第 2 期，"论说"第 40 页。

③ 陈东原：《中国妇女生活史》，上海书店 1984 年版，第 365 页。

④ 张龄芝：《我国之妇女问题》，《北京女子高等师范文艺会刊》1920 年第 2 期，"论说"第 7 页。

健全、生活自立及精神畅快。① 田隆仪主张妇女应创造新的人生观，"要觉悟自己是个有理性的'人'，不是男子的附属品"②；庐隐希望"花瓶式"的女人应实行自救，"只有自己决心把这花瓶的时代毁灭，苦苦修行，再入轮回，得个人身"，"而这种苦修全靠自我的觉醒，不能再妄想从男人们那里求乞恩惠"。③ 除谋求人格独立外，女高师学生在社会现实中接受磨炼，逐渐体会到经济自立的重要性，由此提出"现在女子要求解放，都是'隔靴搔痒'，无济于事。根本觉悟，还是求经济独立"④。1923 年，女高师家事科机织系学生王芳莲通过在上海爱理司洋行的实习，觉悟到"我女子应当自己来提倡实业教育，在实业界，多占几个位置，以谋经济的独立。经济独立，其他问题就容易解决了；这是提高女子地位的一个重要问题"⑤。

在女高师学生看来，女子解放意味着挣脱传统命运的束缚，做一个堂堂正正的"人"，做一个人格独立的"女人"。她们认为妇女的性别角色不应仅局限于传统的"贤妻良母"，而应扩展至国家、社会。冯沅君认为女子"不仅求做一个贤妻良母"，还要做一个社会人，"处事接物应当发挥同情博爱的精神"。⑥ 周寅颐指出"今后女子之责任，非仅贤母良妻而已"，"须确认其固有责任，求充足之学识，然后以奋斗之精神，创造之毅力，谋家庭之改良，而创有女子之新社会，及有女子之新国家与新世界"。⑦ 廖坤泰认为"'贤妻良母'四个字，究竟不能包括女子完全的责任；我国的女子，应当做到与西洋的女子一样，应当把我们的责任扩张大些"，扩充到对社会与国家。"既是这样，那就必定要自己先求充足的知识，发展个人的本能，凡是有益于社会的事，必定要

---

① 筱笙：《女子自立运动》，《益世报·女子周刊》1921 年 1 月 8 日第 1 版。

② 田隆仪：《女子教育问题》，《北京女子高等师范文艺会刊》1921 年第 3 期，"论说"第 308 页。

③ 庐隐：《花瓶时代》，载钱虹编《庐隐选集》（上册），福建人民出版社 1985 年版，第 51—52 页。

④ 田隆仪：《女子教育问题》，《北京女子高等师范文艺会刊》1921 年第 3 期，"论说"第 309 页。

⑤ 王芳莲：《家事科机织学系南下参观教育及在沪洋行内实习的经过》，《北京女子高等师范周镌》1923 年 6 月 30 日第 19 版。

⑥ 冯淑兰：《今后吾国女子的道德问题》，《北京女子高等师范文艺会刊》1920 年第 2 期，"论说"第 40 页。

⑦ 沁秋：《今后女子之责任》，《益世报·女子周刊》1920 年 10 月 30 日第 1 版。

尽力去做一点，不要存畏难的心，越难越要去做。"① 上述三篇文章对仅将女子的道德和责任局限于家庭的"贤妻良母主义"持一种质疑的态度，体现了女学生对自我社会价值的肯定。

### （二）号召男女平权

受近代西方"天赋人权"说和新文化运动思潮的影响，女高师学生崇奉"男女平等"说，要求与男子同享平等权利的同时，共尽平等的义务和责任。她们认为："我国几千年来，女子除家庭以外，别无责任可言"，"其责之轻故待之也薄"，女子遂居于无足轻重的地位。事实上，"社会事业男女各有应负之责"，女子对于家庭、社会、国家乃至世界都应担负起相应的责任：家庭方面包括经济、卫生、教育、养老、看护、交际等；社会方面则可侧重于慈善、公益、教育事业等；国家方面应依靠女子在道德、教育上的优势以定国基；世界方面更需要女性提倡和平主义。② 总之，要想实现男女平权，应注重以下几点。

首先是教育平权。对于妇女解放中的婚姻、贞操、参政等种种问题，吴湘如认为"除了教育问题外，都是不急需的。因为要经济独立了，先要有谋生底能力；要有谋生底能力，先要同男子受同等底教育；教育便是增高女子地位底根本办法"③。但女子教育的实际情况却是"女子求较深知识的去处，只一个高等师范，别的男校虽招女生，根本教育没有平等"④。对此关应麟主张男女应共同教育，"非仅高等专门各校应当一律开放；即是所有的学校，自国民以至中学，均要开放。使我二万万女同胞，随时随地均可就学，享受教育的幸福"⑤。20 世纪 20 年代初，北京大学、南京高等师范学校陆续开放"女禁"，清华大学却迟迟没有响应，女高师学生对此表示不满。"男女同校是男女教育得到平等的好办法"，"为什么清华到现在还是默默不响呢？照理清华应该开

---

① 廖坤泰：《以后女子的责任是什么》，《教育声》1920 年第 1 期，第 27 页。

② 孙继绪：《论今日女子之责任》，《文艺会季刊》1919 年第 1 期，"论说"第 6—9 页。

③ 吴湘如：《中国古代妇女在社会上底地位》，《北京女子高等师范文艺会刊》1921 年第 3 期，"论说"第 94 页。

④ 冷岩：《中国现在女子是否要注意教育》，《益世报·女子周刊》1921 年 9 月 26 日第 1 版。

⑤ 关应麟：《今后女子教育的希望》，《北京女子高等师范文艺会刊》1921 年第 3 期，"论说"第 299 页。

放得更早，因为清华一创办的时候就有女教习，现在中国女教习在里头也不少"。① 对于清华大学所享受的庚子赔款，程俊英希望"可提一部分为女子留学的费用，并设留学预备学校"②；许广平认为"庚款作教育基金后，以全国男女人口额作比例计，以女子教育实有急宜整顿计；其供给女子教育事业者，应多于男子，否则亦宜将庚款平分，一半归于女子教育上，这是最低限度"③。总之，"女子要增高地位，在社会上做一个'人'，第一步是要教育平等。教育平等了，法律上自然平等，可无忧虑的"④。

其次是法律平权。有的女高师学生指出"法律上偏袒，男女显然不同，妇人对于男子，简直有奴对主的情形"，期望修改法律以使女性不受歧视，成为真正的公民。程俊英进一步提出，争取法律平等的前提则是女子应注意具备法律常识，"根据这已知知识，然后女学才有趋平等的希望，才有根据可争。不然，徒知其不平等，而不知不平等存于何点，徒事提倡，对于实际并无达到平等的地步"⑤。显然，后者的主张更关注女性主体的自觉。

再次是参政权和就业权。周寅颐认为政治是一种维持人类安全幸福的活动，女人当然享有参政权，并大声疾呼："女子们！要晓得想解决一切不平的制度，必定先从政治上着手。"⑥ "为今之计，女子一方面自当勤求学业，增高智力；一方面尤当在政治上活动，用各种的方法，从速组织团体，提出女子有'选举权'和'被选举权'的议案，要求国会通过了，以示平等待遇。"⑦ 吕云章认为中国妇女生活困难的原因在于，"我国职业如政治、教育、工界、商界，等等，多半为男子所占

---

① 《读者俱乐部》，《益世报·女子周刊》1921 年 5 月 16 日第 4 版。

② 隽因：《现在我们女学界应该注意的有几事？》，《益世报·女子周刊》1921 年 10 月 10 日第 1 版。

③ 寒潭：《庚款作教育基金后应多量供给女子教育事业的我见》，《京报·妇女周刊》1924 年 12 月 10 日第 3 版。

④ 田隆仪：《女子教育问题》，《北京女子高等师范文艺会刊》1921 年第 3 期，"论说"第 309—310 页。

⑤ 隽因：《现在我们女学界应该注意的有几事？》，《益世报·女子周刊》1921 年 10 月 10 日第 1 版。

⑥ 沁秋：《女子与政治》，《益世报·女子周刊》1921 年 2 月 5 日第 1 版。

⑦ 田隆仪：《女子教育问题》，《北京女子高等师范文艺会刊》1921 年第 3 期，"论说"第 309 页。

有"①。为此，关应麟主张职业公开，首先"必先打破从前习俗的迷信。不打破这种迷信，就算职业公开，也无人去做。此外，女子负生育的责任，要讨论女子职业问题，就不能不设法使儿童公育，教他们一般有经验的人负养护的重责。迷信打破，公育成立，女子自可充职业于社会"②。

需要指出的是，女高师学生宣传男女平等的同时，对性别差异及男性与妇女解放的关系有着较清醒的认识。王世瑛认为，谋求中国的妇女解放，不得不特别注意"当现在盛倡男女平权时代，最容易说一句男子所能的女子也能。忘了性的关系和地位的关系。一方面放弃了本身所应尽的责任，去越俎代庖他性和他地位所应做的事：结果两无所得，徒陷社会于纷乱之境。一方面能力不及，分外之求又徒增加精神的痛苦"③换言之，即女子要成为一个"人"，但不应该成为一个"男人"。无论男女，在文化上都有他们相应的地位。女子在艺术、教育、慈善、宗教、经济界、工商业等领域占有优势，应"选择文化中近于本能的事业，与环境奋斗，而自树实力"④。此种强调男女的差异性，尊重并重视发挥女性特长，以促进女子教育和女性文化发展的观点，本无可厚非；但过于强调"女性特长"也难免有所局限，有学生就此反驳道："盖人生智慧，男女相同，并非女子无所研究科学之能力。或曰女生性情近于美术，故宜在美术方面发挥其特性。此说亦是有理。但此后女子在社会各方面，均有活动之机会，不仅限于美术一方面。"⑤ 可见，在男女平等问题上，女高师学生的立论较持平。

此外，如何看待男性在妇女解放中的作用也是女高师学生的讨论热点。有学生对那些空头提倡女子解放的男性提出质疑，"究竟男子中，能拿良心出来解放妇女的有几人？"因此，她指出女性"自动自奋，是最要紧的；靠人谋事，是不成的"，必须依靠教育"才可以自己释去束

① 冷岩：《现在我国妇女生活的困难》，《益世报·女子周刊》1922 年 1 月 16 日第 1 版。

② 关应麟：《今后女子教育的希望》，《北京女子高等师范文艺会刊》1921 年第 3 期，"论说"第 300 页。

③ 王世瑛：《现在中国女子的责任》，《北京女学界联合会汇刊》1922 年。

④ 高晓岚：《女性与文化的关系》，《北京女子高等师范文艺会刊》1921 年第 3 期，"论说"第 86 页。

⑤ 《北京女子高等师范周刊》1922 年 10 月 10 日。

缚，为高上人格，享自由幸福，得平等权利"①。

（三）改革家庭及婚育观念

自新文化运动以来，青年学生受新思潮的鼓动，觉悟到首先要做一个"人"，故主张解放和改造那些束缚人格独立发展的观念、制度。他们认为传统的旧家庭对青年人的身心造成了莫大的痛苦和伤害，家庭问题是一个值得研究并急需改良的社会问题。女高师学生对改良家庭亦有自觉的意识，指出"我们女学生现在才力薄弱，学识浅陋，对于家庭改良之能力，或恐不够；但是改革的思想，不可没有"②，认为可从家庭组织、婚姻问题、遗产问题等方面研究家庭，并尽力改革。

1920 年，北大学生罗敦伟、易家钺倡议发起家庭研究会，旨在"本科学的方法讨论关于家庭各项问题并谋'具体的改造'"③。女高师学生缪伯英、杨璠、田维、胡淑光、张人瑞、王本懿、韦琢如、李相琼等对此予以积极响应，成为入会最早的女会员。她们在该会的会刊《家庭研究》上发表诸多文章，倡导改良家庭及婚育观念。杨璠④在《吾国家庭黑暗的原因和今后的希望》指出，封建礼教、奴隶的人生观、男女不平等及多妻制的婚姻均导致中国家庭的黑暗，这是必须进行改革的。家庭既然是由男女共同组织的，双方就应肩负起改革的责任，不仅要从个人做起，更要"将新家庭慢慢地建设"⑤。缪伯英在马克思主义理论的指导下，写成《家庭和女子》一文，论述了家庭制度的起源、发展趋势，指出家庭简直是"私产制度保留的惟一的坚城固库"，在这种制度下，"女子不是做家庭中的奴隶，就要做资本家的牛马"，根本没有经济独立的机会，也就无法恢复独立的人格。因此，她号召广大妇女"顺着人类进化的趋势"，努力"向光明的路走"。⑥

1922 年，美国生育限制运动的先驱山格夫人来华宣传。家庭研究会同人出版《生育限制运动专号》以示支持，集中讨论产儿限制的问

---

①　无逸：《对于妇女解放的评议》，《四川教育新潮》1920 年 4 月 16 日第 6 版。

②　柳介：《女学生与家庭》，《北京女子高等师范文艺会刊》1920 年第 2 期，"论说"第 34 页。

③　《家庭研究社成立》，《晨报》1920 年 2 月 10 日第 3 版。

④　杨璠，字致殊，湖南长沙人，1923 年毕业于北京女高师数学系。

⑤　致殊：《吾国家庭黑暗的原因和今后的希望》，《家庭研究》1921 年第 1 卷第 3 期。

⑥　缪伯英：《家庭和女子》，《家庭研究》1921 年第 1 卷第 3 期。

题。女高师学生何觉余①在《家庭研究》上连发两篇文章，认为中国有实行产儿限制的必要。"拿开那些'人口问题''遗传问题'，要实行产儿限制不讲，就是要普及教育，使全国儿童，每个都得到教育，也非限制他的父母要在他们能力范围之内决定产儿的数目不可。"② 对于从事参政运动的女性而言，她认为更有宣传产儿限制的必要，"女子不运动参政则已，否则非同时运动产儿限制不可"③。这是因为限制生育可以使参政女性对生育与否留有自由的余地，然后才能不为生育所苦，或者因生育而败北。面对生育限制运动中的诸多讨论，苏雪林指出无论是社会主义还是妇女解放运动，都离不开对人口的限制。"社会主义仅足以使分配之平均，不能使分配之调节；要使分配调节，则非限制人口不可"；妇女解放之根本解决，"一面在培植独立能力，另一面则在减少其防害独立能力之阻碍——儿女所累"。④ 上述观点很有见地，彰显了女高师学生对人口生育问题的前瞻性思考。

北京女高师学生对妇女问题的探讨，呈现出异彩纷呈、多元竞进的思想格局，这与当时思想界的妇女问题大讨论相得益彰，反映出她们的思想活力和社会责任感。尽管她们的相关讨论较少关注底层妇女，不免存在一定的局限性，但毕竟昭示了女高师学生争取妇女解放的主体意识的觉醒，以及自觉的社会担当精神。

## 二 "娜拉"走后的真实境况

北京女高师学生的求学机会是来之不易的，她们要冲破家庭的束缚，每个人都有一部同家庭的斗争史。⑤ 这与五四时期备受推崇的"娜拉"出走有着相似之处，体现了她们反抗封建家庭的勇气。鲁迅认为出走的"娜拉"式新女性，在无法实现经济自立的情况下，只有两条路可走：不是堕落，就是回来。这也成为当时社会主流话语对叛逆传统、追求个性的新女性命运的普遍描绘与想象。事实证明，以女高师学生为

---

① 何觉余，湖南道县人。1921 年考入北京女高师教育哲学系，1925 年毕业。
② 觉余：《小范围的产儿限制问题》，《家庭研究》1922 年第 2 卷第 2 期。
③ 觉余：《小范围的产儿限制问题》，《家庭研究》1922 年第 2 卷第 2 期。
④ 灵芬：《生育限制运动声中的感想》，《家庭研究》1922 年第 2 卷第 2 期。
⑤ 如苏雪林为考入女高师，不惜以绝食的方式抗争专制家庭的束缚；庐隐因母亲不支持其升入女高师而躲在房里哭过几天；李超执意考取女高师，触怒了兄长并拒绝寄付学费。

代表的新女性，在离家出走之后有着更为多样化的人生经历和道路选择。

（一）新旧道德之间的徘徊

作为成长于封建旧家庭又经历了新文化洗礼的女性，北京女高师学生既有反抗旧礼教压迫的自觉意识，又因传统的重负而举步维艰。这种亦新亦旧的矛盾状态使得她们的恋爱、婚姻、事业及家庭充满了痛苦和艰辛。

大多数女学生踯躅于"将毅然和传统战斗，而又怕敢毅然和传统战斗"①的困境中，饱受理智和情感的纠缠。李超之所以矢志求学，不仅在于其"深痛神州女界之沉沦，亟欲有所建树"②，还在于家庭、婚姻问题的不如意。李超出生于广西苍梧一个财产殷实的大家庭，父母膝下无子，故过继侄子李惟琛以续香火，并继承家产。李超自幼接受家塾教育，先后在梧州、广州等地学习，1918年考入北京女高师。读书期间，因握有经济大权的兄长拒绝寄付学费，李超只得在亲友的接济下勉强求学。此外，家人对她之前解除婚约的做法十分不满，并不断催促她的婚事。实际上，受新教育、新思想影响的李超，固然期望在婚姻选择上有一定的自主权，但迫于现实的压力也不忘顾及家人的提议，因此这种新思想和旧道德之间的矛盾使她备受煎熬。囿于"家丑不可外扬"的旧思想，她生前很少与外人谈及自己的家事和遭遇，终因无法承受来自家庭在经济和精神方面所施加的重压而病逝。

王世瑛在北京女高师就读时，不仅是该校学生自治会主席，还是北京女学界联合会的组织者，更是文学研究会中寥寥无几的女作家之一。当时她向往自由恋爱，与北京铁路管理学校的郑振铎萌发了爱情。由于父母的反对，王世瑛毕业后考虑到家庭的处境，嫁给了家境殷实、事业有成的张君劢。对于这种选择，《海滨故人》中"云青"（以王世瑛为原型）的一段话或许能道出其中的原委："云自幼即受礼教之熏染。及长已成习惯，纵新文化之狂浪，汩没吾顶，亦难洗前此之遗毒，况父母对云又非恶意，云又安忍与抗乎？乃近闻外来传言，有多误会，以为家

---

① 鲁迅《〈中国新文学大系〉小说二集序》，载《鲁迅全集》（第6卷），人民文学出版社2005年版，第253页。

② 《李超女士追悼大会启事》，《晨报》1919年11月19日第1版。

庭强制，实则云之自身愿为家庭牺牲，付能委责家庭。"① 婚后的王世瑛过着相夫教子的生活，远离了文学创作和社会活动。"在家是个好女儿、好姐姐；在校是个好学生、好教师、好朋友；出嫁是个好妻子、好母亲。"② 这大致是王世瑛一生的写照。无怪乎今人对她的认知，多局限于庐隐的同学、冰心的好友、郑振铎的初恋女友、张君劢的夫人这种"第二者"的身份，她本人的自我价值和社会价值并未得到充分的发展。

苏雪林在女高师读书期间，受五四时期新文化的熏陶，完成了从"小冬烘"到"新青年"的身份转变。据她本人回忆："我本是旧家庭出身，又在风气闭塞的安庆城肆业三年，国文教师的国学根柢倒不坏，但都是热心卫道之士，平日所灌输给我们的都是些旧观念。他们是老冬烘，我们也就成了小冬烘，不过我一到北京思想便改变，完全接受了五四的新思想，自命为'五四人'了。"③ 虽然她发表过诸多提倡新文化的文章，也曾以学业为借口反抗过包办婚姻，但遗憾的是，她最终还是在母爱的感召下屈从礼教，接受了父母包办的婚姻。她的自传体小说《棘心》对这段情感经历有着生动形象的描述，展现了作者陷入礼教亲情和个性解放间的内心挣扎。事实上，苏雪林婚后不久即因性格志趣不合而与丈夫长期分居，造成了一桩名存实亡的不幸婚姻。多年以后，她在回忆自己的生活时曾说："个人的婚姻虽不能算是一场噩梦，至少可说是场不愉快的梦。命运将两个绝对不同的灵魂，勉强结合在一起。在尚未结合之前，两人感情便已有了裂痕。新婚最初两年岁月里，似乎过得颇为幸福，裂痕却于不知不觉之间日益扩大，渐有完全破碎的趋势。若非两个绝不相同的灵魂之中，另一个灵魂，天生一颗单纯而真挚的'童心'，善于画梦，渴于求爱，有时且不惜编造美丽的谎，来欺骗自己，安慰自己，在苦杯之中掺和若干滴蜜汁，也许最初的两年里，我们爱情的网，早已支离破败，随风而逝了。"④

---

① 庐隐：《海滨故人》，载《庐隐精品文集》，中国画报出版社 2010 年版，第 185 页。

② 冰心：《我的良友——悼王世瑛女士》，载《新编冰心文集》（第 2 卷），商务印书馆国际有限公司 2008 年版，第 544 页。

③ 苏雪林：《"老冬烘"与"新青年"》，载《我们的八十年》，时报文化出版企业公司 1991 年版，第 18 页。

④ 苏雪林：《绿天·自序》，载沈晖编《苏雪林文集》（第 1 卷），安徽文艺出版社 1996 年版，第 217 页。

　　有些女学生虽然徘徊在新旧道德之间，但仍坚守恋爱自由，最终有情人终成眷属。庐隐在校读书时，虽不顾世俗偏见与已婚的北大学生郭梦良相爱，但她内心仍无法摆脱旧礼教和新道德之间的纠结，这种矛盾的心态在她的自传体小说《海滨故人》中有着鲜明的体现。作为庐隐化身的露沙与有妇之夫的梓青并非"不能铲除礼教之束缚，树神圣情爱之旗帜，特人类残苛已极，其毒焰足逼人至死！"最后，两人的爱情"到底也不知道是成是败"①。这种开放式的小说结局，实际上反映了庐隐对于封建礼教既反抗又犹疑的复杂情感。在现实生活中，庐隐最终虽与郭梦良结婚，但男方并未与原配解除婚约，她在男方家中处于较为尴尬的位置。面对婚后来自家庭、事业方面的压力，庐隐曾感叹道："当我们和家庭奋斗，一定要为爱情牺牲一切的时候，是何等气概？而今总算都得了胜利，而胜利以后原来依旧是苦的多乐的少，而且可希冀的事情更少了。可籍以自慰的念头一打消，人生还有什么趣味？"②可见，婚姻生活中的烦恼和挫败，使得庐隐的精神世界依然苦闷。

　　程俊英读书期间主张自由恋爱，《海滨故人》中的宗莹就是以她为人物原型。宗莹曾说道："若果始终要为父母牺牲，我何必念书进学校。只过我六七年前小姐式的生活，早晨睡到十一二点起来，看看不相干的闲书，作两首谰调的诗，满肚皮佳人才子的思想，三从四德的观念，那么父母之命，媒妁之言，我自然遵守，也没有什么苦恼了！现在既然进了学校，有了知识，叫我屈伏在这种顽固不化的威势下，怎么办得到！我牺牲一个人不要紧，其奈良心上过不去，你说难不难？"③毕业后，程俊英并没有选择家里安排的相亲对象，而是自愿嫁给了她的老师张耀翔，二人共同献身于教育事业。

　　此外，还有女学生在新旧道德的夹缝中最终选择了独身，石评梅便是代表之一。她性情高傲、孤僻，愿意自己过一种超然冷艳的生活，但她的情感世界里偏偏出现了吴天放及高君宇两人。前者已有妻室，只不过游戏似的操纵石评梅的纯情，这对她造成了极大的伤痛；当后者极忠

---

　　① 庐隐：《海滨故人》，载钱虹编《庐隐选集》（下册），福建人民出版社1985年版，第176—177页。

　　② 庐隐：《胜利以后》，载钱虹编《庐隐选集》（上册），福建人民出版社1985年版，第157页。

　　③ 庐隐：《海滨故人》，载钱虹编《庐隐选集》（下册），福建人民出版社1985年版，第181页。

诚地向她表达爱意时，她便以决然的态度拒绝接受。待高君宇因病去世后，石评梅对此悔恨万分，遂抱定了独身主义。综上可见，暂离家庭升入女高师的学生们，仍与传统家庭保持着经济和情感上的联系。虽然她们的命运各有不同，但都曾彷徨于新旧道德之间。

### （二）人生观的困惑

阅读庐隐、石评梅的作品，总能感受到一种忧郁、悲哀的气息。这种悲哀不仅源于现实生活中的愁苦和挫败，还是一种探求人生意义的形而上的哲学困惑。庐隐回顾自己在女高师的创作经历时曾写道："在这个时期，我的思想进步的最快，所谓人生观也者，亦略具雏形，对于宇宙虽不能有什么新见解，至少知道想什么是宇宙，和宇宙间的种种现象，何以成，何以灭的种种哲学问题了。可是这个时期我也最苦闷，我常常觉得心里梗着一些什么东西，必得设法把它吐出来才痛快。"① 此时的庐隐正深受叔本华哲学的影响，"对于他的'一世一苦海也'这句话服膺甚深"，"无论什么东西，到了我这灰色的眼睛里，便都要染上悲哀的色调了"。②《海滨故人》的主人公露沙经常犯"哲学病"，"看见鸭子在铁栏里游泳，她便想到，人生和鸭子一样的不自由，一样的愚钝；人生到底作什么？听见鹦鹉叫，她便想到人们和鹦鹉一样，刻板的说那几句话，一样的不能跳出那笼子的束缚；看见花落叶残便想到人的末路——死——仿佛天地间只有愁云满布，悲雾迷漫，无一不足引起她对世界的悲观，弄得精神衰颓"。③《或人的悲哀》的女主人公亚侠更是深陷悲观哲学而不能自拔，她"被知识苦缠着，要探求人生的究竟，化费了不知多少心血，也求不到答案"④，最终在身心俱疲之下投湖而死。应该说，大学时代的庐隐对人生意义的思考还是十分浅薄的，"为了人生不免要死，盛会不免要散，好花不免要残，圆月不免要缺"，她便以

① 庐隐：《庐隐自传》，载钱虹选编《庐隐选集》（上册），福建人民出版社 1985 年版，第 585—586 页。

② 庐隐：《庐隐自传》，载钱虹选编《庐隐选集》（上册），福建人民出版社 1985 年版，第 591 页。

③ 庐隐：《海滨故人》，载钱虹选编《庐隐选集》（下册），福建人民出版社 1985 年版，第 142 页。

④ 庐隐：《海滨故人》，载钱虹选编《庐隐选集》（下册），福建人民出版社 1985 年版，第 180—181 页。

"悲哀空虚估价了人间"。①

　　石评梅感情丰富，富于理智，这使得她精神上很受痛苦。在女高师读书期间，石评梅还不曾了解社会和人生，对生活充满了一种浮浅的热情。待毕业工作后，纷繁痛苦的生活经历使她逐渐了解什么是人生，并形成了一种悲哀的人生观。石评梅"曾为了社会多少的不如意事哀哭过嗟叹过，灰心懒意的萎靡过，激昂慷慨的愤怒过"②，她也经常在作品中感叹人生的孤苦、生命的无常。她无法解答人生的意义，也不知内心该信仰什么，唯愿用悲哀淹没她的生命和灵魂。

　　庐隐、石评梅的哀感尚停留在对人生困境的浅层次感知，她们不去想办法解决这悲哀，也不愿向人们指示新路，体现了这种悲哀厌世主义人生观的局限性。


### （三）难以融入社会的焦虑

　　北京女高师学生有着强烈的社会参与意识和责任，对妇女解放运动、底层人民的悲苦生活、战乱频仍的国家社会都给予了相当的关注。她们期望"今后妇女的出路，就是打破家庭的藩篱到社会上，逃出傀儡家庭，去过人类应过的生活，不仅仅作个女人，还要做人"③，这表达出女学生们渴望走出家门融入社会的愿望。但当时的中国并没有为知识女性进入社会提供充分的现实条件和环境，不仅女性的就业机会少，而且女性就业时往往遭受歧视和不公平的待遇。庐隐的小说《前尘》《何处是归程》《胜利之后》集中体现了这一问题，她在书中感叹当时很少有女性服务社会的机会："我觉得女子入了家庭，对于社会事业，固然有多少障碍，然而不是绝对没有顾及社会事业的可能。现在我们愁的，都不是家庭不开放，而是社会没有事业可作。"④ 即使大部分女高师学生毕业之后从事教职，但她们依然饱受难以真正融入社会的焦虑。这可

---

　　① 庐隐：《海滨故人》，载钱虹选编《庐隐选集》（下册），福建人民出版社1985年版，第591页。

　　② 评梅：《忏悔》，载杨扬编《石评梅作品集》（戏剧、游记、书信），书目文献出版社1985年版，第168页。

　　③ 庐隐：《今后妇女的出路》，载钱虹编《庐隐选集》（上册），福建人民出版社1985年版，第31页。

　　④ 庐隐：《今后妇女的出路》，载钱虹编《庐隐选集》（上册），福建人民出版社1985年版，第289页。

从庐隐的工作经历中窥见一斑。

　　1922 年，庐隐毕业于北京女高师国文系，后被安徽宣城某中学请去当教员。该校的教务主任为北高师的毕业生，为开通地方风气，提倡男女平等，特聘请了一批男女新教员。对此，被辞退的几个老教员心怀怨恨，暗中进行破坏。他们先是利用学生有意找些冷字僻典来为难庐隐，后又找来一些不三不四的女人故意到学校请她打麻将。面对种种刁难和抹黑，庐隐"每天如履薄冰般，战战兢兢地度过"。最终，她无法忍受这种暗中被人摆布的工作环境，毅然离开了这个学校。后来庐隐到上海教书，同时兼任一所大学的女生指导员。那些学生们根本不把庐隐放在眼里，她也不便多管。"虽然学到了敷衍，和拿钱不作事的本领"，但她还是不能安之若素，遂又辞掉了这份工作。之后庐隐还当过一所学校的校长，学校中的种种暗潮，更使得她悲观厌世。回忆起过往的这些社会经验，庐隐说道："我只盼望社会现象能一天一天好起来——或者就是我的神经一天一天麻木下去，不然我怕我将受不住那些更伤人的刺激呢。"① 可见，面对残酷的社会现实和压力，初入职场的女学生有着怎样强烈的焦虑情绪。尽管饱受煎熬与痛苦，她们中的大多数并未如鲁迅所言或堕落或回归家庭，而是咬紧牙关、忍痛含泪、强颜欢笑地立足于社会。

　　总之，北京女高师的发展既受五四时期妇女解放运动的影响，同时更是推动妇女解放的重要动力。它不仅成为当时中国妇女解放思想传播的前沿阵地，而且为妇女解放运动提供了人才支持，培养了一批推动社会变革的女性领导人才。尽管女高师学生在深化妇女解放运动的实践中，产生过较为普遍的彷徨、痛苦的心态，但她们的独立意识和奋斗精神，为当时的广大女性树立了榜样，为妇女解放运动的发展提供了典型范例。更为重要的是，部分学生由此逐渐体悟到妇女解放与社会解放间的关系，主动投身革命，在中国共产党的领导下将妇女解放运动和社会革命相结合，为推动近代中国妇女的真正解放贡献了力量。

------

　　① 庐隐：《庐隐自传》，载钱虹选编《庐隐选集》（上册），福建人民出版社 1985 年版，第 596—601 页。

# 第四章

# 北京女高师与五四时期的教育

五四时期，中国教育发展进入了一个新的历史阶段。在新文化运动的推动下，中国教育界异常活跃，各种教育思潮、教育改革运动层出不穷，争取男女教育平权成为十分响亮的口号。北京女高师作为"五四"教育的直接产物，开启了近代国立女子高等教育的先河，对五四时期的女子教育、新教育运动及高师教育均产生了重要的影响。

## 第一节　北京女高师与五四时期的女子教育

### 一　实习与研究：与附属学校的互惠

清末学部颁布的《奏定优级师范学堂章程》规定，师范附属学堂的宗旨在于"研究普通教学法，以图教育进步，为普通学堂之楷范，且以资本学堂之学生实事练习"。[①] 民初教育部规定："师范学校必须设立附属学校者，即为学生实习地也。"[②] 可见，附属学校的使命在于它是国民教育所、普通教育模范所、普通教育研究所及实习生练习所。就师范

---

① 璩鑫圭、唐良炎编：《中国近代教育史资料汇编·学制演变》，上海教育出版社 2007 年版，第 430 页。

② 《教育部通行师范教育注重实习训令》，载璩鑫圭等编《中国近代教育史资料汇编·实业教育·师范教育》，上海教育出版社 2007 年版，第 825 页。

本部而言，附属学校是其实习、研究之地。1919 年，教育部颁行的《女子高等师范学校规程》规定："本科第三年级学生，应令在附属学校及蒙养园实地练习。专修科、选科学生，最后学年亦如之。"① 北京女高师依照部令的要求，十分重视教育实习，并与附属学校建立了长期稳定的实习合作机制，这主要表现在以下几个方面。

其一，建立系统的实习制度。女高师不仅制定了总章性的《教生实习规则》，而且每届实习前还会订立细则性的《教生实习大纲》，从而形成了一系列配套的实习章程。1919 年，女高师制定了《教生实习规则》，其具体内容如下：

（一）本科及专修科学生于第三学年应至附属学校实习教育，其实习期间及教授次数临时定之；

（二）学生在附属学校实习时称教生，完全受附属学校主任之指导管理；

（三）教生于实习期间之先后须往附属学校及其他学校参观、教授训练方式，或行假设实习以资研究，但参观之次数及时数依附属学校实际上之方便，由主任酌定；

（四）实习科目以教生原习主要学科为主，但在附属小学应并以修身、国文、算术、体操为主，其余各科得由教生选习之；

（五）教生非教授时，须参观其他教生之教授，并于课后批评之；

（六）除实习教授外，必须练习学校管理、训练监护及处理各项事务；

（七）教生在实习时，须听从附属学校学科主任或级任教员及事务担任员之指导；

（八）教生对于附属学校校务上有所陈述时，得将意见报告主任；

（九）实习成绩由附属学校主任及职员参合评定，汇送校长；

（十）关于实习指导细则、批评会细则及参观规则，均由附属

---

① 《教育部通行师范教育注重实习训令》，载璩鑫圭等编《中国近代教育史资料汇编·实业教育·师范教育》，上海教育出版社 2007 年版，第 841 页。

学校定之。①

为配合师范本部顺利开展教育实习工作，女高师附属中小学校各自制定了《教生实习规则》，进一步细化实习的要求和注意事项。其中《北京女子高等师范附属中学校教生实习规则》规定如下：

（一）教生在本校实习期内，当照本校规则，受职教员之指导，以资练习。

（二）教生实习时，应按照本校课程表所定时间于上课前十五分到校，并于教生出席簿上签到。

（三）教生因病或因事不得已缺席时，须先具请假单送交本校。

（四）教生实习之学级，时间科目，未经本校许可，不得互相更换。

（五）教生于试教前数日，须先就担任教师，询明教材及商榷教授方法，编制教授案，送交担任教师审定之。

（六）教生授某科时，该科担任教师，应在教室视察详记教授状况于册。

（七）教生实习后，由该科担任教师集该组教生，于当日酌定时间开会批评，并依批评标准给予分数。

（八）开批评会时，由主席推定教生二人，记录当日批评事项。

（九）教生非自行教授时，须参观原习主要科之教授，如无主要科教授时，得参观他科教授。

（十）教生实习教授时，应负保管教授用具之责任。

（十一）教生实习完毕，由担任教师收集教授案及分数册，汇交主任。

（十二）教生除实习教授外，并须留意学校事务，由本校职员随时指导之。

（十三）教生实习时，应就同组中推举组干事二人，以便接洽实习事务。

---

① 《教生实习规则》，《教育公报》1919年第7期，"公牍"第48页。

（十四）本规则如有未尽事宜，随时修正之。①

应该指出，女高师及其附属学校制定的实习章程是较为详尽和严密的，涉及实习纪律、时间、内容、责任、评定等事宜。其中评定学生实习分数的标准细化且严格，大致分为态度 15 分、预备 30 分、语言 15 分及教法 40 分。针对此项记分标准，附属小学的具体做法是：（1）教案的组织及记载是否适当占 16 分；（2）教具的准备是否充足占 5 分；（3）教具的使用是否得当占 8 分；（4）教态、教音是否适当占 9 分；（5）发问法是否适当占 9 分；（6）教式的变化及施行的巧拙如何占 25 分；（7）处理质问及答辩是否适当占 20 分；（8）教授的效果如何占 8 分。② 由此可见，教育实习侧重于考察学生的教学技能及教授效果。

其二，实行规范、合作式的实习管理。许寿裳任职女高师校长时，设立了教生实习指导委员会，专门负责一切实习事宜。该会主要由女高师校长、参与实习的各部主任、教育学科教员及附属学校负责人组成，其职责为：订立实习程序、大纲、时间等事宜，审核实习各项报告，评核学生实习总成绩，处理其他有关实习之重大事宜。教生指导委员会的成立，将教育实习的组织管理权加以集中，不仅有利于加强校本部对实习生的教学指导和监督管理，而且益于强化师范本部与附属学校的交流与沟通，以切实保证实习效果。

其三，开展多样化的实习模式。除教学实习外，女高师的教育实习还包括教育参观，且分为不定期实习和定期实习。所谓不定期实习，是指女高师教员每隔一段时间，带领学生们参观附属学校及京城其他学校。据《北京女子高等师范学校周年概况报告书》（1919 年 7 月—1920 年 6 月）记载，1920 年 6 月，本科四年级学生每隔一周参观京城各小学校。③ 若遇附属学校有游艺会、展览会、运动会等大典，女高师则分派师范生辅助附属学校开展工作。1923 年 5 月，附属小学开运动会前夕，女高师体育系学生在教生实习指导委员会的带领下前往见习，帮助

---

① 《北京女子高等师范附属中学校教生实习规则》，《北京女子高等师范周镌》1923 年 4 月 1 日第 5 版。

② 《教生实习指导委员会丙组会议》，《北京女子高等师范周镌》1923 年 4 月 15 日第 7 版。

③ 《北京女子高等师范学校周年概况报告书》（续），《教育公报》1921 年第 10 期，"报告"第 7 页。

筹备附小运动会。① 这样的实习，虽然不会立即显现教育成效，但久而久之则能增加学生的见识，使她们发生教学的兴趣；所谓定期实习，是指学生多在第三学年进行教育考察和教学实习。女高师改组初期，由于毕业生人数不多，所以教育实习的时间较长，有时可达一学期。如1919 年 7 月—1920 年 6 月这一学年中，女高师只有师范本科四年级的一个班级毕业。该班的 28 名学生被分派到附小各级分科实习，每人实习的时间约 30 个小时。随着学校科系的增加和毕业人数的增多，每个学系及个人的实习时间均比以前大为减少，平均每个学系实习一个月，每人实习约为一——三个小时。② 相比近年来教育实习在师范教育中逐渐弱化的现实，女高师对教育实习的重视态度及多样化的实习模式还是值得借鉴的。

　　附属学校不仅是教育实习的基地，还是研究、试验普通教育的场所。有许多人误以为办理附属学校完全是该校教员的事情，与师范教员无关。殊不知研究附属学校的教育状况，实为民国时期师范教员的一项要务。1922 年，北京女高师与北京高师的附属小学联合成立了北京小学教育研究会，旨在研究小学教育的原理和方法。该会规定以两所附属小学的现任教职员为基本会员，以教育部特派员及两高师教育科的教员为协议员，若遇专科研究，可以邀请两高师的专科教员参与其中。③ 由此可见，附属小学可借师范教员所具备的学识以谋改进；另一方面，师范教员亦可根据附小的经验决定其训练师范生的方针。北京女高师师范本部与附属小学的研究关系由此可见一斑。

　　综合以上所论，女高师师范本部与附属学校的关系已然十分明显了。附属并不见得只是隶属管辖，更是彼此联络、互助与合作。进一步言之，附属学校藉师范教员的学识，助益于教育的改进；师范教员则依据附属学校的教育经验，以审查并改订其培养师资的方针。无论是女高

---

　　① 《公函》，《北京女子高等师范周镌》1923 年 5 月 20 日第 5 版。

　　② 如 1923 年 2 月制定的《北京女子高等师范学校本届教生实习大纲》规定：自 4 月 2 日—6 月 30 日为教生实习及参观时期；其中家事系一级自 4 月 9 日—4 月 28 日，每人实习附中 1 小时、附小 2 小时；数学、化学、博物系三级，自 4 月 16 日—5 月 19 日，每人实习附中、附小各 3 小时；体育系一级，自 4 月 30 日—5 月 26 日，每人实习附中、附小各 2 小时。参见《北京女子高等师范学校本届教生实习大纲》，《北京女子高等师范周镌》1923 年 3 月 18 日第 7 版。

　　③ 《小学教育研究会简章》，《北京女子高等师范周刊》1923 年 1 月 28 日第 6 版。

师师范本部，还是附属学校，都是当时同类学校中优良、模范的代表，这意味着北京女高师自身形成了富有成效的垂直完整的系统。

## 二 指导与保证：与地方女学的互助

民初至 1922 年新学制颁布前，中国师范教育的特色之一即为师范区划制的创立，尤其是高等师范区的设置，意义更为重大。1913 年 6 月，教育总长范源濂开始实行高等师范区制，将全国划分为直隶、东三省、湖北、四川、广东和江苏六大高等师范区，在各区中心城市即北京、沈阳、武汉、成都、广州、南京各设一所高师学校，直属教育部管辖。1919 年 4 月，北京女子高等师范学校成立，从而正式构成了这一时期 6 大师范区、7 所国立高等师范学校并存的高师教育格局。按教育部的规定，高师学校除承担为各地基础教育输送合格师资的职责外，还肩负协助本学区教育行政机关办好地方教育，提供指导和咨询的任务。这不仅能增强高师学校的模范意识和责任感，进一步提高其社会地位，而且还能密切高师同地方教育的关系，推动全国基础教育事业的发展。作为 7 所高师中唯一的女校，北京女高师对地方教育尤其是女子教育的发展有着举足轻重的作用。

首先，女高师经常组织参观地方学校，适时为后者提供指导和帮助（参见表 4-1）。学生们通过参观比较，可以发现当地教育的问题并提出建议。1922 年石评梅考察湖北教育时，针对该地教育环境恶劣、小学教育落后的情形，提出广设平民学校是施行教育普及和救济一般贫穷失学儿童的唯一妙策，并建议"官厅既不可靠，那么，我们青年应该努力地做去"[1]。冯沅君在考察山西、湖北、江苏、浙江后，对四省的教育评价不一，尤其指出不要迷信山西省的教育模范称号。阎锡山主政山西期间，曾大力推行自治主义，尤其重视发展教育。虽然当地学校的数目不少，但冯沅君认为办学者所抱的教育理想是造就军国主义的人才，这不利于培养国民的民主意识。因此，她认为"若果教儿童学不好的教育，不如干脆不教他们受教育"。针对湖北教育界的腐败现象，冯沅君认为"如此腐败的原因，厥惟教育不能独立，处处受政客武人的蹂躏，而足为教育界的致命

---

[1] 石评梅：《模糊的余影》，载杨扬编《石评梅作品集》（戏剧、游记、书信），书目文献出版社 1985 年版，第 36 页。

伤的，就是：经费积欠"。她比较满意的要属江苏的教育，指出"江苏教育所以较他处发达点的原因，似乎在社会各方的空气，换言之，即在社会上对于教育的心理，较他处好些"①。虽然学生们参观各地教育的行程大多仓促，但她们并没有走马观花流于形式，而是对改进当地的教育提出了比较中肯、切合实际的建议。今天的师范教育，多侧重于课堂实习，不能引导学生到各地考察并提出改进当地教育的意见。相比之下，我们不能不承认女高师办学视野的开阔与学生的认真了。

表 4-1　　　北京女高师参观地方学校的概况（1920—1924 年）②

| 参观时间 | 参观者 | 参观学校 |
| --- | --- | --- |
| 1920 年 6 月 | 女高师保姆科学生 | 北京各蒙养园 |
| 1920 年 6 月 | 女高师本科四年级学生 | 北京各小学校 |
| 1921 年 2 月 2 日 | 女高师图画专修科学生 | 女高师附属中学 |
| 1922 年 3 月 14 日 | 女高师国文部四年级 | 女高师附属中学 |
| 1922 年 4—6 月 | 女高师国文部师生 20 人 | 奉天女子师范学校、大连公学校等 |
| 1922 年 5—6 月 | 女高师学生 | 太原女子师范学校及其附属学校、山西农业专门学校、山西第一师范学校及其附小、山西商业学校、阳曲县立第二国民小学、山西第一中学、山西国民师范学校、山西工业专门学校、山西外国文言学校、武昌女师及其附小、湖北省立第一中学、湖北省立女子中学、武昌高师及其附小、省立女子小学、武昌模范小学、浙江省立女子师范学校及其附小、浙江省立第一师范学校及其附小、上海群向，美术学校、务本女中学、商务印书馆附属小学、上海万竹小学、上海市立旦华小学、启明女学、江苏第二女师及附小 |

　　① 冯沅君：《晋鄂苏越旅行记》，载袁世硕、张可礼主编《陆侃如冯沅君合集》（第 15 卷），安徽教育出版社 2011 年版，第 226 页。

　　② 该表格系参考《教育公报》《辟才杂志》《北京女子高等师范周镌》、庐隐《扶桑印影》、石评梅《模糊的余影》、冯沅君《晋鄂苏越旅行记》、王世瑛《旅行日记》等相关资料整理而成。

| 参观时间 | 参观者 | 参观学校 |
| --- | --- | --- |
| 1922 年 | 女高师体育系、博物系师生 26 人 | 武昌高师及其附属中小学、湖北女师（湖北女子师范学校）及其附小、南京高师及其附中小学校、江苏省立第四师范学校及其附小、江苏第一女师及其附小、金陵大学、浙江第一师范及其附小、浙江省立女子师范学校及其附小、中国女子体育学校、上海体育师范学校、沪江女子体育专门学校、上海务本女学、上海第二师范学校、上海美术专门学校、青岛私立中学、日本青岛中学、日本青岛高等女学校、山东女子师范学校 |
| 1924 年 4 月 1 日 | 女高师英文、数理、理化、音乐各系学生 | 女高师附属中学 |

其次，女高师学生依各自籍贯创办各种社团和报刊，以谋家乡教育的改进。20 世纪 20 年代，云南旅京学生创立了云南教育研究会和云南旅京学会，分别发行《教育声》《云南旅京学会会刊》，积极探索云南教育的发展之路。女高师滇籍学生廖坤泰、罗志英、梁瑞夐、陆秀珍、王静贞、赵世德积极参与上述两会，并对云南的女子教育问题展开了热烈的讨论。陆秀珍撰文指出云南妇女处于沉沦的地位，除了地处边陲之外，更主要的原因在于她们自身"本无自振的精神"。除了部分女子历尽辛酸得以升学外，大多数妇女仍无法取得教育权。为此，她认为受过教育的知识女性不仅要"努力的超脱本身而同时也要分一点工夫去救一救那些未受教育的姊妹们！"① 针对云南女子教育如此不发达的情形，罗志英提出了三点建议：一是提高女子师范的程度和注重英文；二是从速添设女子中学；三是中学以下宜实行男女合校。② 此外，梁瑞夐指出女子要取得独立的人格，必须从推广女子职业教育入手。"因为要谋独立生活，必先能生产；要能生产，必先具有生产的技能；此种技能，从何处养成呢？是不能不赖乎职业教育！"因此，女子"若养成个人高尚的人格，必先养成个人独立生活的能

---

① 陆秀珍：《沉沦中的云南妇女》，《云南旅京学会会刊》1924 年第 5 期。
② 罗志英：《对于云南女子教育的感想和解放女子教育的我见》，《教育声》1921 年第 2 期。

力，有此能力，而后可以生产，可以自谋，可以为人；可以利己，可以利群"①。赵世德认为云南教育界可从设立女子职业学校、师范中学应注重手工家事科、创设女子平民工厂这三个方面努力发展女子职业教育。上述女高师学生本着服务社会的精神，将所学新知识、新思想用于改进家乡教育的研究，展现了她们浓厚的故乡情和强烈的责任感。

　　鉴于四川地处西陲，交通阻塞，风气闭陋，北京女高师与北京高师川籍学生共同创办了《四川教育新潮》，旨在"介绍教育新潮，改进四川教育"②。自 1920 年创刊以来，男女高师学生以"减衣缩食的资费，功课百忙的时间"③，向四川教育当局、各县劝学所及当地学校寄赠刊物，深受在京川籍人士、教育界及四川当地人士的关注和称赞。傅增湘、王章祜、梁启超、范源濂、陈廷杰或捐款或题词，以示对该会的大力支持。1922 年，四川当局向省内外各界人士征收改革教育的意见，四川新潮社同仁就教育行政、女子教育、师范教育、中小学教育、社会教育、职业教育等问题献言献策，汇集成《改良四川教育计划号》予以发表。女高师川籍学生④周诗遗指出，若男女接受同等的教育，"尤须有受同等教育之预备"，四川男子中学"星罗棋布"，女子中学则"付之阙如"，无法为有志考入高等学校的女子提供预备，因此解除四川女子"同受高等教育之困难非多设女子中学不可"。⑤ 盛绍尧认为要振兴四川女子教育，非在改良闭塞的风气、重视女子教育、革新教育思想和加大经费投入方面下功夫。⑥ 竹庐提出了改革四川女学的四点建议：一是减少中文课的时间，增加实科的课时；二是宜注重科学实验；三是学生要享有出版、言论及研究的自由；四是应注重体育。⑦ 她们的这些言论，为改进四川教育尽了一份贡献。

---

①　梁瑞蕣：《云南应速推广女子职业学校私议》，《教育声》1922 年第 5 期。

②　《四川教育新潮社社约》，《四川教育新潮》1924 年第 13 期。

③　《本社启事一》，《四川教育新潮》1922 年第 13 期。

④　加入该会的川籍女高师学生有唐若兰、陈佩兰、甘濬昌、陈静鑫、谭蕙菁、范德光、谭瑶、李之良、曾鼎铭、盛绍尧、刘克庄、周光宜、李鸿敏、殷桫云、蓝素琴、胡淑光、谢蕙如、林竹筠、李琼、胡淑光等。

⑤　诗遗：《解除吾川女子同受高等教育之困难非多设女子中学不可》，《四川教育新潮》1922 年第 12 期。

⑥　盛绍尧：《振兴四川女子教育的浅言》，《四川教育新潮》1922 年第 12 期。

⑦　竹庐：《四川的女学应当改良否?》，《四川教育新潮》1920 年第 3 期。

再次，女高师为全国各省输送了大量的合格教师，为地方女子教育
的发展奠定了师资基础。按照规定，女高师本科公费生毕业后，必须在
教育界义务服务 4 年；专修科、选科自费生毕业后，其服务于教育界的
期限为 2 年。女高师学生毕业后的就业定向与就业意愿、户籍所在地及
教育经历有何关系呢？由于目前女高师学生总体就业情况的资料尚不充
足，我们只能以零星的史料管窥一斑（详见表 4-2）。

表 4-2        北京女高师毕业生的就业意向调查表（1924 年）①

| 姓名 | 籍贯 | 年龄（岁） | 毕业学科 | 曾否担任教职员 | 愿担任之科目 | 愿否兼任职务 | 附记 |
|---|---|---|---|---|---|---|---|
| 毛端怡 | 京兆通县 | 23 | 英文学系 | | 中学英语、初级英语或数学、地理、家事或手工 | 愿兼任舍监、学监、总务、教务或训育等事项 | 薪金至少 40 元，地址在北京或本县或北五省 |
| 石道睿 | 湖南沛县 | 25 | 同上 | | 英语 | | |
| 汪绮 | 安徽婺源 | 23 | 同上 | | 同上 | 如能兼任时，则可服务 | 地址以京津为佳，其他各地亦可 |
| 李钟英 | 直隶定兴 | 26 | 同上 | 英语补习夜校校长及教员、平民学校教员 | 英文、教育、心理、地理 | 教务长 | 学校顶好在风景最美丽之地 |
| 卓冠英 | 广东番禺 | 26 | 同上 | | 英语 | | |
| 胡淑光 | 四川广安 | 26 | 同上 | | 英语、家事、园艺、历史、地理 | 愿 | 本京或附近地方，或交通方便之处及本省亦可 |

①  据《北京女子高等师范学校民国十三年毕业生调查表》，《北京女子高等师范周镌》
1924 年 6 月 1 日第 2—3 版及《咨各省区为北京女高师毕业生应请预筹服务文》，《教育公报》
1922 年第 4 期内容整理而成。

续表

| 姓名 | 籍贯 | 年龄（岁） | 毕业学科 | 曾否担任教职员 | 愿担任之科目 | 愿否兼任职务 | 附记 |
|---|---|---|---|---|---|---|---|
| 徐采蕙 | 浙江鄞县 | 25 | 英文学系 | | 英语 | 愿 | 如不克得多数英文钟点，则兼任初级历史、算术等亦可；地址希在北京，如万一没有，则交通方便之处亦可 |
| 徐芝 | 江苏无锡 | 24 | 同上 | | 同上 | | |
| 孙熙明 | 江苏无锡 | 24 | 同上 | | 同上 | | |
| 孙简文 | 江苏无锡 | 25 | 同上 | | 同上 | 同上 | 地址如能在京津等处为佳，否则外省亦可；如英语钟点不多，愿兼任初中国文、历史 |
| 时昭瀚 | 湖北枝江 | 22 | 同上 | 私人教授 | 同上 | | 须一定在北京 |
| 陈汲 | 江苏无锡 | 22 | 同上 | | 同上 | | |
| 陈瑞华 | 广东新会 | 23 | 同上 | 曾教英文会话与读本 | 英文读本、英文会话、英文作文 | 愿兼任关于教务之职务 | |
| 黄淑范 | 湖南沅陵 | 24 | 同上 | 曾教英文读本与文法、明明女子学校教员 | 英文读本、英文法、英文作文、数学、体操 | 愿兼任关于教务之职务 | |
| 张馥君 | 京兆大兴 | 25 | 同上 | | 英文、代数、几何、化学 | 愿兼任职务 | 愿小学英语或一切课程 |
| 陶善缜 | 浙江嘉兴 | 25 | 同上 | | 英语 | 愿 | 在北京或外省皆可 |
| 程希文 | 浙江宁海 | 23 | 同上 | | 同上 | 不愿 | 地址须在北京 |

续表

| 姓名 | 籍贯 | 年龄（岁） | 毕业学科 | 曾否担任教职员 | 愿担任之科目 | 愿否兼任职务 | 附记 |
|---|---|---|---|---|---|---|---|
| 杨寿珣 | 贵州贵阳 | 24 | 英文学系 | 教员及管理员 | 英语、历史、地理、教育 | 任何职务均可 | |
| 钱庄华 | 浙江嘉兴 | 22 | 同上 | | 英语 | | |
| 薛静贞 | 江苏无锡 | 22 | 同上 | 家庭教师及个人教授 | 英语 | 愿 | 须一定在北京 |
| 罗家蕙 | 四川富顺 | 24 | 同上 | | 同上 | | |
| 王竹岩 | 浙江山阴 | 24 | 数理学系 | | 数学 | | 服务地址北京天津 |
| 田汝珊 | 山西浑原 | 23 | 同上 | | 数理 | | |
| 朱芝瑛 | 直隶清苑 | 25 | 同上 | | 数学、物理 | 关于教务职务或男校女子部之事务 | 数学每周钟点多于物理 |
| 李凤运 | 陕西蒲城 | 24 | 同上 | 小学教师一年 | 同上 | 教务、舍务、附中主任 | 地址以本省为最好 |
| 李进化 | 江苏无锡 | 24 | 同上 | | 数理 | | |
| 范德琴 | 同上 | 25 | 同上 | | 同上 | | |
| 高秀英 | 河南开封 | 27 | 同上 | 河南女师附小数学及理科教员 | 数学、物理 | 教务或事务 | 地址须在北京或附近各处 |
| 许羡苏 | 浙江绍兴 | 26 | 同上 | 本省上虞县立女子高小，担任理科等教授一年 | 同上 | 教员、指导员、事务 | 地址愿在北京 |
| 张淑琇 | 江苏丹阳 | 22 | 同上 | 数理 | | | |
| 汤树声 | 奉天沈阳 | 25 | 同上 | | 数学 | | 服务地必须在北京 |
| 叶嘉慧 | 湖北武昌 | 21 | 同上 | 湖北省立女师附小理科教员 | 数学 | 教务、指导员或事务 | 地址须在北京 |
| 李淑慧 | 直隶怀安 | 24 | 同上 | | 化学、初中物理、教育学科 | 不愿兼管理职务 | |

续表

| 姓名 | 籍贯 | 年龄（岁） | 毕业学科 | 曾否担任教职员 | 愿担任之科目 | 愿否兼任职务 | 附记 |
|---|---|---|---|---|---|---|---|
| 李鸿敏 | 四川巴县 | 24 | 理化学系 | | 化学、教育、物理、数学 | 兼任职务亦可 | 以在北京为宜 |
| 林竹筠 | 四川资中 | 23 | 同上 | | 化学 | 无论何种职务均可 | 报酬以60元为最少 |
| 周祖爱 | 安徽合肥 | 23 | 同上 | | 理化 | | |
| 张存良 | 四川罗江 | 23 | 同上 | | 化学、物理、数学、英文 | | 报酬至少60元 |
| 雷著兰 | 安徽怀宁 | 23 | 同上 | | 数学、物理、教育 | 愿 | 以在北京为宜 |
| 缪伯英 | 湖南长沙 | 25 | 同上 | | 化学、物理、数学、国语 | | |
| 鄷云鹤 | 山东利津 | 25 | 同上 | | 化学、物理数学、教育学之类 | 职员 | |
| 毛应鹤 | 浙江江山 | 25 | 音乐学系 | | 唱歌、普通乐理、初中一年国文、钢琴 | 管理员 | |
| 李耀辉 | 广东新会 | 24 | 同上 | | 乐歌 钢琴 | | |
| 胡兰 | 江西高安 | 26 | 同上 | | 音乐 | | |
| 袁慧熙 | 浙江桐庐 | 24 | 同上 | 乐歌教员 | 乐歌、钢琴 | | |
| 徐淑琛 | 福建闽侯 | 22 | 同上 | | 乐歌、钢琴普通乐理 | 管理员、乐谱矫对 | |
| 马文芳 | 山东益都 | 22 | 同上 | 乐歌教员 | 乐歌理论、钢琴 | | |
| 廖坤泰 | 云南昭通 | 26 | 同上 | | 音乐 | | |
| 梁瑞冀 | 云南昆明 | 26 | 音乐学系 | | 音乐 | | |
| 谢蕙如 | 四川成都 | 28 | 同上 | | 同上 | | |

续表

| 姓名 | 籍贯 | 年龄（岁） | 毕业学科 | 曾否担任教职员 | 愿担任之科目 | 愿否兼任职务 | 附记 |
|---|---|---|---|---|---|---|---|
| 谭彩珠 | 贵州贵阳 | 26 | 音乐学系 | | 音乐 | | |
| 萧福瑗 | 广东香山 | 23 | 同上 | | 同上 | | |

　　据表可知，本届女高师毕业生接受调查者共计 51 人，毕业后皆有志于教育。其中既愿意教学又乐意兼任职务者 23 人，约占 45%，由此反映了女高师学生较积极的就业意识。尽管服务于边远地区享有缩短服务期限的待遇，但女高师毕业生对于北方中心城市，尤其是京津地区情有独钟。此次调查统计显示，填写服务区域意向的有 18 人，其中 16 人表示属意京津地区，约占该届毕业生总数的 31%；9 人认准北京，约占该届毕业生总数的 18%；而表示主动回乡或外省服务者寥寥无几。这说明交通便利、经济文化发达的京津大城市，成为女高师学生毕业服务志愿的首选。若无法留在京津地区任教，大多数女高师学生被分派到家乡教学，以下材料即证明了这一点：

表 4-3　　　　　　　北京女高师国文部毕业生概况（1923 年）①

| 姓名 | 籍贯 | 原毕业学校 | 就职学校 | 职务 |
|---|---|---|---|---|
| 柳介 | 浙江杭县 | 浙江省立女子师范修业三年 | 江苏如皋县立女师范 | 校长 |
| 钱用和 | 江苏常熟 | 上海县立女子师范讲习所毕业 | 江苏省立第三女师范 | 同上 |
| 陶玄 | 浙江绍兴 | 山西女子师范修业三年半 | 北京公立第一女子中学 | 同上 |
| 陈定秀 | 江苏吴县 | 江苏省立第二女子师校毕业 | 江苏第三女师范现苏州第二女师范 | 教务长，现任小学主任兼师范教员 |
| 高晓岚 | 安徽霍邱 | 安徽省立女子师范毕业 | 安徽第一女子师范学校 | 教务长 |
| 李秀华 | 山东朝城 | 山东省立女子师范毕业 | 北京女高师附设补习科 | 舍监 |
| 钱丞 | 福建闽侯 | 福建第一女子师范毕业 | 天津女子师范 | 同上 |

---

　　① 据罗静轩《国文部毕业生的概况》，《北京女子高等师范周镌》1923 年 6 月 30 日第 19 版及《咨各省区为北京女子高师毕业学生应请预筹服务文》，《教育公报》1922 年第 4 期，第 5—6 页相关资料整理而成。

续表

| 姓名 | 籍贯 | 原毕业学校 | 就职学校 | 职务 |
|---|---|---|---|---|
| 孔繁铎 | 山东曲阜 | 山东省立女子师范毕业 | 济南女子师范 | 舍监 |
| 孙继绪 | 山东蓬莱 | 湖北省立第二女子师范学校 | 武昌女子师范现南京一中 | 舍监兼教员 |
| 蒋粹英 | 江苏江阴 | 江苏省立女子师范毕业 | 江苏第三女师范 | 同上 |
| 罗静轩 | 湖北黄安 | 湖北省立女子中学修业三年 | 北京女子高等补习学校兼本校附设补习科 | 同上 |
| 王世瑛 | 福建闽侯 | 福建省立女子师范毕业 | 北京女高师附属中学 | 国文教员 |
| 黄英 | 福建闽侯 | 前北京女子师范毕业 | 安徽第八中学现北京第一中学 | 同上 |
| 刘云孙 | 湖北谷城 | 湖北省立女子中学修业三年半 | 北京励群学院现在北京图书馆 | 国文、史地教员 |
| 程俊英 | 福建闽侯 | 福建第一女子师范毕业 | 北京公立女子第一中学 | 国文教员兼女高师校刊编辑 |
| 孙桂丹 | 黑龙江安达 | 黑龙江省立第一女子师范毕业 | 北京公立第一中学 | 国文教员 |
| 吴琬 | 江苏武进 | 济南女子师范毕业 | 北京公立第一女子中学 | 国文、地理教员 |
| 朱学静 | 江苏上海 | 江苏省立第二女子师范毕业 | 厦门集美女师范 | 国文教员 |
| 张峥漪 | 京兆霸县 | 直隶第一女子师范毕业 | 同上 | 同上 |
| 陈璧如 | 福建闽侯 | 福建省立女子师范毕业 | 同上 | 同上 |
| 田隆仪 | 江苏吴县 | 江苏省立第二女子师范毕业 | 北京孔德学校 | 同上 |
| 汤妩筠 | 河南商丘 | 河南省立女子师范毕业 | 河南省立女子中学 | 同上 |
| 冯淑兰 | 河南沁源 | | 北京女高师附设补习科 | 同上 |
| 吴湘如 | 陕西三原 | 陕西省立女子师范毕业 | 陕西省立女师范 | 同上 |
| 张雪聪 | 江西萍乡 | 江西萍乡县立女子师范毕业 | 安徽省立女子第一师范 | 同上 |
| 谭其觉 | 浙江嘉兴 | 上海务本女塾文科毕业 | 北京女高师 | 图书馆 |
| 关应麟 | 奉天海龙 | 奉天省立女子师范修业四年 | 北京女高师 | 图书馆 |

　　表4-3被统计者共27人，在京津任教者13人，约占该届毕业生总数的42%；回家乡教学者7人，约占该届毕业生总数的23%；其余在外省服务者7人。总而言之，女高师学生毕业后为地方女子教育的发展献出了宝贵的青春，以下略举几例。

赵世德（1893—1983），云南大理人。1923年毕业于女高师家事机织系，曾任北平平民学校教务主任及上海务本女子中学教务主任。1937年后，先后担任云南昆华女师附小校长和昆华女师校长，并被推选为省参议员和国民大会代表。赵世德为云南知名的回族女性教育家，她的一生都献给了妇女教育事业。

江学珠（1901—1988），浙江嘉善人。1923年毕业于女高师生物地质系，后赴印尼爪哇巴达维亚中华学校任女子中学部主任。两年后回国，历任浙江省立杭州女中训育主任、省立嘉兴中学教员兼附小主任、江苏省教育厅中等教育科科员。1927年，江学珠奉命创办江苏省立松江女中，注重德、智、体均衡发展。该校不仅在全省毕业会考中名列前茅，而且在省运动会中亦屡获冠军。同年，教育部在全国遴选9所优秀中学试办实验教育，松江女中是全国唯一被入选的女子中学。当时，上海大家名媛以读松江女中为荣。抗战期间，松江女中解散，她与部分师生赴四川重庆。1928年，任国立四川中学女子部主任。同年夏转任省立重庆女师校长。1941年，奉教育部令，江学珠创办了国立女子师范学校，培养优良的小学师资。抗战胜利后，她应江苏省教育厅之邀，主持松江女中复校工作，募款重建校舍。凭借卓越的成就，她被选举为第一届中华民国国民大会的代表。1949—1971年，任台湾省立台北第一女子中学校长。她还先后领办国立道南中学、华兴中学及其育幼院。江学珠先后主持过8所学校，当校长38年，从教48年，她献身教育的精神实为我国近现代女性教育家的典范。①

罗家蕙（1897—1982），四川富顺人。1924年毕业于北京女高师英文学系，留该校附中教英语，颇受学生欢迎。基于对家乡的热爱，1926年她回到四川任教。初在省立重庆女师任训育兼教英语，后到巴县女中教英语。1941年，罗家蕙调任省立女中，由于教学成绩优异，四川省教育厅任命她为省立成都女子职业学校校长。在女子职业学校的三年，正值抗战时期，她克服重重困难办好学校，并把学校疏散到崇宁，保证了教学活动的正常进行。1946年，四川教育厅又调她接管省立成都女师，她全心全意投入学校工作，颇受好评。中华人民共和国成立后，罗家蕙继续任女一师校长。女一师与二师合并成为成都师范学校后，她仍

---

① 参见柯水源等编《当代教育家》（第1辑），台湾生教育会1984年版，第26页；《松江县续志》，方志出版社2007年版，第1378—1379页。

担任校长，直到逝世。罗家蕙任成都女师校长与成都师范学校校长达35 年，可见她对家乡教育事业的热爱和无私的奉献。[1]

此外，女高师的招生工作得到了地方教育的支持，从而保证了学校的生源。若遇北京女高师发布招生简章，当时全国许多省份的教育机关随即着手招考工作，即由生源地政府制定严格的招考办法，报考生经当地教育长官考录后，送至女高师复试，再定去取。可见，地方教育机关对女高师选拔优质生源提供了支持和保证。为了鼓励女学生报考女高师，许多省份还提供一定的教育津贴。如 1921 年甘肃教育厅规定，该省考入女高师的学生可享有 4 个官费名额。[2] 事实上，尽管这份津贴很难长期维持下去，但它的存在至少说明在中国女子高等师范教育的发轫期，地方政府曾给予了怎样的重视与支持。

### 三　各具特色：与基督教女子大学的比较[3]

在中国近代女子高等教育的图景里，北京女高师与基督教女子大学是两种不同性质的教育机构。比较二者，对于我们进一步理解其时的中国女子教育，显然是有益的。就教育情况而言，二者的差异集中体现在以下几个方面。

首先，学校性质不同。北京女高师属于国立高师学校，由教育部直辖，是我国近代教育体制的重要组成部分。女高师的校长由教育部任命，其职责不仅包括治理好本校的校务，而且还须随时考察地方教育的实情，以谋改进基础教育的计划。换言之，女高师除了承担培养合格师资的职责外，还肩负协助本学区教育行政机关办好地方教育的任务。基督教女子大学属于私立教会大学，成立初期未在中国政府注册立案，是独立于中国本土教育体系的教育机构。为了取得合法地位，能够授予毕业生学位文凭，金陵女大、华南女大分别于 1919 年、1922 年在美国纽约州立大学进行注册，获得了办学执照。这意味着两校的毕业生可以享

---

[1]　参见丁秀君《终生从事女子师范教育的罗家蕙》，载《四川近现代文化人物》，四川人民出版社 1989 年版，第 453—454 页。

[2]　《甘肃教育厅公函》，《北京女子高等师范周镌》1923 年 3 月 11 日第 6 版。

[3]　此处主要论述 1924 年之前中国的女子基督教大学，主要有金陵女子大学、华南女子大学及燕京大学女校。为方便论述，基督教女子大学的下限时间可以有所延后，但至少限定在立案注册时间之前。

有美国纽约州立大学的文凭，并且可以不经考试，直接进入美国大学研究院攻读硕士学位，这正是当时一般的国立高校所不具备的。

其次，教育目标各异。北京女高师的教育目标在于培养中小学教职员及蒙养园保姆，而基督教女子大学旨在培养推进中国基督教事业发展的基督教女性和领袖人才。很明显，女高师教育目标的师范性不同于基督教女子大学的宗教性。北京女高师主张"诚、信、笃、敬"精神，提倡尊师重道，为人师表。金陵女大的"厚生"及华南女大的"受当施"校训，除了宗教的含义外，还体现了服务他人与社会的理想。

最后，办学条件不同。就经费而言，北京女高师的经费由教育部负责统筹。由于民国初期政治动荡，教育投入严重不足，教育部不仅拖欠部员薪金，而且还积欠各直辖专门学校的经费，以至于教育界爆发了旷日持久的"八校索薪"运动。在这期间，拨款完全仰仗教育部的女高师，经费奇绌，这给学校的发展造成了巨大的压力和困顿。虽然"八校索薪"运动迫使教育部着手解决积欠问题，国立高校经费紧张的情势也因此有所缓解，不过女高师一直处于捉襟见肘的经费窘境。基督教女子大学的经费在立案前主要来源于外国差会捐款、机构捐助等，学生学杂费、中国社会的资助比例很低。如华南女大的经费主要依赖美以美会女布道会的资助，收入来源单一；金陵女大的经费主要来自于美国差会的捐款、机构捐助和基金年息。虽然初期基督教女子大学的经费也很紧张，但来源相对多样和稳定，并未因经费问题而爆发大规模的学潮。

从师资力量来看，1924 年 6 月，北京女高师的教职员总数为 124 人；[①] 1924 年金陵女大的教员总数为 28 人，至 1950 年教师总数才达至 70 人[②]；1934 年华南女大的教员总数为 20 人。[③] 可知，与基督教女子大学相比，北京女高师在师资数量方面处于优势地位。此外，北京女高师与基督教女子大学在师资方面的最大差异还在于性别结构。北京女高师的男性教职员偏多，且大多占据决策和管理职位。如 1924 年所统计的 124 名教职员中，男性 94 人，约占教职员总数的 76%。之所以会出现上述局面，重要的原因在于，20 世纪初期中国接受过高等教育的女

---

　　① 《全校职教员人数俸给表》，《北京女子高等师范周镌》1924 年 6 月 29 日第 7 版。

　　② 曾芳苗：《民国教会女子教育——金陵女子文理学院的个案研究》，硕士学位论文，台湾中央大学历史所，1996 年。

　　③ 教育部统计室：《二十三年度全国高等教育统计》（1936），第 126—196 页。

性仍是凤毛麟角，当时教育界无法具备为女高师提供充足女教员的条件。基督教女子大学的性别比例正与此相反，女教师不仅占据主体地位，而且还掌握学校实权。这些女教师多是基督教传教士，有着虔诚的信仰、宗教献身精神以及服务他人的人生价值观念。在她们的引导下，基督教女子大学体现出鲜明的宗教色彩，营造了一种政治相对保守、讲求宽容和牺牲精神的校园文化环境。而北京女高师地处新文化运动发源地，胡适、李大钊、蔡元培、陈独秀等一批新文化知识分子都曾在此弘文励教，他们所带来的新思想、新观念使女高师形成了一种民主开放、积极向上的校园氛围。

从学科设置来看，北京女高师筹建之初，分设国文部、数理化部、博物部及家事部。至1922年，学校改部为系，设立了教育哲学系、国文学系、英文学系、历史学系、数学物理学系、物理化学系、生物地质学系，家事系、体育系及音乐系十大系。可以看出，北京女高师虽是配合中小学基础教育的需要而设置的基础性学科，但实属完备。基督教女子大学成立初期，完全按照美国学制，科系设置重视自然科学和哲学，设课以英文课为主。如金陵女大创校初期，学科分为文理两科，主要课程为中文、英国文学、修辞学、宗教、基督生活、卫生学和绘画。文科为哲学组，以学习哲学、英国历史为主；理科为科学组，以学习化学和数学为主，学生可以自由选择。① 至1924年，金陵女大改设系科，设有英文、历史、社会学、数理学、化学、生物、音乐、体育及医学预科等。② 华南女大在立案前开设文、理两科6个系，包括文史系、教育系、外国语系、家政系、化学系和生物系。③ 与北京女高师相比，基督教女子大学的特色教育主要是宗教和英语教育。1919年，金陵女大开设的宗教课程主要有基督生平、基督教之成长、基督教的准备、宗教教育思想、耶稣的社会观及伦理思想、宗教文学④等，主要教授基督教教义及其发展史。1926年，金陵

①　孙海英：《金陵百屋房——金陵女子大学》，河北教育出版社2005年版，第8—9页。

②　孙海英：《金陵百屋房——金陵女子大学》，河北教育出版社2005年版，第23页。

③　汪征鲁：《福建师范大学校史》（上编），中国大百科全书出版社2007年版，第61页。

④　朱峰：《基督教与近代中国女子高等教育：金陵女大与华南女大比较研究》，福建教育出版社2002年版，第291—292页。

女大开设了宗教系，主要课程有基督教人生观、历代先知言行、教会组织史、宗教心理、比较宗教学。华南女大的宗教课程设有圣经渊源、旧约历史及宗教、新约历史及宗教、教会历史、宗教历史、圣经地理、耶稣之人生观、宣道法、文学美术中之圣经研究。[①] 基督教女子大学的宗教教育除在课堂教授外，还渗透在日常的校园生活中，如学校每天都举行早祷、晚祷的仪式，师生们还定期参加礼拜，又有查经班，以供学生研究宗教。至于英语教育，基督教女子大学许多部系的教学语言就是英语，学生的教材、课堂教学与考试均使用英语。虽然基督教女子大学也设有国文教育，但师资力量、课程设置都比较薄弱，女学生们很少选择主修中文。与此相比，国文部却是北京女高师的主要学科之一。女高师国文部注重对学生进行系统的国文教学与写作训练，开设的课程有文字学、文法、语音学、学术文选、中国文学史、模范文选、作文等。国文部的学生大多自幼受到国学的熏陶，考入女高师后又接受了"文学革命"的洗礼，她们对中国文学的研究和创作有着浓厚的兴趣，并涌现了庐隐、苏雪林、冯沅君、石评梅、陆晶清等一批有影响力的中国现代女作家和学者。

除在教育上存在差异，北京女高师与基督教女子大学在社会文化方面也各具特色。下面以北京女高师、金陵女大为例，以示说明。

其一，政治态度不同。北京女高师地处全国政治文化的中心，同时也是五四时期进步知识分子汇聚之地。在五四新文化运动的感召下，女高师学生关心时政，富有爱国热情。她们在李大钊的领导下，开始接触马克思主义思想，涌现出缪伯英、张峥嵘、陈璧如等一批中共女党员。她们积极投身于蓬勃发展的妇女解放运动，先后发起了"北京女学界联合会""北京女子工读互助团""北京女权运动同盟会"，成为五四时期妇女解放运动的先锋。基督教女子大学在 20 世纪初期的民族主义运动中，亦不缺乏爱国主义的传统。1919 年五四运动爆发后，金陵女大学生自治会的负责人吴贻芳、徐亦蓁带领全校 50 余名学生，走上街头游行示威，参与群众抗议活动。为了转移学生的注意力，远离政治游行示威，基督教女子大学着重强调社会服务，鼓励学生投身平民运动，希望以此表达她们的爱国情感。因此，相较于北京女高师师生们所展现出来

---

① 朱有献：《中国近代学制史料》（第三辑）（上册），华东师范大学出版社 1990 年版，第 609 页。

的政治风貌，基督教女子大学的师生们政治意识比较淡薄，她们多选择继续留在教室学习或参加社会服务活动。金陵女大的学生们经常走访附近的村民，帮助他们解决生活上的一些实在问题；她们在力所能及的情况下开办星期日学校，使农村子女能够上学；她们还通过文艺演出的方式筹集资金，为附近的妇女和儿童提供诊所和浴室，为妇女开办训练班，为救济遭受洪灾的难民捐款。金陵女大的师生们认为通过这种社会服务能够表现出一种真实的爱国主义。①

　　其二，婚恋观念不同。五四时期，新文化运动主将倡导"人"的解放，个人的主体意识和情感需求逐渐受到人们的重视。追求恋爱自由、婚姻自主成为当时新知识分子和青年学生追求独立人格和个性解放的象征。受此思潮的影响，女高师学生逐渐摆脱传统礼教的束缚，勇于追求婚恋自由的权利。有的学生敢于解除自身的包办婚姻，有的与京城男校学生自由恋爱，有的则与自己的老师互生情愫。这些勇敢追求爱情的事例，在女高师学生的文学作品中得到了细腻而又生动的呈现。庐隐、苏雪林、冯沅君的作品，大多涉及女学生的爱情和婚姻，且具有自传的色彩。虽然这些文学作品载满了她们在爱情世界里踯躅于新旧道德之间的痛苦，但是那份追求爱情自由的勇气依然令人敬佩。与此不同，基督教女子大学则较少发生校园爱情的故事，女学生们对婚恋自由没有很大的兴趣，这一定程度上与其特殊的校园环境有关。由于大多数传教士女教师是单身，她们鼓励女学生追求事业的成功，成为社会的领袖人才，因此大部分学生并不在意男女间的社交，她们更渴望到国外留学或从事社会服务的工作。金陵女大的校长德本康夫人对此描述道："大多数女孩对男孩都并不特别感兴趣。迄今为止，在中国人的婚姻关系中，罗曼蒂克的爱情尚未成为时髦，对于那些具有知识和文化兴趣的女子来说，结婚本身并不具有特别的吸引力。"② 据 1928 年《妇女杂志》的调查显示，1919—1927 年的 105 名金陵女大的毕业生中，结婚成家者仅 17 人，约占总数的 16%。总之，基督教女子大学的许多学生倾向于以一种怀疑的心态来看待男女间的社交与婚恋，并把它看成是追

---

　　① 德本康、蔡路德：《金陵女子大学》，杨天宏译，珠海出版社 1999 年版，第 93—94 页。

　　② 德本康、蔡路德：《金陵女子大学》，杨天宏译，珠海出版社 1999 年版，第 78 页。

求教育和职业路途上的障碍。

其三，学生毕业去向及贡献相异。北京女高师的学生毕业后大都服务教育事业，就业面不宽，很少选择继续深造。这与基督教女子大学毕业生的职业结构存在较明显的差异。她们毕业后的主要出路是从事教职，其次是留学深造，再有就是医生、宗教工作、社会服务等职业。1925 年，金陵女大调查毕业生职业的结果显示，毕业生在教育界服务者，约占 60% 以上；继续谋求深造者，约占全体毕业生的 1/4。[①] 虽然基督教女子大学的毕业生中有许多卓有成就者，对中国社会诸多方面有自己的贡献，但其所承担的使命与价值无法与北京女高师相媲美。前者的价值多体现为个案性，即造就个体的精英女性；后者的价值主要体现在整体性，即培养了大批国民女教师。

在 20 世纪初期的中国，基督教女子大学最早成立，可谓开创了中国近代女子高等教育的先河。其中，协和女子大学自 1905 年成立至 1920 年与燕京大学合并，共有毕业生 49 人；华南女大到 1924 年共有注册学生 66 人[②]；金陵女大算是基督教女子大学中发展最完备者，从 1919—1924 年共有六届毕业生 53 人[③]。与之相比，北京女高师虽然起步较晚，但其生源数量、师资力量和发展速度均后来居上，处于领先地位。至 1924 年 6 月，女高师在校生 248 人，总共毕业 274 人[④]。据现有材料可知，除去中途退学及亡故的学生外，女高师时期的学生注册总数至少有 522 人。在 20 世纪 20 年代国内大学开放"女禁"的初期，女高师在全国女子高等教育中也是独占鳌头。据中华教育改进社的调查显示，除教会大学外，1922 年度全国主要高校的女生共计 665 人，其中女高师一校就有 236 人[⑤]，约占总数的 35%。可见，北京女高师可谓中国近代早期女子高等教育的中心，对中国近代女子高等教育的发展起到了重要的推动作用。

---

① 《金陵女子文理学院 20 周纪念特刊》，《申报》1935 年 11 月 2 日第 18 版。

② 朱峰：《基督教与近代中国女子高等教育：金陵女大与华南女大比较研究》，福建教育出版社 2002 年版，第 267 页。

③ 孙海英：《金陵百屋房——金陵女子大学》，河北教育出版社 2005 年版，第 116 页。

④ 《全校学生计统表》《全校毕业生统计表》，《北京女子高等师范周镌》1924 年 6 月 29 日第 7 版。

⑤ 陈东原：《中国妇女生活史》，商务印书馆 1998 年影印版，第 389 页。

## 第二节　北京女高师与五四时期的新教育运动

"新教育运动"主要指民国前期以留学欧美的知识分子为主导，由众多教育工作者积极参与，以提倡和实践教育民主化、科学化和中国化为主要内容的教育改革运动。五四时期，杜威、孟禄等西方教育家来华讲学，中华教育改进社等教育社团及《新教育》等教育期刊的创设，蔡元培、胡适、蒋梦麟、陶行知等教育界人士及众多学校的参与，共同推动新教育运动走向高潮。作为当时唯一的国立女子高等学府，北京女高师可谓新教育运动的生力军。一方面，师生们积极推动杜威、孟禄、麦柯尔等西方教育家来华；另一方面，对教育的民主化和科学化进行了理论探讨和实践。

### 一　北京女高师与西方教育家来华

五四前后，中国思想界异常活跃，中外思想文化的交流也达到了新的历史高度。1919—1924 年，杜威、孟禄、麦柯、推士等西方教育学者，纷纷应邀来华讲学和考察，进一步将中国的新教育运动推向了高潮。北京女高师对于他们的到来，给予了极大的热情和关注，不仅积极邀请他们来校讲演、调查，还不断地宣传和实践他们的教育理论和方法，取得了良好的成效。

1919 年，美国实用主义哲学家、教育家杜威，应北京大学、尚志学会、新学会、北京男女高师的邀请来华讲学。在之后的两年多时间里，杜威足迹遍及全国 10 多个省份，演讲多达 200 余次，对中国思想界和教育界均产生了深远的影响。自 1919 年 9 月 21 日起，杜威每逢周日上午在教育部会场讲演《教育哲学》，由胡适翻译，前后共计 16 次。北大、北高师、女高师学生积极前往听讲。女高师学生陈定秀不仅"逐次聆其宏论，笔以记之"[1]，而且随后将此笔录发表于《北

---

[1]　杜威讲演，陈定秀笔述：《教育原理》，《北京女子高等师范文艺会刊》1920 年第 2 期，"讲演"第 1—40 页。

京女子高等师范文艺会刊》，以便使更多的人了解杜威的教育学说。
1921 年 5 月 10 日，杜威受邀到北京女高师发表演讲，题目为"教育
青年底教育原理"。他强调教育的民主主义和儿童中心论，指出"教
授的原理，就是使学校内的教育，和学校外的教育，成为一致"，认
为教师在教育儿童时应注意"学校附近状况""儿童家庭状况"以及
"儿童身心状态"，要使"其他一切普通知识，与儿童需要相合"，同
时还要不断地思考怎样使儿童的环境与儿童发生一种关系。只有切实
试行上述原理，才能"使儿童得真正的知识"。[①] 为了深入研究杜威
的教育思想，女高师学生程俊英、冯沅君还参加了杜威研究会，与北
大学生互相切磋和交流。女高师学生对杜威学说的热情关注由此可见
一斑。

　　1921 年 6 月 30 日，北京大学、男女两高师、尚志学会及新学会
在北京来今雨轩为杜威一家饯行。女高师代表刘吴卓生女士致辞，论
述了杜威来华后对国人教育态度、女子教育及中美交流所带来的影
响。杜威离华不久，美国著名教育学家孟禄，于 1921 年应北京实际
教育调查社的邀请，来华调查科学教育的实际情况。同年 12 月 14
日，孟禄参观北京女高师及其附属中学，发表了题为"女子教育"的
演讲。他强调了女子教育对于家庭、社会及国家的重要性，倡导女性
在享受新教育所带来利益的同时，更应担负改造社会的责任。他说：
"诸位毕业后，或学教育，或学工商，机会是很多的。因为贵校的组
织很完善，诸位将来学成以后，我相信你们在社会国家促进改良上
面，一定是有所贡献的。"[②]

　　1922 年，美国哥伦比亚大学教授麦柯应中华教育改进社的邀请，
来华帮助编制各种教育测验和训练有关人员。在华两年期间，他先后调
查了 10 个省份的 200 多所学校，讲演 200 多次，提出了改进中国科学
教育的建议。1923 年 4 月 22 日，中华心理学会第九次讲演大会在北京
女高师举行，麦柯应邀讲演了《真理试验》。他认为"世界上真理没有
绝对的，都是比较的。除非是适合我们的天性，又经我们充分试验过，

---

①　钱用和、陈定秀笔记：《杜威博士讲〈教授青年底教育原理〉》，《北京女子高等师
范文艺会刊》第 4 期。
②　孟禄讲演，阎振玉笔记：《女子教育》，《新教育》1922 年第 4 卷第 4 期。

这或者是绝对的真理"①。"哪怕有许多力来反抗，也是会被人容纳的。"② 1922 年，美国科学教学法的重要奠基人推士应邀来华。1924年，他在北京女高师发表了题为"科学方法的教育法"的讲演，以卫生问题为例说明了科学教育的功效和重要性，并强调女高师学生将来教育儿童时"应当特别注重于家庭教育及卫生等"③。上述教育家的讲演和调查对中国新教育运动中的热点问题进行了分析，对促进女高师学生更好地认识中国的教育无疑是大有助益的。

## 二　教育民主化、科学化的探索

文化运动与教育改革往往是密切相连的。新文化运动主将不遗余力地倡导民主、科学思想，并以此作为改革教育问题的根本出发点。蔡元培对北京大学的改革以及白话文教育改革，都是教育民主化思想的绝好实践，胡适提倡的"整理国故"运动同样也是教育科学化的一次重要尝试。此后，教育的民主化、科学化成为新教育运动发展的主要趋势。作为当时高等师范教育的重要阵地，北京女高师的师生们热衷于宣传和研究各种新教育思想，并投入到实践新教育的社会活动中。

### （一）对教育民主化的探索

北京女高师学生从平民教育、学生自治、教育平权④等方面，展开了教育民主化的讨论和实践。

第一，开展平民教育。五四新文化运动时期，国内掀起了平民主义的教育思潮。时人从不同角度阐述了平民教育的思想，大致可概括为"平等教育"和"普及教育"两大主题。"平等教育"是针对"贵族教育"和"奴隶教育"而言，提倡教育的民主化和个性化，主张教育与生活、劳动实践相结合；"普及教育"是针对当时大多数人处于文盲状

---

① 麦柯讲演，刘作炎笔记：《真理试验》，《北京女子高等师范周镌》1923 年 5 月 13 日第 2 版。

② 麦柯讲演，刘作炎笔记：《真理试验》，《北京女子高等师范周镌》1923 年 5 月 20 日第 1 版。

③ 推士博士讲演，张湘生先生翻译，欧淑贞笔记：《科学方法的教育法》，《北京女子高等师范周镌》1924 年 5 月 4 日第 3 版。

④ 参见第三章第二节的"号召男女平权"。

态而言，主张"教育事业为全体人民着想"①，需提高普通民众的文化素质以创造新社会。五四时期，各地平民学校、夜校、识字班多是后者的体现，带有大众教育的色彩。当时宣传平民教育思潮的三个主要派别，分别是北京高师的平民教育社、北京大学的平民教育讲演团以及稍后由晏阳初、陶行知等倡办的中华平民教育促进会。目前学界关于五四时期平民教育的研究也多集中于上述三个团体。作为当时全国唯一的国立女子高校，北京女高师在平民教育方面有怎样的作为和社会影响？为什么在学术研究领域一直处于"无声"的状态？笔者搜寻资料后发现，相关史料太少且零碎，不能较清晰地呈现五四时期北京女高师平民教育的全貌。但至少可以肯定的是，北京女高师在近代平民教育的初创阶段还是占有一席之地的。

五四时期，北京女高师利用自身师范学校的优势，不仅自办平民学校（参见表4-4），而且参与校外的平民教育活动，与其他女校共同创办了北京平民职业女学校。可以说，北京女高师的平民教育实践还是相当丰富的。其中较有社会影响的是北京女高师自治会平民学校、北京平民职业女学校。

表4-4　　　　　　北京女高师的平民教育活动（1919—1923年）

| 名称 | 成立时间（年） | 简介 |
|---|---|---|
| 北京平民职业女学校 | 1919年10月 | 由北京女学界联合会筹办成立。 |
| 北京女高师平民夜校 | 1920 | 由北京女高师学生自治会成立。 |
| 英语夜校 | 1922 | 由北京女高师英文部的英语研究会发起成立。该会议决附设夜校两班，以练习教授为宗旨。 |
| 北京女子高等师范平民学校 | 1923 | 中华平民教育促进会筹备处开设的暑期试验班。以北京女高师学生为教职员，以女高师大礼堂为课堂，进行为期一周的平民教育。此次招生共150余人，多数为11岁以上、20岁以下的女学生，男生仅收年龄在15岁以下者。年近40岁的女性有数人。② |

① 关睢祥：《平民教育的设施》，《北京女子高等师范文艺会刊》1921年第3期，"论说"第311页。

② 朱君允：《北京女子高等师范平民学校》，《新教育》1923年第7卷第2—3期。

女高师自治会平民学校，创建于 1920 年秋。平民学校的经费除市政公所每月津贴 20 元外，大多由女高师学生通过开办游艺会等方式募捐筹款。学校设有高小、国民、妇女诸门科目，其中妇女科专为女子教育而设，分为常识、算术、技艺、国文 4 种课程，教授日常生活中所必需的常识和技艺。1922 年，该校高小科 11 名学生毕业，成绩优异。《晨报》对此进行了相关报道，从中可知参加毕业式的"来宾甚众，对于该校办事人之勤勉有条，学生之活泼纯雅，无不嘉许，演说者多希望该校将来益加发达"，并赞扬该校创办"数年以来，成绩甚佳"。①

北京平民职业女学校由北京女学界联合会筹办而成。该会成立于 1919 年，由北京女高师、燕大女校、贝满女中、培远女中等京城 15 所女校联合组成，是五四时期很有影响的一个女学生团体。成立伊始，该会议决筹办平民职业女学校，选举胡学恒、胡侠、钱中慧、李静一、王宗瑶、孙雅平、陶玄 7 人为筹办员，负责筹办事宜。1919 年 10 月，北京平民职业女学校举行开学仪式，"中西男女各界来宾参列者二百余人"②。总体而言，北京平民职业女学校具有以下特点。

其一，北京平民职业女学校的筹建，体现了教育救国的思想。北京女学界联合会主席陶玄认为，五四爱国运动是救国的"一剂猛药"，只可在危机时使用。目前中国积贫积弱，还是用平民教育这类"调养的药"更好些。国家"虚弱"的大半原因，在于女子的无知无识，于是"先办这个女子职业教育，想在最短期间，叫女子走自谋生活的路，再慢慢想法子，养成高深的技术"。之所以在职业女校前加上"平民"二字，因为她们"觉得平民的教育更急一步；并且可以洗一般人的阶级头脑"③。由是可知，从振发爱国精神出发，传授给女子普通知识及应用技能，进而实现改造社会、救济国家的理想，这是创办北京平民职业女校的目标所在，这实质上是一种"教育救国"的思想。

其二，北京平民职业女学校实行"半工半读"，尤其注重职业教

---

① 《女高师自治会平民学校近询》，《晨报》1922 年 1 月 24 日第 7 版。

② 陶玄：《北京平民职业女学校纪略》，《北京女子高等师范文艺会刊》1921 年第 3 期，"附录"第 12 页。

③ 陶玄：《北京平民职业女学校纪略》，《北京女子高等师范文艺会刊》1921 年第 3 期，"附录"第 11 页。

育。该校大致分知识、职业两大科。知识科重在讲授国文、算术，每日各一课时；职业科分毛巾、织带、织袜、刺绣和缝纫五类，每日共四课时。这种"重工轻学"的设置，主要是因为上述职业，是实现女子经济独立的重要途径和保证。缘是，平民职业女校的创办者主张："不但使一般妇女有独立的技能，就算罢了。并且要使他们有应用的地方。"她们计划筹办工厂、商店等，以克服此前的女子职业教育"只管目前学校的情形，不顾学生日后的位置"①，致使很多学生毕业后学无所用的弊端。事实上，因学校经费有限及校舍狭小等问题，该校未能设立女子工厂及商店。学生做工所制成的工艺品主要由东安市场第一国货店、海王村公园高师国货店、女高师贩卖所等处代销。

其三，该校的平民教育，既注重平等教育，又实行普及教育。该校以"陶冶儿童品性，并依其个性，养成其实际从事于职业之智识技能，使谋独立生活"为宗旨，体现了培养独立人格，注重个性教育的民主化倾向。该校招收的学生多系贫民子弟，一律免收学费，这又体现了重视大众教育的趋向。需要注意的是，该校所招收的平民子弟仅限于城市，并未深入到乡村，这与20世纪20年代后期晏阳初等人创办的乡村平民学校不可同日而语。

尽管北京女学界联合会及社会各界人士，对北京平民职业女学校的筹办倾注了大量的心血，所取得的成绩也受到社会的认可。但该校的运行困难重重，"初则感学生过少之困难，继则苦于难聘适当之教师，终乃忧机器之不足应用。夫工欲善其事，必先利其器，本校则不然；经费困难，校舍狭小，每欲扩充，辄为中止"②，最终以失败告终。

处在中国近代平民教育的起步阶段，北京女高师学生自觉创办平民教育，彰显了她们服务社会的热情和发展民主化教育的主张，这是值得肯定和钦佩的。部分学生毕业后依然致力于平民教育，如张人瑞毕业后，针对城市下层的女性，创办了天津三八女子职业学校。尽管女高师学生的平民教育存在诸多不足，正如晏阳初所批评的那样，她们的教学经验不足、教学时间和精力有限等。但学生组织平民教育失

---

① 陶玄：《北京平民职业女学校纪略》，《北京女子高等师范文艺会刊》1921年第3期，"附录"第12页。

② 欧淑贞：《北京平民职业女学校民国十年经过情形报告书》，《北京女学界联合会汇刊》1922年，第16页。

败的根本原因，在于其本质上是一种改良主义，这在当时的条件下是无法实现的。

第二，实行学生自治。五四运动之前，女高师实行以强调绝对纪律和服从为主要特征的学监制，管理近于严苛。学校对女学生的日常行为进行统一规范和监视，这一定程度上限制了她们的人身自由和社会交往。程俊英回忆道："晚上学监查自修、查寝室；白天查教室、查制服、查发髻。名为女高等学府，实同监狱。"① 对此，北大学生易家钺曾在《晨报》上发表文章，公开主张女高师应革新限制自由的"恶制度"②。

诚然，北京女高师在"五四"之前实行的学生管理制度确实存在弊端，如学生在严密监管之下通常显得被动无生气；强调绝对纪律和服从的思想，不利于师生平等关系和学生独立人格的发展。但这种学监制度有一定的历史合理性。毕竟作为当时唯一的国立女子高校，为维持全国女学的模范地位和自身发展前途计，北京女高师有严格管理的必要，以防止有伤风化事件的发生。

到 20 世纪初，学生自治逐渐成为学校管理学生的指导思想，尤其是蔡元培在北京大学所实行的学生自治模式，"数年以来，成绩斐然可观，北京各校大都做依而行"③。1919 年，北京女高师成立了学生自治会。1920 年熊崇煦④接任校长后，"察其内容尚属条理井然，遂尽力辅导"⑤。学生自治会的宗旨在于"本互助之精神，谋个人能力之发展及校务之发达"⑥。自治会采用三权分立的组织方式，下设评议、干事、纠察三部，详见表 4-5。

---

① 程俊英：《回忆郑公二三事》，载朱杰人、戴从喜编《程俊英教授纪念文集》，华东师范大学出版社 2004 年版，第 300 页。

② 易家钺：《我对于北京女子高等师范学校的希望》，《晨报》1920 年 2 月 15 日第 7 版。

③ 《女高师半年来之学生集会》，《申报》1920 年 3 月 17 日第 6 版。

④ 熊崇煦（1873—1960），字知白，湖南南县人。早年曾赴日本留学，入日本早稻田大学师范部，攻读教育学。1920 年 9 月—1921 年 10 月任北京女子高等师范学校校长。

⑤ 《北京女子高等师范学校周年概况报告书》（续），《教育公报》1921 年第 10 期，"报告"第 10 页。

⑥ 《学生集会一览表》，《北京女子高等师范学校文艺会刊》1920 年第 2 期，"附录"第 1 页。

表 4-5　　　　　　　　北京女高师学生自治会的组织表①

| 部别 | 人员构成 | 部门构成 | | 职能 |
|---|---|---|---|---|
| 评议部 | 主席 1 人 | | | 议决会中应行事项。 |
| | 副主席 1 人 | | | |
| | 评议员每班选出 2 人 | | | |
| 干事部 | 主任 2 人 | 庶务股 | 文牍科 | 执行评议部的议决案及其他应行事项。 |
| | | | 庶务科 | |
| | | | 会计科 | |
| | 各股总干事 2 人 | 教育股 | 教授科 | |
| | | | 讲演科 | |
| | 干事若干人 | 出版股 | 发行科 | |
| | | | 编辑科 | |
| | | 营业股 | | |
| | | 交际股 | | |
| 纠察部 | 主任 1 人 | 纠察股（每班选出 2 人） | | 巡察各处的清洁整齐，维持学校秩序，处理违犯公约的事项。 |
| | 副主任 1 人 | 惩戒股（每班选出 1 人） | | |

随着女高师自治会的发展，其在学生事务管理、校纪的维持、课外活动开展等方面起到积极的作用，不仅提高了学生自治、自立的能力，而且培养了学生服务团体的精神和社会责任感。

（二）对教育科学化的探索

教育科学化又是"新教育运动"的一大主题。所谓教育科学化，就是指用科学的方法，即通过教育实验、教育统计、心理测验等手段对教育问题进行教学和研究，以促进教育成为一门可以量化的科学。北京女高师的师生们积极参与教育测量、教育统计、心理测验，对教育的科学化给予了高度的重视。

首先，女高师师生对新的教学法进行介绍与研究，一定程度上深化了教学法的改革。五四时期，受杜威来华及实用主义教育思想的影响，设计教学法在中国广泛传播。北京男女高师对这种新教学法的编译及宣传当居首功，二者几乎同时出版了相关的专著。1922 年 3 月，由北京

①　参见《高等部学生自治会概表》，《北京女子高等师范周镌》1924 年 6 月 29 日第 8 版。

高师康绍言、薛鸿志编译，校长李建勋校订的《初等小学校设计教学法辑要》一书出版，这可以算是中国译介设计教学法的第一本专著。同年5月，北京女高师附小主任孙世庆也编辑出版了《设计式的教学法》。该书比前一本进步得多，不仅"译笔是中国腔调，很容易看"，而且"破天荒的有中国的实例了"，更切合中国小学教育的实情。①

其次，女高师师生注重用科学的方法进行教育调查和统计。女高师教员不仅开设了教育统计的专业课程，而且师生们积极开展教育考察和统计。女高师保姆讲习科学生刘超庸在参观该校附设的蒙养园之后，写报告简介了附属蒙养园的现状及简章②；国文部学生王世瑛毕业后，进入该校附中教授国文。她写报告详述了自己以胡适的《中学的国文教学讲演录》所指示的教学方法进行国文教学，并取得了不错的成效③；同为国文部毕业生的罗静轩撰文报告了她在女高师附设补习学校的教育服务情况。④ 可以看出，女高师学生注重利用科学的教育调查法，将自己的研究心得记录下来，以备交流和讨论。

值得一提的是，女高师历史上非常重要的一次科学考察活动，要属1922年博物系四年级组织的地质修学旅行。该系学生22人随同地质教授章鸿钊等由北京出发，历时9天，调查了天津、济南、崮山、泰安、大汶口等处的地质，采集矿物岩石及化石标本数十种。学生回校后提交了《山东地质旅行报告》，对此次旅行所采集的岩石、化石及途中观察的趵突泉、黑龙潭、济南地质、崮山地质、大汶口地质、泰山地质一一加以研究，并作出科学的总结。此次旅行实为中国近代女大学生考察地质之始，她们所体现出来的实事求是、坚持真理的科学精神实在令人敬佩。

最后，女高师提倡教育测量和心理测验。这主要是在心理学教授张耀翔的指导和组织下进行的。张耀翔是我国近代著名的心理学家，创办了我国最早的心理学刊物《心理》，曾在女高师教授过心理学。他带领女高师学生参与一系列的心理测验，鼓励她们在《心理》杂志上发表文章，并且促成心理测验应用于女高师的入学考试。张耀翔认为心理测验的最大作用，在于考察人的学习能力或可教程度。"向来学校施行之入学考试，单只考察

---

① 俞子夷：《读了十二本设计教法专书的书后》，载董远骞、施毓英编《俞子夷教育论著选》，人民教育出版社1991年版，第123页。

② 刘超庸：《本校附设蒙养园之报告》，《北京女高师幼稚教育的研究》1920年第1期。

③ 王世瑛：《两学期国文教学的报告》，《北京女子高等师范周镌》1923年第39期。

④ 罗静轩：《一年的服务报告》，《北京女子高等师范周镌》1923年第39期。

人之学来知识；于人之学习能力，从不特别过问。"① 因此，真正的入学考试应注重学力。鉴于此，女高师从 1921 年开始把心理测验纳入招生考试，这在当时全国高校的招生考试制度中无疑算是一种革新的举措。受此影响，女高师附属小学招考新生时，除身体检查、口试外，还包括心理测验，如辨别行状、短时记忆、类推的测验等。

综上，北京女高师不仅积极推动了杜威等外国教育家来华讲学，而且在教育民主化和科学化方面也取得了诸多成就。她们对新教育的研究和实践，不仅有助于推动该校教育的现代化，而且对推进中国新式教育体系的建立做出了贡献。

## 第三节　国立高师教育中的性别议题——以女高师、北高师为中心

作为民初 7 所国立高师中唯一的女校，北京女高师与其他高师学校既具相通之处，又有不同之点。它们在教育宗旨、学科设置上有诸多相似的地方，但同时又具有性别区分。壬戌学制前后，男女同学和高师改大的潮流将女高师推向风口浪尖，面临保持独立还是男女合校的艰难选择。

### 一　教育宗旨的性别定位

同为高等师范学校，北京两高师的教育宗旨具有很大的相似性。1913 年，北京高师制定了《北京高等师范学校校规》，划定该校"以养成师范学校、女子师范学校、中学校、女子中学校教员为宗旨"②。至 1922 年，北京高师的宗旨进一步规定为"研究专门学术，造就师范与中等学校教师及教育行政人员"③。1919 年，北京女高师制定的学校简章规定以养成女子师范学校、女子中学教员、管理员及小学校教员、管

---

① 张耀翔：《心理测验与本届入学考试》，《北京女子高等师范周刊》1922 年 10 月 22 日第 5 版。
② 《北京高等师范学校校规》，《北京高等师范学校一览》1913 年，第 49 页。
③ 《北京高师一览表》，《北京高师周刊》1922 年 11 月 14 日第 11 版。

理员、蒙养园保姆为宗旨。从字面上看，两校的培养目标和办学方向均很明确，只是在教育层次和性别表述上存在一些差异。北京高师将办学宗旨定位在培养中等教育的师资，男女学校均包括在内。这不仅为当时我国中等教育的提高作了师资上的准备，而且利于推进近代女子教育的发展。北京女高师的教育宗旨除定位在中等教育外，还包括小学和幼儿教育。需要指出的是，女高师的办学宗旨在中等教育方面存有性别区隔，仅锁定了女子师范学校及女子中学校。之所以如此，主要原因在于民初实行的两性双轨制的教育体系。1920 年前，除小学可以男女同学外，中学教育均实行男女分校，国立大学及高等专门学校只招收男生，尚未开放"女禁"。受当时传统性别观念的影响，社会上多认为女校的教师最好由女性任职。按照部令的要求，女高师着重培养女子师范学校、女子中学校的师资。1922 年"壬戌学制"颁布后，男女同校成为教育发展的主要潮流，逐渐实行两性单轨制。在此背景下，女高师学生的就业去向也发生了变化，大部分毕业生就职于女子师范及中学校，但也有不少学生选择了男女同校的中学。据 1923 年北京女高师的毕业服务调查显示，79 名毕业生中约有 30 人服务于女子师范或女子中学校，有 10 人任职于男女同学的中学，如中国公学、京师第一中学、北京培华中学等。[①] 如此情形表明，女高师不再拘泥于教育宗旨上的性别指向，顺应了男女同学的教育趋势。

## 二　学科设置的性别特色

在学科设置上，北京男女高师主要按照中学的课程结构来扩充科系。1917 年，北高师形成了与中学课程配套的六部本科[②]，并辅以各种专修科、教员养成班的学科结构。1922 年，北京高师按照初、高两级中学程度，建立了四年科 9 个科系[③]、六年科 12 个科系[④]的学科专业，

---

① 《民国十二年本校各系毕业生服务状况表》，《北京女子高等师范周镌》1924 年 1 月 27 日第 2—3 版。
② 六部本科分别为国文部、英文部、物理化学部、博物部、历史地理部及数理部。
③ 9 个科系为教育系、国文系、英文系、历史地理系、数学物理系、物理化学系、生物地质系、体育系、工艺系。
④ 12 个科系为教育系、国文系、英文系、历史系、地理系、数学系、化学系、物理系、生物系、地质学系、体育系、工艺系。

从而形成了规范、科学的学科和专业设置体系。同年，北京女高师废除文理分科，形成了 10 个学系①的学科布局。总体而言，北京女高师的学科结构与北京高师差距不大，只是北京高师的工艺系及北京女高师的家事系、音乐系凸显了高师教育的性别特色。

北京高师的工艺系主要教授社会实用性比较强的工艺技能和理论知识，分为工艺、金工机械、木工建筑三个专业，设有建筑、机械、图画、金工、手工、教育、国文、英文、数学、理化、体育、音乐诸门课程②。（具体参见表 4-6）由于金工、机械、木工、建筑等课程多被标识为男性擅长的领域，因此北高师工艺系成立之初，并未兼收女生。此举随即引发了部分女性的不满，她们在《晨报》发表了《北京高师工艺系为什么不兼收女生呢？》，质疑该校实行男女同学的不彻底性。"若说高师因校中有特别的情形，或是设备上的不适宜"，据此为理由暂缓兼收女生是不合道理的，"因为别系既可以兼收女生，就无所谓特别情形；至于设备上，只要能适合于男生，就可以适合于女生"，况且工艺科"不惟女子的天性相近"，与男子相比更是"特别的富厚"。因此，她们认为北高师工艺系不兼收女学生的这种做法，不仅不合乎男女教育平权的本意，而且使得"女子又缺少一种求学的机会"。③ 可见，在北京高师推进男女教育平权的改革中，男性特色较明显的工艺系首当其冲，遭到了部分知识女性的批评和指责。

表 4-6　　　　北京女高师四年科工艺系学科一览表（1922 年）④

| 科目 | 课程 |
| --- | --- |
| 教育 | |
| 国文 | |
| 英文 | |

---

① 10 个学系为哲学教育学系、国文系、英文系、历史学系、数理学系、理化学系、生物地质系、体育系、音乐系、家事系。

② 胡栋朝：《本校工艺系改进之意见》，《教育丛刊》1924 年第 5 卷第 1 期。

③ 李仲明、杨淑贞、张璧：《北京高师工艺系为什么不兼收女生呢？》，《晨报》1922 年 7 月 25 日第 7 版。

④ 李森主编：《民国时期高等教育史料汇编 第四十八册》，国家图书馆出版社 2014 年版，第 126—127 页。

续表

| 科目 | 课程 |
|---|---|
| 数学 | |
| 机械工学 | 机械学原理 |
| | 机械工学 |
| | 机械运动学及设计 |
| | 应用力学 |
| | 蒸汽机瓦斯机汽轮 |
| | 应用热力学 |
| 机械制图及设计 | 机械图 |
| 建筑土木工学 | 建筑原理 |
| | 建筑学 |
| | 建筑史 |
| | 装饰法 |
| 建筑土木制图及设计 | 建筑图 |
| | 建筑设计 |
| 电气工学 | 电气工学 |
| 电气制图及设计 | 电气设计 |
| 化学工学 | 工业化学 |
| | 化学实验 |
| 土木建筑实习 | 木工实习 |
| | 雕刻油漆 |
| 金工机械实习 | 锻工铸工模型工机器工实习 |
| 图画 | 投影画几何画透视画投影几何 |
| | 铅笔写生 |
| | 水彩写生 |
| | 图案画 |
| | 木炭写生 |
| | 油画 |

续表

| 科目 | 课程 |
|------|------|
| 手工 | 竹工 |
| | 钣金工 |
| | 黏土工 |
| | 石膏工 |
| | 工业簿记 |
| | 制革法 |
| | 纺织法 |
| | 摄影术 |
| | 印刷术 |
| | 工厂管理及组织 |

　　与北高师相比，女高师的家事教育是其办学的重要特色。1919 年 3 月，《女子高等师范学校规程》规定，女子高师学校应开设家事科，教授伦理、教育、国文、家事、应用理科、缝纫、手艺、手工、园艺、图画、外国语、乐歌、体操课程。遵照教育部的指令，北京女高师于 1919 年最早成立家事科，开设了伦理、教育、国文、英语、家事、缝纫、手工、应用理化、刺绣、生理学、园艺、图画、音乐、体操、日文课程。其中家事课讲授家事总论、衣服研究、食物研究、洗濯染色等；手工课教授镂花法、染花法、外国刺绣法、绘画术、编物法、皮革工等；缝纫课讲授靠垫、围裙、女衫裤、西式帽类、围脖、前褂、小洋服类的制法；刺绣课教授风景刺绣、植物花卉果实花鸟刺绣、刺绣术的沿革方法、刺绣学的用具材料等；生理学课讲授运动生理、营养生理等。[①] 家事科的上述课程安排有一定的科学性，不仅局限于讲授缝纫、刺绣等传统女红，还设有应用理化、生理学等讲求现代科学知识的课程。由此可见，家事科的开设，不再仅仅是培养贤妻良母，而是造就具有职业技能的师资，以谋求社会的改革进步。家事科开办初期虽取得了一些成绩，但学生们对未能提升女子的经济地位颇为不满。后经该校师

---

　　① 《北京女子高等师范学校周年概况报告书》，《教育公报》1921 年第 9 期，"报告"第 6 页。

生的商议,家事系决定自 1922 年起,采取美国家事科的制度,改设工组和医组,"从衣、食、住各种消费方面的研究,变为衣、食、住、行生利的研究"。① 其时的课程设置如表 4-7 所示。

**表 4-7　　北京女高师家事系第一学期课程表 (1922 年)②**

| 学科 学系 | 家事医学系 | | | 家事机织系 | | |
|---|---|---|---|---|---|---|
| | 科目 | 时间 | 学分 | 科目 | 时间 | 学分 |
| 必修科目 | 家事学 | 3 | 3 | 家事学 | 3 | 3 |
| | 内科 | 4 | 4 | 意匠③ | 4 | 2 |
| | 外科 | 3 | 3 | 纺织大意 | 2 | 2 |
| | 皮科 | 3 | 3 | 著色 | 1 | 1 |
| | 儿科 | 3 | 3 | 漂染 | 1 | 1 |
| | 产科 | 3 | 3 | 漂染实习 | 5 | 2.5 |
| | 教育史 | 2 | 2 | 机织实习 | 3 | 1.5 |
| | 保育法 | 2 | 2 | 图案 | 4 | 2 |
| | 教授法 | 1 | 1 | 应用化学 | 5 | 3 |
| | 教育行政 | 2 | 1 | 教育史 | 2 | 2 |
| | 社会学 | 2 | 2 | 保育法 | 2 | 2 |
| | 体操 | 2 | 1 | 教授法 | 1 | 1 |
| | | | | 教育行政 | 2 | 1 |
| | | | | 社会学 | 2 | 2 |
| | | | | 体操 | 2 | 1 |
| 选修科目 | 音乐 | 4 | 1 | 音乐 | 4 | 1 |
| | 英文 | 2 | 1 | 英文 | 2 | 1 |
| | 德文 | 2 | 1 | 德文 | 2 | 1 |
| | 法文 | 2 | 1 | 法文 | 2 | 1 |

---

① 赵世德:《北京女高师家事科概略》,《教育声》1922 年第 5 期。

② 《本学期各级课程支配表》,《北京女子高等师范周刊》1922 年 12 月 17 日第 5—6 版。

③ 意匠指的是设计。

具体说来，工组学生以教育为主课，次则注重染、织及应用化学。学生们自行设计的染品异常新颖，很能引起实业家的注意。应用化学一科注重实地运用，学生们制造出来的各种化妆品和应用品很受社会欢迎，京城各校售货处及各大商店来校接洽者甚多，其中销售最广的要属雪花膏、雪花精、西檬蜜、香水、生发水、生发油、润面油、润发膏、擦牙膏、擦牙水、牙粉、墨水、香皂、肥皂、鞋油、蜡烛等。医组也以教育为主课，次注重医学和实习，所聘教员多系北京有名医院的院长，学生每星期去德国医院或中央医院实习。① 由此可见，改组后的家事系，授课内容更为专业化、实利化，重点打造切合女性特点的工学和医学两大专业，以求培育从事职业教育的师资。

### 三　男女高师合并的争论

1921 年 4 月 27 日，《晨报》刊登了一则题为"北京男女高师生之并校运动"的新闻，引发了社会各界对男女高师合并问题的关注。该报道的全文如下：

> 北京男女高等师范，频年来因款项支绌，不惟不能发展，即现在急需品（如理化仪器等等）亦无力备办。两校学生均感受莫大痛苦，尤以女高师为最。即如理化器械一项，完全假借于男高师，倘时间冲突，就该缺课。其他如参考书籍等，更属寥寥。因此大多数学生以为男女高师既是志同道合，遂有与合并之意。男高师虽设备较完善，但学生犹以为不足，极力运动扩充。且鉴于近来科学日益发达，修业四年深虞不足，所以屡欲改办师范大学以宏造就，第以受经费限制，不克如愿，因此亦有意与女高师合并，使经费充加（两校合并每年经费有六十余万，勉强可办一师范大学），可以达到办师范大学目的。两方虽有此意，可是无缘相通。昨日男高师代表王某与女高自治会二十一席陶某与两校学生数人，茶话之余，谈及此事，大家都很愿意，并谈论办法很详。大概以男高师地址办理科，女高师地址文科，待学潮平静后，两校学生即将此事提交各该校自治会，详细讨论办法，再

---

① 赵世德：《北京女高师家事科概略》，《教育声》1922 年第 5 期。

共同运动要求改办师范大学。此事既出自两校学生自动，又有莫大利益，教育当局恐未有不赞成者。师范大学成功，则教育人材可望倍出。吾国教育前途，或可抱乐观矣。①

文中提及北京男女高师合并的主要原因：一是节省教育经费；二是提高教育程度，这两点确实是当时两校面临的主要问题。一方面，五四运动后围绕教育经费的积欠问题，北京教育界与军阀政府的矛盾冲突越来越激烈，尤以国立八校的索薪运动影响最大。1921 年 4 月 17 日，北京女高师召开了辞职教职员留行会，教务长李贻燕报告了辞职的原因及经过。他指出目前政府无诚意维持教育，致使教育陷入危机，尤以女子教育为甚。女高师改组以来，一切因陋就简，无论学生膳费还是教职员薪金，均低于北高师的标准。由于学校的经费极其困难，从而导致教学设备、仪器、书籍等一直处于不甚完备的状态。1921 年 4 月 21 日《晨报》刊登的《可怜的女高师》一文，对该校设施的简陋情形有较为详细的报道：

　　现在本校寝室已经住满了，教室已经用罄了，即夜间自习，亦在教室里头。食堂已经坐不下，礼堂集会的时候几无立足的余地，运动场只有两处小小的网球场和篮球场。澡堂每两星期每人只可洗一回的，厕所下课的时候更拥挤得不堪，厨房的场地偏小简直是一所鲍鱼之肆，栉沐室每人只有七平方寸的面积，教员预备室数十位的教员连校长都在一个小屋里头。冬季寝室无款购煤，室亦太狭，不能生炉子，冬季同学冻病的非常的多。图书室中除了几本古书和新杂志外别无长物。物理化学及博物室里头只有初级时代买的七零八落的仪器标本。家事科亦没有实习的地方。体操用的操棚，园艺用的校园亦没有。这样看起来，教授、训练、实验、自习、研究，困难的情形真达到极点了。那一种的实验器械，不是由各教员从他校临时用网篮带来的么。物理实验因为实验时间与男高师冲突，不能借来，因以停讲者有好多次。②

正是鉴于如此窘迫的校情，部分女高师学生提议与男高师合并，共

---

① 《北京男女高师生之并校运动》，《晨报》1921 年 4 月 27 日第 3 版。
② 《可怜的女高师》，《晨报》1921 年 4 月 21 日第 6 版。

同谋求发展。另一方面，男高师虽然设备较为完善，但学生仍不满足现状，希望进一步提升高师的教育程度，改办师范大学。早在 1920 年，男高师学生云甫就提出了高师升格为师范大学的三条理由：其一，从名称上看，"今世各国，除日本尚存将改未改之制度外，殆未有高等师范其校之名者"；其二，就世界潮流来看，"各科学术，已渐由普通肤浅的，而进于专门高深的。教育事业，已渐由技术传授的，而进于学理研究的。从前高师造就之程度，已不足餍学者求学欲望之要求"。因此，"中学教员须有大学卒业之程度，几为世界教育一致之标准，而改高师为师范大学，亦遂为世界各国共同之趋势"；其三，从国内教育现状看，若不把高师改为师范大学，则中学教员、高师教员及高师学生均"暗中受损"，"吾国教育前途之一线生机，遂斩然绝矣"。[①] 另一位男高师学生余绍仁则指出，目前高师年限只有 4 年，学生没有充分的时间去研究教育，毕业后自然不能对教育改良做出大的贡献。因此，高师学校有延长修学年限，改为师范大学的必要。[②] 囿于教育经费短缺等原因，北京高师改办师范大学的提议一直未能付诸实施。于是，部分男高师学生意欲合并女高师，以期增加教育经费，达到升级师范大学的目的。对于是否合并的问题，北京男女高师展开了激烈的讨论。

有的女高师学生主张男女合校，认为此举既可节省经费，又可锻炼道德，同时还可为男女将来共同服务社会提供便利。[③] 程俊英则公开反对两校的合并，她指出男女高师的合并"是经济上的问题，并非教育上的问题，不过无形之中，消灭了一个女子求学的机关罢了"。她总结男女高师不宜合并的理由如下：一是与其两校合并以节省经费，不如要求政府增加经费；二是女高师独有女校的特性，"我们女校应有的学科，男校是绝对不行的地方很多，并且不是他们不必学，简直是他们不能学"；三是女性最适合为人师表，因此"教育这个职业，应该得让我们女子独占的"，"男高师不必再扩充了，不必再增加预算了，不必再添招学生了"；四是针对社会对男女同学尚有不认可的情形，不如一方面开放男高师，一方面保存女高师。总之，"男女教育的设施经营要平衡

① 云甫：《高等师范应改师范大学之理由及办法》，《实际教育》1920 年第 1 卷第 3 期。
② 余绍仁：《北京高师改组大学的管见》，《教育丛刊》1921 年第 2 卷第 3 期。
③ 烛光女士：《我对于女子教育解放的主张》，《四川教育新潮》1920 年 4 月 16 日第 4 版。

发达，男女教育的经费要平均，女子教育的经费目下要大大地增加，各种专门学校要一律开放使女生多得一点求学的机会，专门女子的学校要保存扩充发达才好"①。

自从程俊英将上述主张发表在《晨报》以后，该报先后接到男高师学生的十余篇投稿，皆围绕她的观点展开讨论。男高师学生张灙对程文提出批评，认为两校"只有合并，一方面可以节省经费，一方面又可谋求发展，这才是两全的计策"。他还指出，教师并不是女性独有的职业，男性也愿意专心从事教育。②男高师学生武少稞则支持程俊英的观点，他认为："一方面为欢迎男女同校制的女学生，开放各男校，一方面仍保存女校，使大多数不欢迎男女同校制的女学生也有求学的机会，然后一方面极力普及女子教育，一方面鼓吹男女同校的利益，等到开放了的学校生好的效果来，人人都承认男女同校是一种好制度的时候；自然他们都来开放了的男校而不去女高师了，那时女高师无人去，才是可以说合并的话的时候，才不至屈枉人，才是慈悲的人作的事，何必定要消除了这惟一的女高师，剪断了大多数不欢迎男女同校制女学生的路，强逼他们来男女同校的学校呢？"③林葆颐对此亦表示认同，指出"男女高师不是绝对的不可合并；不过时机尚早，在时机未到之先，我们为提倡男女同学计，不能不主张各专门学校实行招考女生。使女子得和男子受同等的教育，非但得达开通风气的目的，并且还可以免却社会的非难。这才是真正的办法"④。周传儒撰文表达了自己对此问题的观点："我本只希望男高师独立改大学，而不希望两校合并的。"他进一步分析了男女高师合并后的利弊，指出"男女两校合并之不能遽成事实，因为困难及阻碍太多"⑤。经过这场讨论之后，男女高师合并的问题只停留在学理探讨层面，并未真正实现。北京男女高师又将全副精力及注意力集中于独立改办大学的倡议，积极投入到高师改大运动中。

---

① 程俊英：《对于男女两高师合并之我见》，《晨报》1921 年 5 月 7 日第 6 版。

② 张灙：《程俊英女士的〈对于男女两高师合并的我见〉的批评》，《晨报》1921 年 5 月 10 日第 6 版。

③ 武少稞：《张灙先生的〈程俊英女士的对于男女两高师合并的我见的批评〉的批评》，《晨报》1921 年 5 月 13 日第 6 版。

④ 林葆颐：《张灙君为男女高师合并问题答武少稞先生的批评》，《晨报》1921 年 6 月 8 日第 6 版。

⑤ 周传儒：《男女两高师合并问题平议》（续），《晨报》1921 年 5 月 20 日第 6 版。

在合并与反合并的论战中，我们可以看到女高师学生使用了性别差异和女性特色作为武器。如女高师学生程俊英认为："我们女子的性情，最精细，最忍耐，最有道德，最适合于作人师表的"，"就美国教育的现状说起来，舍了女子简直无教育可言"，因此，女子应独占教育这个职业。此外，推源"教"字的性质，只含有"女子"二字，"男子是丝毫不许他干与的"。① 可见，程俊英强调两性在教育方面的绝对差异，认为只有女子才适合从教，只有女校才能满足女性的独特要求。如此极端的观点，流露了程俊英力争女高师独立的急切、焦虑心情。面对随时被合并的生存压力，女高师校长许寿裳明确提出了发挥女性特长和造成女子文化中心的治校方针，这实则指示了女高师的办学特色和发展方向。他强调两性间的相对差异，尊重女性的特长，积极推进女性文化的建设。总之，无论是校长对性别差异的适度把握还是部分女高师学生强调两性的绝对差异，均表明如何看待性别差异是女校必须面对的一个尖锐问题。

综上所述，北京女高师可谓五四时期教育建设的生力军。它不仅是五四时期中国女子教育的重镇，而且积极推动了新教育运动的发展。尽管女高师在近代高师教育中别具一格，但最终被迫取消了独立建制，并入北平师范大学。这其中的原因无疑是复杂的，既受男女同学潮流的影响，又有节约教育经费的考虑，但并没有真正达到男女教育平等的目的。因为在近代女子未能和男子有一样求学机会的情况下，为了追求男女同学而取消女学生求学深造的特殊渠道，这种表面上的平等掩盖了事实上的不平等。实际上，相对独立的女子院校至今依然存在，这说明专门的女子教育有其存在的合理性，符合近代社会的需要。正是在此意义上，这所国立女子高师学校的消失，不失为一种遗憾。

---

① 程俊英：《对于男女两高师合并之我见》，《晨报》1921 年 5 月 7 日第 6 版。

# 结　　语


　　北京女高师的前身——京师女子师范学堂诞生于清末新政时期，从成立伊始就担负起"救亡""兴学"的神圣使命。民国成立以后，教育部打破了国立高等教育的"女禁"，率先成立北京女高师，实开我国近代国立女子高等教育之先河。随后因种种缘故，北京女高师的建制虽被撤销了，但它与北京女子师范大学、北京师范大学，薪火相传，一脉相承。北京女高师是近代社会文化发展的产物，具体而言，它主要受益于以下三种力量的良好互动。

　　一是近代国民教育体制和新文化运动提供了时代大平台。1903年清政府颁布"癸卯学制"，建立了以小、中、大学三级学制为中心，辅以师范和实业学堂的教育体制。这标志着中国近代学制系统的正式建立，从此我国有了较为完备的国民教育体系。虽然女子教育在此学制中尚付阙如，但伴随清末新政启动后的兴学热潮，民间有识之士纷纷设立女子学堂，女子教育被纳入国民教育体制的趋势呼之欲出。1907年，清政府颁布了《奏定女子小学堂章程》和《奏定女子师范学堂章程》，意味着女子教育最终被列入近代国家法定的教育制度。民国成立后，中华民国南京临时政府颁布了"壬子癸丑学制"，倡导男女平等，规定女子可接受小、中学及初、高等师范教育，显示出国家对女子高等教育的认可。上述皆为促进女高师成立的国家制度层面的因素。至五四时期，新文化运动所宣扬的男女平等及妇女解放思潮，则为女高师的发展奠定了思想文化方面的基础。

　　二是地处北京首善之区与新文化运动策源地，女高师占据了地缘优势。1917年，蔡元培出任北京大学校长，陈独秀将《新青年》迁到北京。由此蔡、陈联手，依托北大，共同宣传民主和科学思想，为北京及全国新教育的发展创造了日益改善的思想文化环境。女高师位于京师重地，毗邻北京大学，深受新文化思潮的濡染，具有得天独厚的资源和区位优势，成为新文化运动的重要阵地。

三是近代知名学者和教育家的汇聚，壮大了师资力量。女性教育与解放是五四新文化运动的热点问题，备受社会关注。成立国人自办的女子高校，以便推进男女平权，这已成为当时包括新文化运动主将及诸多教育人士的共识。蔡元培、胡适、李大钊、陈独秀、鲁迅、周作人、钱玄同、傅铜、林砺儒、张耀翔、李泰棻、夏元瑮、萧友梅等都曾投身其中，形成了强大的师资队伍。尤其是新文化运动主将纷纷到校弘文励教，进一步提升了该校的社会地位和影响力。从总体上看，北京女高师顺应时代社会的需求、占据得天独厚的地利、汇集大批有识之士，在国衰民穷的困难条件下，取得了卓著的办学成效，从而助益了国家的教育事业，厥功甚伟。

北京女高师虽然前后只存在了 5 年时间，但它在中国高等教育史上，尤其是五四时期的社会文化史上占有重要的地位。综而论之，我们可以得出以下几点认识。

其一，北京女高师办学严谨，人才辈出。例如，教育家陶淑范、江学珠、赵世德、罗家蕙，将毕生的心血献给了教育事业；知名学者冯沅君、苏雪林及程俊英，堪称我国现代文学史界的女中豪杰；庐隐、石评梅和陆晶清，成为中国现代新文学的第一批女作家；中国第一位女共产党员缪伯英及投身革命事业的张秀岩、陈璧如，为探索中国的救亡道路艰苦奋斗乃至献出了宝贵的生命；活动于政界的陶玄、钱用和、刘蘅静、吕云章，在领导妇女解放运动方面功劳卓著。当然，大多数毕业生主要从事教职，她们对中国现代师范教育的发展，贡献颇多。女高师不仅为基础教育培养了大量师资，而且为女子师范教育储备了人才。1940年在四川成立的国立女子师范学校所聘请的教师中，就有一部分毕业于北京女高师，如孙逢祯、黄淑范、钱用和等。

其二，北京女高师是中国近代高等教育史上的里程碑，影响深远。首先，从教育理念上看，女高师的成立标志着男女平权的观念愈发深入人心。女高师是近代第一所国立女子高校，这说明它受到政府的高度重视，从而保证了女性接受高等教育的权利。今天，我国已把男女平等作为促进社会发展的一项基本国策，如何借鉴历史经验以助推新形势下男女教育的平等，显然具有重要的现实意义。其次，就教育体制而言，女高师的设立意味着近代中国独立设置的女子高等师范学校的确立，进而构成了女子师范教育垂直完整的系统。尽管它于 1931 年被取消了独立建制，合并于北平师范大学，但它出色地完成了历史使命，开创了女子高师教育的办学基础与模式。最后，就教育成效来说，女高师是 20 世纪初期（1925 年以前）中国女子高等教育的典范。与女子留学教育、教会女子大学及国内大学的女子教育相比，女高师在当时全国女子高等教育中处于领先地位，推动了近代女子教育的发展。

其三，北京女高师是五四时期社会文化转型的重要标识。伴随着新文化运动的勃兴及妇女解放思潮的推进，女高师的学校教育及校园文化发生了翻天覆地的变化：从改组初期封闭、保守的校风，到五四以后遵循民治主义的改革方向，逐渐形成了自由、开放的氛围；从早期注重养成贞淑的"贤妻良母"式女子，到五四以后重视培养人格独立、富有社会责任感的现代新女性。可以说，没有五四时期社会文化的转型和熏陶，就不可能有女高师的蜕变。反过来，女高师见证并推动了五四新文化运动、妇女解放运动及教育变革的发展，可谓当时社会文化转型的一个缩影。在这个意义上，我们可以说，北京女高师是五四时期社会文化转型的重要标识。

其四，北京女高师是五四时期女子文化的中心。就社会性别而言，近代女性不仅要面临男性所涉及的社会问题，而且还要面对自身的解放难题。因此，北京女高师对于女子文化的影响有其独特价值。1922 年，校长许寿裳提出了治校方针，不仅强调发挥民治精神和女性特长的重要性，而且希望造就全国女子文化的中心。他强调北京女高师作为全国最高的女子教育机关，"对于全国女学，固然负有领袖的责任，即对于全国社会，也带有造成女子文化中心的使命"。因此，学生们要"觉悟自己所负责任非常重大，对于根本的修养，更加注重。因为要使以前女界所受种种黑暗的困苦，来设法解脱，以后女界所希望种种光明的事业，来鼓勇作先锋，那自己的根本修养是绝不可忽视的，凡身体的锻炼，健康的增进，学业的钻研，德性的涵养都是很根本修养的要目"。[①] 这不

---

① 《校长许季黻先生的训词》，《北京女子高等师范周刊》1922 年第 1 期。

仅体现了他对女高师既有地位和发展前景充满信心，而且反映了其对学生们自觉担负起发扬女子文化重任的厚望。事实证明，北京女高师对于提升五四时期妇女的社会地位和推动女子文化的发展的确发挥了指导、辐射的作用。

诚然，女高师也有自身的局限性。由于经费支绌、学校教职员的流动性较强、教学资源相当匮乏，制约了女高师的发展速度和办学规模。但是，北京女高师终归具有历史的开创性，对中国女子高等教育的发展功不可没。更为重要的是，女高师在短期内办学成效卓著，培养了大批杰出的人才，具有重要的现实借鉴意义。总结起来，主要包含以下几个方面。

第一，坚持开放性办学，注重传统和新知相结合。经历五四新文化运动的洗礼，女高师注重吸纳新知，不仅新文化运动主持者到校讲学，而且东方文化派主将也在被邀之列，反映了女高师的学术民主和可贵的开放性。女高师的传统文化底蕴虽然深厚，但师生们对于五四时期的"文学革命"并未深闭固拒，而是主张兼容新旧文学，"一方宜整理故有学术，一方陶镕新进文化"①，这一定程度上体现了"兼容并包"的教育情怀。当前我国高等师范教育正面临着深刻的转型，如何在改革过程中正确处理继承与发展的关系，女高师的办学经验可资借鉴。

第二，坚守读书不忘救国的爱国主义传统。女高师学生关心社会和国家命运，在新文化运动和五四爱国运动中，起到了先锋和表率作用。这种爱国热情固然与其时全国民族主义高涨的大背景有关，但是也要看到，女高师的教职员多具有爱国精神，他们对学生有着潜移默化的影响。正是在教员们的感召下，学生们常常奋不顾身地投入爱国斗争的洪流中。1926 年，以刘和珍、杨德群为代表的女师大学生在"三·一八惨案"中的英勇表现，正是继承了北京女高师的爱国传统。就爱国热情和勇气而言，这所女子高师毫不逊色于任何一所男女同学的高校。实际上，我们说北京女高师是中国近代早期女子高等教育的典范，不仅是指办学的意义，而且也在于强调，它还是近代女学生高扬爱国主义精神旗帜的重要基地。

第三，建立民主的学校管理体制。五四运动以后，民主和科学精神

---

① 杨文一：《新文化与新文学》，《北京女子高等师范文艺会刊》1920 年第 2 期，"论说"第 26 页。

逐渐渗透到学校的管理工作。北京女高师实行学生自治制度，同时设立学生指导委员会予以辅助。由此师生之间形成了一种民主、包容的氛围，双方觉悟到共同维系的责任，共同营造了蓬勃向上、充满活力的教学环境。后来北京女师大校长杨荫榆，因实行封建家长式的专制管理，酿成了著名的"女师大风潮"，这正体现了女师大师生对民主管理体制这一优良传统的认同和自觉维护。因此，这种民主、相互包容的师生关系，正是今天具有行政化管理倾向的高校所当镜鉴的。

第四，树立研究学术的新学风。北大校长蔡元培曾强调："大学为纯粹研究学问之机关，不可视为养成资格之所，亦不可视为贩卖知识之所。"① 作为一所高等师范学校，北京女高师除了教授基础知识和技能外，还重视学术研究，锻炼学生的思维能力。为此，学校不仅大力聘请名师，改革课程，而且支持学生创办各种学会和学术刊物，发表研究心得。同学们也大多认真地研究，踊跃地发表见解。如此浓厚的学术氛围以及独立自由的学术传统，对于当今过多浸染功利色彩的中国大学而言，也不失为一种深刻的启示。

---

①　高平叔编：《蔡元培全集》（第3卷），中华书局1984年版，第191页。

# 参考文献

## 一 档案

《1914—1925年女师范及女高师毕业生名册》，北京师范大学档案馆，全宗号2卷号7。

《1920—1921年女高师决算书及教职员应纳所得税表和要求发还积欠的报告等材料》（复印件），北京师范大学档案馆，全宗号2卷号5。

《1924年国立北京女高师教职员名册和筹建女师大委员会》（复印件），北京师范大学档案馆，全宗号2卷号2。

《1924年女高师教职员薪俸表 经费领款凭单及沪案捐款名单等材料》，北京师范大学档案馆，全宗号2卷号4。

《1924年北京女子高等师范学校公函函报杨校长就职日期》，北京档案馆，档案号J004-001-001663。

《北京女子高等师范学校暂行简章》，北京档案馆，档案号J004-002-00184。

## 二 报刊

《北京高师周刊》，1922—1923年。

《北京女高师幼稚教育的研究》，1920年。

《北京女学界联合会汇刊》，1922年。

《北京女子高等师范文艺会刊》，1919—1924年。

《北京女子高等师范周刊》，1919—1924 年。

《北京女子师范大学周刊》，1924 年。

《晨报》，1919—1924 年。

《东方杂志》，1919—1924 年。

《大公报》，1919—1924 年。

《妇女杂志》（上海），1919—1924 年。

《国民》，1919 年。

《工学》，1920 年。

《国学丛刊》，1923—1924 年。

《京报》，1919—1924 年。

《金陵女子大学校刊》，1925 年。

《今生》，1920 年。

《家庭研究》，1920—1922 年。

《教育丛刊》，1924 年。

《教育公报》，1917—1924 年。

《教育声》，1920—1924 年。

《民铎杂志》，1922 年。

《民国日报》，1919—1924 年。

《申报》，1919—1924 年。

《顺天时报》，1919—1924 年。

《四川教育新潮》，1920—1924 年。

《少年中国》，1920—1921 年。

《时事新报》，1919—1924 年。

《文学旬刊》，1921—1924 年。

《新潮》，1919—1922 年。

《新教育》，1923 年。

《心理》，1922 年。

《新青年》，1919—1924 年。

《小说月报》，1921—1924 年。

《云南旅京学会会刊》，1924 年。

《益世报》，1919—1924 年。

### 三　资料汇编

安树芬、耿淑珍：《中国妇女教育资料选编》，中国妇女出版社1995年版。

《北京高等师范学校一览》（1913），北京师范大学图书馆。

《北京女子师范学校十周年纪念册》（1918），北京师范大学图书馆。

《北京女子师范学校一览》（1918），北京师范大学图书馆。

《北京女子高等师范学生自治会同学录》（1922），北京师范大学图书馆。

陈学恂主编：《中国近代教育史教学参考资料》，人民教育出版社1987年版。

陈元晖：《中国近代教育史资料汇编》，上海教育出版社2007年版。

《国立京师大学校女子第一部一览》（1927）。

教育部：《第一次中国教育年鉴》，开明书局1934年版。

教育部教育年鉴编纂委员会编：《第二次中国教育年鉴》，商务印书馆1948年版。

李又宁、张玉法：《近代中国女权运动史料》，龙文出版社1995年版。

李友芝等：《中国近现代师范教育史资料》，北京师范大学出版社1988年版。

宋恩荣、章咸主编：《中华民国教育法规选编》（1912—1949），江苏教育出版社1990年版。

舒新城：《中国近代教育史资料》，人民教育出版社1981年版。

王学珍、郭建荣主编：《北京大学史料》，北京大学出版社2000年版。

王学珍、张万仓：《北京高等教育文献资料选编》（1861—1948），首都师范大学出版社2004年版。

王燕来选编：《民国教育统计资料汇编》，国家图书馆出版社2010年版。

吴惠龄、李壑：《北京高等教育史料》（第一集），北京师范学院出版社1992年版。

邰爽秋：《历届教育会议议决案汇编》，教育编译馆1935年版。

中国第二历史档案馆：《中华民国史档案资料汇编》第三辑教育，江苏古籍出版社 1991 年版。

中华全国妇女联合会妇女运动历史研究室：《五四时期妇女问题文选》，生活·读书·新知三联书店 1981 年版。

中华全国妇女联合会妇女运动历史研究室：《中国妇女运动历史资料（1921—1927）》，中国妇女出版社 1986 年版。

中华全国妇女联合会妇女运动历史研究：《中国妇女运动历史资料（1840—1918）》，中国妇女出版社 1991 年版。

中华全国妇女联合会妇女运动历史研究：《中国妇女运动历史资料（1927—1937）》，中国妇女出版社 1991 年版。

## 四　文集、传记、日记、年谱、回忆录

蔡元培著，高平叔编：《蔡元培教育论著选》，人民教育出版社 1991 年版。

陈宝泉著，蔡振生、刘立德编：《陈宝泉教育论著选》，人民教育出版社 1996 年版。

陈独秀著，戚谢美、邵祖德编：《陈独秀教育论著选》，人民教育出版社 1995 年版。

陈中凡著，姚柯夫编：《清晖集》，书目文献出版社 1987 年版。

陈中凡著，姚柯夫编：《陈中凡论文集》，上海古籍出版社 1993 年版。

陈子善、张铁荣：《周作人集外文》，海南国际新闻出版中心 1995 年版。

傅道彬：《中国现代学术经典·钱基博卷》，河北教育出版社 1996 年版。

胡适著，白吉庵、刘燕云编：《胡适教育论著选》，人民教育出版社 1994 年版。

胡适著，季羡林主编：《胡适全集》，安徽教育出版社 2003 年版。

黄英哲、陈漱渝、王锡荣：《许寿裳遗稿》（第三卷），福建教育出版社 2011 年版。

李大钊著，中国李大钊研究会编注：《李大钊全集》，人民出版社

2006 年版。

梁启超：《饮冰室合集》，中华书局 1989 年版。

林辰：《许寿裳文录》，湖南人民出版社 1986 年版。

陆侃如、冯沅君著，袁世硕、张可礼编：《陆侃如冯沅君合集》，安徽教育出版社 2011 年版。

鲁迅博物馆藏：《周作人日记》，大象出版社 1996 年版。

鲁迅：《鲁迅全集》，人民文学出版社 2005 年版。

［英］罗素：《罗素自述》，黄忠晶编译，天津人民出版社 2012 年版。

毛彦文：《往事》，百花文艺出版社 2007 年版。

倪墨炎、陈九英编：《许寿裳文集》，百家出版社 2003 年版。

钱虹编：《庐隐选集》（上、下册），福建人民出版社 1985 年版。

钱虹编：《庐隐集外集》，数目文献出版社 1989 年版。

钱玄同著，沈永宝编：《钱玄同五四时期言论集》，东方出版中心 1998 年版。

钱用和：《钱用和回忆录》，东方出版社 2011 年版。

绍兴鲁迅纪念馆：《许寿裳书信选集》，浙江文艺出版社 1999 年版。

沈辉编：《苏雪林文集》（1—4 卷），安徽文艺出版社 1996 年版。

苏雪林：《浮生九四：苏雪林回忆录》，三民书局 1991 年版。

苏雪林：《苏雪林自传》，江苏文艺出版社 1996 年版。

吴新雷：《清晖山馆友声集——陈中凡友朋书札》，江苏古籍出版社 2000 年版。

向警予：《向警予文集》，湖南人民出版社 1980 年版。

许广平：《许广平文集》，江苏文艺出版社 1998 年版。

薛绥之、韩立群：《鲁迅生平史料汇编》，天津人民出版社 1983 年版。

杨扬编：《石评梅作品集》（散文），书目文献出版社 1983 年版。

杨扬编：《石评梅作品集》（诗歌、小说），书目文献出版社 1984 年版。

杨扬编：《石评梅作品集》（戏剧、游记、书信），书目文献出版社 1985 年版。

中国蔡元培研究会编：《蔡元培全集》，浙江教育出版社 1997 年版。

中国社会科学院近代史研究所：《五四运动回忆录》，中国社会科学出版社 1979 年版。

周洪宇、陈竞蓉：《民主主义与教育：杜威在华演讲录》，安徽教育出版社 2013 年版。

朱杰人、戴从喜：《程俊英教授纪念文集》，华东师范大学出版社 2004 年版。

## 五　学术著作

北京师范大学校史资料室：《五四运动与北京高师》，北京师范大学出版社 1984 年版。

北京市妇女联合会：《巾帼春秋》，中国妇女出版社 1988 年版。

北师大校史办：《北京师范大学校史》，北京师范大学出版社 1982 年版。

蔡春编：《中国高等师范教育记事（1902—1965）》，北京师范大学教育科学研究所 2000 年版。

曹国旗、王家康主编：《中国新文学百年》，语文出版社 2001 年版。

陈宝泉：《中国近代学制变迁史》，北京文化学社 1927 年版。

陈东原：《中国妇女生活史》，上海书店出版社 1984 年版。

陈文联：《冲决男权传统的罗网——五四时期妇女解放思想研究》，中南大学出版社 2003 年版。

陈学恂主编：《中国近代教育大事记》，上海教育出版社 1981 年版。

程谪凡：《中国现代女子教育史》，中华书局 1936 年版。

丛小平：《师范学校与中国的现代化：民族国家的形成与社会转型》（1897—1937），商务印书馆 2014 年版。

崔运武：《中国师范教育史》，山西教育出版社 2006 年版。

［美］德本康夫人、蔡路得：《金陵女子大学》，杨天宏译，珠海出版社 1999 年版。

丁伟志：《中国近代文化思潮》（上、下），社会科学文献出版社 2011 年版。

杜学元：《中国女子教育通史》，贵州教育出版社 1995 年版。

方增泉：《近代中国大学（1892—1937）与社会现代化》，北京师范大学出版社 2006 年版。

何玲华：《新教育·新女性：北京女高师研究（1919—1924）》，中国社会科学出版社 2007 年版。

何晓夏、史静寰：《教会学校与中国教育近代化》，广东教育出版社 1996 年版。

黄新宪：《中国近现代女子教育》，福建教育出版社 1992 年版。

霍益萍：《近代中国的高等教育》，华东师范大学出版社 1999 年版。

姜丽静：《历史的背影：一代女知识分子的教育记忆》，教育科学出版社 2012 年版。

金以林：《近代中国大学研究（1898—1949）》，北京大学出版社 2000 年版。

李桂林：《中国现代教育史》，吉林教育出版社 1991 年版。

梁瓯第、梁瓯霓：《近代中国女子教育》，正中书局 1936 年版。

刘捷、谢维和：《栅栏内外——中国高等师范教育百年省思》，北京师范大学出版社 2002 年版。

卢燕贞：《中国近代女子教育史（1895—1945）》，文史哲出版社 1989 年版。

罗苏文：《女性与近代中国社会》，上海人民出版社 1996 年版。

吕美颐：《走出中世纪——近代中国妇女的生活变迁》，广东人民出版社 1996 年版。

马新国、刘锡庆：《北京师范大学百年图志》，北京师范大学出版社 2002 年版。

潘懋元：《中国高等教育百年》，广东高等教育出版社 2003 年版。

潘正文：《“五四”社会思潮与文学研究会》，新星出版社 2011 年版。

钱理群等：《中国现代文学三十年》，北京大学出版社 1998 年版。

乔素玲：《教育与女性——近代中国女子教育与知识女性的觉醒（1848—1921）》，天津古籍出版社 2005 年版。

曲广华：《中国近代文化与五四社团》，吉林大学出版社 2004 年版。

［美］塞缪尔·亨廷顿：《变化社会中的政治秩序》，王冠华等译，生活·读书·新知三联书店 1996 年版。

孙海英：《金陵百屋房——金陵女子大学》，河北教育出版社 2004

年版。

孙石月：《中国近代女子留学史》，中国和平出版社 1995 年版。

涂又光：《中国高等教育史论》，湖北教育出版社 1997 年版。

汪楚雄：《启新与拓域：中国新教育运动研究（1912—1930）》，山东教育出版社 2010 年版。

王翠艳：《女子高等教育与中国现代女性文学的发生——以北京女子高等师范为中心》，文化艺术出版社 2007 年版。

王绯：《空前之迹——1851—1930：中国妇女思想与文学发展史论》，商务印书馆 2004 年版。

王维新、陈金林、戴建国：《中国百年师范教育图志》，上海辞书出版社 2008 年版。

王学珍：《北京高等教育纪事（1861 年—1949 年 1 月）》，中国广播电视出版社 2006 年版。

肖凤：《庐隐评传》，中国社会出版社 2008 年版。

熊明安：《中国高等教育史》，重庆出版社 1988 年版。

熊明安：《中华民国教育史》，重庆出版社 1990 年版。

徐海宁：《中国近代教会女子大学办学研究——以金陵女子大学为个案》，南京师范大学出版社 2008 年版。

［加拿大］许美德：《中国大学 1895—1995：一个文化冲突的世纪》，许洁英译，教育科学出版社 1999 年版。

阎广芬：《中国女子与女子教育》，河北大学出版社 1996 年版。

严蓉仙：《冯沅君传》，人民文学出版社 2008 年版。

余家菊：《师范教育》，中华书局 1926 年版。

张莉：《浮出历史地表之前：中国现代女性写作的发生》，南开大学出版社 2010 年版。

张连红：《金陵女子大学校史》，江苏人民出版社 2005 年版。

张素玲：《文化、性别与教育：1900—1930 年代的中国女大学生》，教育科学出版社 2007 年版。

郑大华：《民国思想史论续集》，社会科学文献出版社 2010 年版。

郑永福、吕美颐：《中国妇女通史·民国卷》，杭州出版社 2010 年版。

周予同：《中国现代教育史》，良友图书公司 1934 年版。

朱峰:《基督教与近代中国女子高等教育——金陵大学与华南女大比较研究》,福建教育出版社 2002 年版。

庄俞、贺圣鼎:《最近三十五年之中国教育》,商务印书馆 1931年版。

左志英:《一个真实的苏雪林》,东方出版社 2008 年版。

## 六　学术论文

### (一)　硕博论文

段春敏:《我国近代女子师范教育之研究》,硕士学位论文,河南大学,2010 年。

勾小群:《民国时期高等师范院校课程改革研究》,硕士学位论文,陕西师范大学,2006 年。

雷良波:《试论五四时期女子教育的模式》,硕士学位论文,华中师范大学,2002 年。

乔素玲:《近代中国女子教育与知识女性的觉醒》,博士学位论文,中山大学,2000 年。

Sun Yen-Chu:《Chinese National Higher Education for Women in the context of Social Reform 1919—1919:A Case Study》,Doctoral Dissertation of New York University in 1985.

王琰:《近代北京女师大的发展及学生出身文化考》,硕士学位论文,北京大学,2005 年。

王英:《往事如风——北京女子高等师范学校四位女作家的"唯美"情怀》,硕士学位论文,西北大学,2004 年。

吴效马:《"五四"时期女性、儿童个性解放思潮研究》,博士学位论文,北京师范大学,1998 年。

武增锋:《中国近代高师与近代文化》,博士学位论文,北京师范大学,2003 年。

闫虹:《论北京女师大作家群》,硕士学位论文,北京大学,2003 年。

杨彩丹:《北京高师与近代文化》,博士学位论文,北京师范大学,

2009 年。

杨欣改：《清末北洋政府时期女子师范教育述评》，硕士学位论文，河北大学，2005 年。

张德忠：《异质的移植与内化：民国时期北京地区的师范教育》，博士学位论文，首都师范大学，2013 年。

张兰：《金陵女子大学和北京女子高等师范学校比较研究》，硕士学位论文，河北师范大学，2011 年。

赵贝贝：《中国近代女子高等教育与"新女性"的塑造》，硕士学位论文，中国人民大学，2012 年。

朱艳丽：《北京女高师作家文学创作中的两性关系》，硕士学位论文，新疆大学，2011 年。

（二）期刊论文

曹安和：《中国音乐教育的摇篮——从女高师到女子文理学院》，《中国音乐学》2002 年第 1 期。

程俊英：《回忆女师大》，《档案与史学》1997 年第 1 期。

杜学元：《中国男女分校与同校之争的历程、主要分歧及启示》，《四川文理学院学报》（社会科学版）2006 年第 6 期。

傅瑛：《女高师散文创作论——兼谈中国现代女性散文的发端》，《淮北煤师院学报》（哲学社会科学版）2000 年第 4 期。

何玲华：《蔡元培与北京女高师》，《高校理论战线》2007 年第 9 期。

何玲华：《从女高师到女师大：鲁迅与现代女子教育》，《江西社会科学》2006 年第 9 期。

黄明喜：《五四新文化运动与早期师范教育变革》，《华南师范大学学报》（社会科学版）2002 年第 6 期。

姜丽静：《北京女子高等师范学校首届女大学生的教育生活史研究》，《内蒙古师范大学学报》（教育科学版）2008 年第 9 期。

姜丽静：《北京女子高等师范学校非常规办学的成功经验与启示》，《国家教育行政学院学报》2009 年第 12 期。

姜丽静：《从边缘到中心：重新解读北京女子高等师范学校》，《高等教育研究》2009 年第 11 期。

姜丽静：《高等教育创办的非常规个案：北京女子高等师范学校》，《教育学报》2009 年第 5 期。

姜丽静：《边缘处的别样行走——关于"女高师"的研究现状、研究地位及研究视角》，《高教探索》2010 年第 2 期。

金一虹：《民国时期女子高等教育的性别议题——以金陵女子大学为个案》，《妇女研究论丛》2006 年第 2 期。

林峥：《女高师的新教育与"新女性"的塑造》，《云梦学刊》2009 年第 5 期。

祁斌斌：《由〈女高师周刊〉再识女高师音乐系》，《音乐研究》2009 年第 1 期。

覃红霞：《求异与趋同：中国女性高等教育的变迁与反思》，《江苏高教》2009 年第 3 期。

王翠艳：《女高师校园文学活动与现代女性文学的发生》，《中国现代文学研究丛刊》2005 年第 5 期。

王明：《民国时期三任北京女子师范大学校长毛邦伟述略》，《贵州文史丛刊》2009 年第 2 期。

王奇生：《教会女子高等教育的历史演变》，《华中师范大学学报》（哲社版）1996 年第 2 期。

王淑芳：《中国妇女解放运动的先锋——记"五四"前后的北京女子高等师范学校》，《北京党史》1989 年第 3 期。

王英：《论北京女高师四位女作家的母爱歌颂》，《山西广播电视大学学报》2005 年第 4 期。

王媛：《近代中国女子高等教育产生刍论》，《四川师范大学学报》（社会科学版）1996 年第 4 期。

阎广芬：《"五四"精神与女子教育》，《河北大学学报》1990 年第 2 期。

张春明：《文化变迁对中国女子高等教育的影响》，《石家庄经济学院学报》2003 年第 4 期。

张红艳：《民国时期的女子高等教育——以北京女子高等师范学校为例》，《乐山师范学院学报》2011 年第 3 期。

张莉：《近代女子教育与一代女作家的浮现》，《中国教育报》2007 年 11 月 30 日。

张素玲：《民国时期两所女子大学的比较研究》，《高教探索》2010年第5期。

张直心：《风潮起伏中的掌校者——许寿裳在浙江两级师范与北京女高师》，《鲁迅研究月刊》2010年第7期。

赵海菱：《冯沅君在北京女高师的日子》，《新文学史料》2011年第2期。

# 附　录

## 附录 1　北京女高师大事年表（1919—1924 年）

### 1919 年

3 月，教育部颁布《女子高等师范学校规程》。

4 月 18 日，教育部令准北京女子师范学校改组为北京女子高等师范学校。

4 月 23 日，教育部委任方还为北京女子高等师范学校校长。

5 月 7 日，以北京女高师为首的京城 12 所女子学校的代表 40 余人聚集开会，决定以北京女校全体学生的名义，通电巴黎和会及中国代表，要求公正处理山东问题。

5 月 22 日，北京女高师学生创办该校第一个含有政治性的刊物《女界钟》，以发表对五四运动的意见。

5 月 25 日，北京女学界联合会召开北京女高师第三团成立会。

6 月 4 日，北京女高师学生冲出校门，结队游行到总统府请愿。这是中国近代史上第一次女大学生集体参政游行。

6 月，北京女高师文艺研究会创办了《文艺会季刊》（1920 年改名为《北京女子高等师范文艺会刊》），以研究文艺为宗旨。

7 月 28 日，教育部指令毛邦伟兼任北京女高师校长。

7 月 29 日，教育部派伍崇敏会办北京女高师校务。

7月，北京女高师数理化部学生创立数理研究会，以"阐明学理，交换知识"为宗旨。

9月20日，北京女高师附小与北京高师附小联合组织教授研究会。

9月，胡适兼任北京女高师哲学教员，讲授中国哲学史、西洋哲学概论课程。

9月，北京女高师招收新生90名。

11月3日，北京女高师召开运动会，纪念建校十一周年。

11月4日，教育部令准北京女高师所拟的《学校职务规程》。

11月13日，胡适在北京女高师讲演《哲学方法》。

11月17日，教育部批准北京女高师开设选科并招收旁听生。

11月17日，蔡元培在北京女高师讲演《国文之将来》。

11月30日，北京女高师会同社会各界为该校学生李超举行追悼会。该生因家庭压迫于是年8月16日病逝。李大钊、蔡元培、胡适、陈独秀等新文化运动主将参加追悼会并发表演讲。

11月，北京女高师博物部学生创立博物研究会，旨在收集博物材料并讨论学理。

12月17日，北京女高师成立学生自治会，旨在以互助的精神，谋求个人能力的发展及校务的发达。该会主要负责学生管理工作，是该校颇具影响力的学生组织。

12月20日，在北京女高师大礼堂举行旅京女学界安徽同乡大会，商讨对付安庆桑蚕女学遭受安武军蹂躏的办法。

12月，北京女高师学生成立女子国货会，规定凡入会的学生，一切用品皆用国货。

本年，李大钊在北京女高师讲授社会学、妇女运动史等课程。

本年，北京女高师国文部制定了《文科国文部学科课程一览并说明》，实行选科制。

本年，陈中凡任职北京女高师国文部主任，效法北大，革新文科。

## 1920 年

2月9日，北京女高师学生与北大学生联合发起的家庭研究社召开成立大会。该会宗旨有以下三条：一是本人类创造能力促进社会解放，认定"家庭解放"为起点；二是本科学的方法讨论关于家庭各项问题，并谋"具体的改造"；三是用精密的考察实行关于家庭的调查。

2月，北京女高师家事部学生创办家事研究会，旨在以互助的精神改良家庭，补助社会。

4月16日，北京女高师与北京高师共同创办了《四川教育新潮》，以"介绍教育新潮，改进四川教育"为宗旨。

4月，北京女高师学生发起的女子工读互助团正式成立。该团系北京工读互助团第三组，以"互助之精神，实行半工半读"为宗旨。

5月7日，北京女高师举行春令旅行，前往清华园等处参观。

6月，北京女高师师范本科四年级一班共计28人毕业。据统计，截至6月，该校共有职员26人，教员44人，在校学生242人。

7月1—7日，北京女高师在该校开设女子夏期讲演会，聘请卢易博士讲授《教授法原理》等。

9月1日，教育部令准熊崇煦担任北京女高师校长。

10月3日，北京女高师附小开办注音字母传习所。

10月9日，教育部令准北京女高师附设补习科。

10月18—19日，北京女高师在江西会馆举行赈灾游艺会。

11月，北京女高师学生缪伯英加入社会主义青年团，同时参加了由李大钊组织领导的北京共产主义小组。

12月16日，北京女高师学生20余人参观京师第一监狱。

本年，北京女高师添设音乐体操专修科，以应当时中学音乐、体育教育的需要，培养复合型教师。

本年，北京女高师家事科分为医学、机织两大专业。

本年秋，北京女高师学生自治会成立北京女高师平民夜校。

本年，杜威来北京女高师讲演《教育哲学》，胡适担任翻译。

本年，鲁迅对北京女高师学生许羡苏等的剪发事件作《头发的故事》予以回应。

本年，周作人在北京女高师国文部兼职，教授欧洲文学史。

### 1921 年

3月19日，北京学生奋起力争教育经费独立，发布宣言，并由北京女高师发起组织国立罢课学校学生联席会。

4月30日，北京女高师图书手工专修科主任吕凤子，率领学生20人参观上海美术学校。参观完毕，由上海美术学校校长刘海粟招待开茶话会，相互讨论有关艺术的问题。

5月4日，北京女学界联合会在女高师大礼堂召开"五四"纪念会。

5月10日，杜威受邀在北京女高师发表演讲，题目为"教育青年底教育原理"。

6月19日，北京女高师图画手工专修科举办图画展览会，向社会展示办学成绩。

6月30日，北京女高师代表刘吴卓生女士出席为杜威一家举行的饯行会，并发表致辞。

8月，杜威夫人在北京女高师附属小学讲演初等教育。

8月29日，教育部令准北京女子高师音乐体操专修科分科，分为音乐专修科及体操专修科，并将修业期限延长一年。这是我国女子高等师范学校开设音乐体操科之始。

10月9日，教育部委任毛邦伟代理北京女高师校长。

10月10日，北京女高师举行第一次音乐演奏会。

12月14日，美国教育学家孟禄参观女高师及其附属中学，发表了题为"女子教育"的演讲。

12月28日，北京女高师音乐科举行第二次音乐演奏会。

本年，北京女高师招生考试中首次加入了心理测验，这在当时全国高校的招生考试制度中无疑算是一种革新的举措。

本年，李大钊在北京女高师讲演《关于图书馆的研究》《美国图书馆员之训练》《理想的家庭》。

本年，北京女高师学生苏雪林因撰写了一篇批评谢楚桢的《白话诗研究集》的文章，遂引发与北大学生易家钺、罗敦伟的一场笔战。

## 1922 年

2月4日，北京学界召开集股赎路会，决定即日向各方面劝募。北京女高师学生当即分组在厂甸、新世界、游艺园各热闹场所讲演，详细陈述胶济路与国家存亡的关系，并散发传单。

2月22日，教育部令准北京女高师呈送改订的本校内部暂行组织大纲及各种会议细则。

2月24日，北京女高师国文部学生借教育部礼堂开游艺会，除各种舞蹈外，还演出话剧《孔雀东南飞》《叶启瑞》等。

3月3日，俄国诗人爱罗先珂在北京女高师大礼堂讲演，题目为"知识阶级之使命"。

3月17—19日，北京女高师和北京高师为筹款赎路，联合举行游艺会。

3月27日，教育部令准北京女子高等师范废止预科、选科，决定将现有选科生一律改为本科，免收膳费，嗣后不再添设此选科。

4月1日，梁启超在北京女高师讲演，题为"我对于女子高等师范教育希望特别注意的几种学科"。

4月29日，北京女高师国文部毕业生20余人，在教务主任李贻燕的率领下，离京视察国内外教育。

5月4日，李大钊出席北京女高师举行的五四运动三周年纪念会并讲话。

5月15日，北京女高师国文系教育考察团20余人，抵达日本东京。

5月30日，周作人在北京女高师学生自治会讲演《女子与文学》。

5月，北京女高师附小主任孙世庆编辑出版了《设计式的教学法》。

6月1日，北京女高师音乐专修科师生在该校大礼堂举行第三次音乐演奏会，由音乐教员萧友梅、杨祖锡等指导。

6月，北京女高师国文部本科32人毕业。

7月18日，教育部委许寿裳继任北京女高师校长。

7月22日，俄国女音乐家在北京女高师开演奏会。

8月23日，北京女权运动同盟会在女高师召开成立大会。

10月2日，钱玄同在北京女高师讲演《国文的进化》。

10月2日，北京女高师校长许寿裳在开学典礼上明确提出了三点治校方针：即发挥民治的精神、发挥女性的特长和造成女子文化中心。

10月10日，北京女高师校刊《北京女子高等师范周刊》创刊。

10月25日，北京女高师学生自治会召开欢迎新会员大会。

11月9日，北京女高师召开校务会议，将筹划"女子大学"提到议事日程，议决先由校长、总务处主任和教务处主任起草意见书。

11月11日，北京女高师博物系四年级学生22人，随同地质教授章鸿钊等离京赴山东进行地质旅行，这可谓近代中国女大学生考察地质之始。

11月20日，美国女子高等学校俱乐部会员参观北京女高师。

11月24日，俄国诗人爱罗先珂在北京女高师讲演《女子与其使命》，周作人担任翻译。

11月，据统计，截至此月，北京女高师有职员42人，教员80人，学生237人；北京女高师附中有职员10人，教员28人，学生295人；北京女高师附小有教员26人，职员4人，学生574人；北京女高师附属蒙养园有教员7人，职员2人，学生86人。

12月1日，北京女高师邀请前海参崴大学校长耶尔所夫博士到校讲演，题为"学校问题与教育学在欧洲及俄罗斯之近时位置"。

12月3日，北京女高师校友会召开成立一周年纪念会，由副会长欧阳晓澜主持开会。

12月22日，北京女高师图书仪器委员会成立。

12月29日，教育部令准北京女高师呈送的《附属中学初级中学简章》。

本年，北京女高师订定组织大纲，改革学校行政系统，并重新厘定课程，成立评议会，出版周刊，各种行政委员会也次序设立。许寿裳在评议会上提出改建女子大学意见书，会议议决通过，组织大学讨论委员会，商定学则。

本年，李大钊、赵世炎、蔡和森先后到男高师、北京女高师进行建团和建党活动。北京男高师、北京女高师合建了中共地下党支部，负责人为许兴凯，成员有缪伯英、冯品毅、游宇等。

本年，北京女高师的英文研究会发起成立英语夜校。

本年，北京女高师学生自治会创办女权运动同盟会，以扩展女权、解放妇女、争取男女平等为宗旨。

本年，北京女高师废除文理分科，改部为系，设立国文系、英文系、数理系、理化系、家事系、体育系、历史系、音乐系、生物地质系、哲学教育系10个学系。

本年，北京女高师校长许寿裳整顿该校附属补习学校，辞谢该校主任李绍青，委任钱用和接办，由此引起部分补习学校学生的不满。

本年，北京女高师与北京高师的附属小学联合成立了北京小学教育研究会，旨在研究小学教育的原理和方法。

**1923 年**

1 月 10 日，北京女高师邀请江亢虎先生讲演《女权问题及家庭问题》。

1 月 19 日，北京大学邀请杜里舒教授讲演《近代心理学上之问题》，并赠送北京女高师 10 张入场券。

1 月 25 日，北京女高师开评议会临时会议，校长许寿裳报告辞职，委托校评议会维持校务。

2 月 1 日，北京女高师音乐系在该校大礼堂举行第四次音乐演奏大会，并请北大弦乐队协奏。

2 月 2 日，北京女高师邀请江亢虎讲演《俄罗斯共产主义的试验》。

2 月 3 日，国立北京大学、工业专门学校、北京高师、医学专门学校、北京女高师、美术专门学校评议会代表联席会议发表声明，各校行政暂由各校评议会维持，所有彭允彝署名一切公文概不接收，教职员遇事与国务院直接交涉。

2 月 5 日，北京女高师寒季体育练习会开幕。

2 月 9 日，"二七惨案"发生后，北京学生分别在北大三院礼堂和北京女高师开会。长辛店脱险工人和被害家属参加了大会，并控诉了反动军阀的罪行。会后，学生们和工人联合进行示威游行。

2 月 13 日，北京女高师家事科召开女子平民工厂第一次筹备会。会议决定熊希龄夫人朱其慧为筹款委员会委员长，陈宝泉先生为筹备委员会委员长。

2 月 28 日，慕贞女学师生十余人参观北京女高师及其附属小学。

3 月 6 日，北京女高师史学系二年级学生召开史学读书会成立大会，该校教职员欧阳祖经、李泰棻、王凤鸣等均到场并发表演说。

3 月 8 日，北京女高师学生中信奉基督教者开会讨论组织校内基督教女青年会的方法，公决于 3 月 23 日开成立大会。

3 月 11 日，上海东亚同文书院日本学生铃木择郎参观北京女高师。

3月16日，北京女高师邀请杜里舒夫人在该校大礼堂讲演《德国之共同教育与妇女运动》。

3月25日，北京女高师学生组织校内基督教女青年会开成立大会。除该校信仰基督教学生到会外，还有北京男女各校青年会的会员。

3月26日，北京女高师及京城多所高校、社会团体联合举行反日集会游行，要求取消"二十一"条及收回旅顺、大连。

3月27日，北京高师英语部师生参观北京女高师。

3月28日，北京工业专门学校织科二年级师生12人参观北京女高师。

3月30日，北京女高师数理化研究会邀请该校教员吴匡时莅会讲演，题为"氧化作用的无定形发酵素之一种——Laccase树漆发酵素"。

3月，北京女高师评议会决定改办女子大学，从本年度开始招收大学预科生。

4月6—7日，北京女高师家事科医学系学生因募集参观旅费，假借真光电影院开办游艺大会。该会演出包括新剧《赖婚》《何处是光明》、哑剧《怀乡》、趣剧、跳舞、音乐、电影等节目。

4月11日，北京女高师博物系四年级学生在大礼堂开慰劳会，感谢陈大悲等教员对此前该系组织游艺大会的帮助。

4月21—22日，北京女高师体育系在北京美术学校大礼堂举行跳舞游艺会，并演出由陈大悲、朱孤雁等排演的新剧《牺牲》《宝珠小姐》。

4月22日，中华心理学会第九次讲演大会在女高师举行，美国心理学家麦柯讲演《真理试验》。

4月26日，北京女高师家事机织系学生赴上海爱礼司洋行实习染织。

5月2日，北京女高师体育系学生在该系主任曾仲鲁的率领下，前往天津参观华北运动会。

5月3日，浙江法政专门学校参观团40余人来北京女高师参观。

5月4日，千余名学生在北京女高师举行"五四"纪念会，李大钊在会上发表演说。

5月9日，吉林第二师范学校师生20余人参观北京女高师。

5月13—14日，北京女学界联合会为给平民职业女学校筹款，举行北京8所女校的联合游艺会，北京女高师、北京女高师附中均参加。

5 月 17 日，北京女高师在中央公园来今雨轩举行该校评议会及女子大学讨论委员会联席会议。

5 月 21 日，北京女高师博物、数理化、体育三系学生乘火车至国内各处旅行参观。

5 月 31 日，北京女高师音乐系在该校大礼堂举办第五次音乐演奏会。

5 月，北京女高师学生演出话剧《娜拉》，深受社会各界的关注。

6 月 5 日，河北大学师生 30 余人及成都教育考察团 40 余人参观北京女高师及其附属小学，北大化学系师生十余人参观女高师。

6 月 7 日，奉天师范学校师生十余人来北京女高师参观。

6 月，北京女高师公布了《北京女子高等师范学校添设女子大学预科缘起及招生简章》，拟招考女子大学预科一年级生两班，各 40 名。

6 月，北京女高师数学系毕业 8 人，化学系毕业 17 人，生物地质系毕业 24 人，家事机织系毕业 8 人，家事医学系毕业 7 人，体育系毕业 15 人。

7 月 22 日，北京女高师自治会在《京报》发表宣言，欢迎杨荫榆回国。

7 月 30 日　北京女高师学生自治会全体大会议决，函请该校校长许寿裳及总务主任吴清林退职。

7 月，鲁迅兼任北京女高师国文系讲师，担任小说史和文艺理论课程。

8 月 4 日，北京女高师学生自治会在《晨报》发表启事，宣布该会已于 7 月 31 日公函校长许寿裳，请其退职，此后不再承认许校长的一切个人命令。

9 月，北京女高师招收大学预科生文科 48 名，理科 24 名。

11 月 3 日，北京女高师举行十五周年纪念盛会，并开运动大会。

12 月 19 日，日本东京帝国大学教授文学博士上田氏来北京女高师参观，对该校赞许有加。

12 月 26 日，鲁迅在北京女高师讲演《娜拉走后怎样》，引起女学生的强烈反响。

本年，北京女子高等师范平民学校成立。该校为中华平民教育促进会筹备处开设的暑期试验班，以北京女高师学生为教职员，在该校大礼堂进行为期一周的平民教育。

本年，梁漱溟在北京女高师讲演《从教育上和哲学上所见中西人之不同》。

本年，北京女高师成立女子大学筹备委员会。

本年，北京女高师制定了《北京女子高等师范学校津贴教员留学欧美暂行规程》，鼓励该校教员留学欧美。

## 1924 年

2 月，北京女高师校长许寿裳辞职离校。

2 月 28 日，教育部委派杨荫榆为北京女子高等师范学校校长。

3 月 9 日，北京大学全体教授反对教育部所颁的《国立大学条例》，不承认国立学校有设立校董会的必要，北京女高师部分教授亦随同反对。

3 月 11 日，北京女高师开欢迎新董事会。董事共 8 人，除现任校长杨荫榆为董事外，由部聘任 5 人，为梁启超、朱其慧（熊希龄夫人）、沈景英（黄郛夫人），毛邦伟、谈荔孙；部派部员有陈宝泉、沈步洲。

3 月 19 日，北京女高师召开校评议会，教员李泰棻等人一致否认校董事会。

3 月 21 日，教育部未照准北京女子高师拟改办女子大学。

4 月 5 日，北京女高师师生赴西山八大处旅行。

5 月 2 日，教育部指令照准北京女高师改为北京女子师范大学。

5 月 4 日，北京学生联合会在北京女高师召开"五四"纪念大会。

5 月 14 日，筹办女子师范大学委员会成立，杨荫榆被推举为委员长，并对修业年限、学分总数、学科设置及学生待遇等问题提出议案。

5 月 17 日，北京女高师音乐系第一班在青年会举行毕业音乐大会。

5 月 20 日，北京女高师筹办女子师范大学委员会第二次会议召开，对学分制、学科设置做出了议决。

5 月 27 日，北京女高师筹办女子师范大学委员会召开第三次会议，议决将组织大纲草案逐条讨论并照原案修正通过后提交评议会核议。

5 月 30 日，北京女高师校评议会与筹办女子师范大学委员会开联席会议，逐条核议《北京女子师范大学组织大纲草案》，最后议决通过了

《国立北京女子师范大学组织大纲》和《国立北京女子师范大学教职员待遇简章》。

6月18日，北京女高师校教务会议议定《国立北京女子师范大学招生简章》。

6月，北京女高师英文学系毕业21人，数理学系毕业11人，理化系毕业8人，音乐系毕业11人。

7月29日，教育部令准北京女高师所拟《国立北京女子师范大学组织大纲》试行。

8月1日，教育部函聘杨荫榆为北京女子师范大学校校长。

9月8日，北京女子师范大学校长杨荫榆在中央公园举行宴会，欢迎孟禄来华。

9月22日，北京女子师范大学开学并举行成立典礼。

11月，女师大国文系预科二年级学生3人，因江浙战争期间道路被阻，未能按时返校，缺课两月余。杨荫榆以违章勒令退学。女师大学生自治会代表主持公道，要求杨荫榆收回成命，被杨拒绝，酝酿已久的"女师大风潮"由此爆发。

本年，女师大附属中学添办高级中学，分为文理两科。

# 附录 2　北京女高师毕业生姓名履历分数表
## (1919 年 4 月—1925 年 6 月) [①]

女高师 1919 年女子师范本科第七期毕业生（29 人）

| 姓名 | 年龄（岁） | 籍贯 | 入校年月 | 毕业年月 | 毕业总平均分数 | 备注 |
|---|---|---|---|---|---|---|
| 于文华 | 21 | 黑龙江瑷珲 | 1914 年 8 月 | 1919 年 6 月 | 81 | |
| 王兆蕙 | 23 | 京兆大兴 | 同上 | 1919 年 2 月 | 75 | |
| 王绍蕙 | 21 | 吉林榆树 | 1916 年 8 月 | 1919 年 6 月 | 84 | |
| 包祖懿 | 23 | 浙江吴兴 | 1915 年 8 月 | 同上 | 78 | 浙江省立第一女子师范转学 |
| 朱畹 | 24 | 江苏宝山 | 1916 年 8 月 | 同上 | 79 | 湖南周南女子师范转学 |
| 杜孝贤 | 20 | 京兆宛平 | 1914 年 8 月 | 同上 | 79 | |
| 宗慧芙 | 22 | 京兆密云 | 同上 | 同上 | 86 | |
| 李书香 | 21 | 直隶滋县 | 同上 | 同上 | 81 | |
| 尚鸿慈 | 20 | 直隶新城 | 同上 | 同上 | 80 | |
| 周淑纯 | 18 | 奉天黑山 | 1916 年 8 月 | 1919 年 2 月 | 84 | 奉天省立女子师范转学 |
| 金熙 | 21 | 奉天沈阳 | 1914 年 8 月 | 1919 年 6 月 | 83 | |
| 耿乐勤 | 22 | 湖北安陆 | 同上 | 同上 | 79 | |
| 吴慕曾 | 21 | 江苏武进 | 同上 | 同上 | 77 | |
| 吴叔班 | 18 | 奉天兴城 | 1915 年 8 月 | 同上 | 86 | |

---

[①]　据《1914—1925 年女师范及女高师毕业生名册》，北京师范大学档案全宗号 2 卷号 7 整理而得。其中难以辨识的字，标识以"□"。

续表

| 姓名 | 年龄（岁） | 籍贯 | 入校年月 | 毕业年月 | 毕业总平均分数 | 备注 |
|---|---|---|---|---|---|---|
| 郭雁行 | 20 | 黑龙江瑷珲 | 1916 年 8 月 | 1919 年 6 月 | 82 | |
| 郭理云 | 22 | 黑龙江瑷珲 | 同上 | 同上 | 84 | |
| 陈淑英 | 20 | 福建闽侯 | 1914 年 8 月 | 同上 | 81 | |
| 彭梦民 | 24 | 贵州贵阳 | 同上 | 同上 | 81 | |
| 黄克修 | 22 | 江苏江宁 | 同上 | 同上 | 75 | |
| 华二田 | 23 | 江苏无锡 | 同上 | 同上 | 84 | |
| 杨曾照 | 22 | 京兆宛平 | 1915 年 8 月 | 同上 | 81 | |
| 赵玉贞 | 19 | 京兆宛平 | 1914 年 8 月 | 同上 | 83 | |
| 熊茂昭 | 22 | 广东台山 | 同上 | 同上 | 82 | |
| 廖坤泰 | 21 | 云南昭通 | 同上 | 同上 | 77 | |
| 刘淑庭 | 19 | 京兆宛平 | 同上 | 同上 | 86 | |
| 刘国华 | 22 | 京兆宛平 | 1915 年 8 月 | 同上 | 81 | |
| 刘师兰 | 21 | 湖北沔阳 | 1914 年 8 月 | 同上 | 78 | |
| 刘漱芳 | 21 | 河北沧县 | 同上 | 同上 | 76 | |
| 谢纬凰 | 19 | 湖南长沙 | 同上 | 同上 | 72 | |

### 女高师 1920 年女子师范本科第八期毕业生（28 人）

| 姓名 | 年龄（岁） | 籍贯 | 入校年月 | 毕业年月 | 成绩 | | | | 备注 |
|---|---|---|---|---|---|---|---|---|---|
| | | | | | 学业 | 体操 | 体育 | 实习 | |
| 唐葆贞 | 20 | 广东香山 | 1915 年 8 月 | 1920 年 6 月 | 乙 | 乙 | 乙 | 丙 | |
| 李钟英 | 22 | 直隶定兴 | 同上 | 同上 | 甲 | 乙 | 乙 | 乙 | |
| 李光彤 | 21 | 京兆宛平 | 同上 | 同上 | 丙 | 乙 | 乙 | 乙 | |
| 姚□ | 21 | 贵州贵筑 | 同上 | 同上 | 乙 | 乙 | 乙 | 乙 | |
| 罗振英 | 22 | 广东南海 | 同上 | 同上 | 甲 | 甲 | 乙 | 乙 | |

续表

| 姓名 | 年龄（岁） | 籍贯 | 入校年月 | 毕业年月 | 成绩 | | | | 备注 |
|---|---|---|---|---|---|---|---|---|---|
| | | | | | 学业 | 体操 | 体育 | 实习 | |
| 吴醒民 | 20 | 安徽泾县 | 1915年8月 | 1920年6月 | 甲 | 乙 | 乙 | 乙 | |
| 黄淑范 | 20 | 湖南沅陵 | 同上 | 同上 | 甲 | 乙 | 甲 | 甲 | |
| 水周南 | 20 | 浙江定海 | 同上 | 同上 | 甲 | 甲 | 甲 | 乙 | |
| 汪心昭 | 20 | 安徽桐城 | 同上 | 同上 | 丙 | 乙 | 乙 | 丙 | |
| 吕云章 | 22 | 山东福山 | 同上 | 同上 | 丙 | 乙 | 乙 | 乙 | 原报23岁，后更为22岁 |
| 田维 | 22 | 奉天营口 | 同上 | 同上 | 甲 | 乙 | 乙 | 乙 | |
| 吴紫瑛 | 22 | 安徽合肥 | 同上 | 同上 | 乙 | 乙 | 甲 | 乙 | |
| 胡尚芳 | 21 | 浙江绍兴 | 同上 | 同上 | 甲 | 乙 | 乙 | 乙 | |
| 王世瑜 | 20 | 福建闽侯 | 1918年4月 | 同上 | 甲 | 乙 | 甲 | 乙 | 由福建省立女子师范转入 |
| 洪曾荃 | 20 | 安徽芜湖 | 1915年8月 | 同上 | 甲 | 乙 | 甲 | 乙 | |
| 张曼筠 | 20 | 江苏江阴 | 同上 | 同上 | 乙 | 乙 | 甲 | 甲 | |
| 黄濂 | 20 | 江苏上海 | 同上 | 同上月 | 甲 | 甲 | 甲 | 乙 | |
| 彭鸿 | 23 | 黑龙江龙江 | 1918年4月 | 同上 | 甲 | 甲 | 甲 | 甲 | 由黑龙江女师范转入 |
| 严畹 | 22 | 江苏武进 | 1915年8月 | 同上 | 乙 | 乙 | 甲 | 甲 | |
| 刘绍芳 | 22 | 湖南浏阳 | 同上 | 同上 | 乙 | 乙 | 甲 | 丙 | |
| 吴慧文 | 22 | 浙江义乌 | 同上 | 同上 | 乙 | 乙 | 乙 | 乙 | |
| 汪华贞 | 23 | 湖北孝感 | 同上 | 同上 | 乙 | 乙 | 乙 | 乙 | 原报22岁，后更为23岁。 |
| 刘福林 | 20 | 京兆大兴 | 同上 | 同上 | 乙 | 乙 | 甲 | 乙 | |
| 谢纬鹏 | 20 | 湖南长沙 | 同上 | 同上 | 乙 | 乙 | 甲 | 乙 | 原报21岁，后更为20岁 |
| 丁彝馨 | 20 | 安徽阜阳 | 同上 | 同上 | 甲 | 乙 | 甲 | 甲 | |
| 宫亚英 | 22 | 吉林双城 | 同上 | 同上 | 乙 | 乙 | 乙 | 乙 | |

续表

| 姓名 | 年龄（岁） | 籍贯 | 入校年月 | 毕业年月 | 成绩 | | | | 备注 |
|---|---|---|---|---|---|---|---|---|---|
| | | | | | 学业 | 体操 | 体育 | 实习 | |
| 张绍珊 | 21 | 浙江嘉兴 | 1915年8月 | 1920年6月 | 乙 | 甲 | 甲 | 乙 | |
| 贺惺华 | 22 | 浙江镇海 | 同上 | 同上 | 甲 | 乙 | 乙 | 丙 | |

## 女高师1920年保姆讲习科毕业生（24人）

| 姓名 | 年龄（岁） | 籍贯 | 入校年月 | 毕业年月 | 毕业总平均分数 | 备注 |
|---|---|---|---|---|---|---|
| 文永叔 | 24 | 江西萍乡 | 1919年9月 | 1920年12月 | 各科成绩及格 | |
| 王淑英 | 19 | 山西文水 | 1919年11月 | 同上 | 同上 | |
| 沈德熙 | 23 | 河南许昌 | 同上 | 同上 | 同上 | |
| 李相如 | 23 | 湖南湘潭 | 同上 | 同上 | 同上 | |
| 林素真 | 20 | 广西贵县 | 1919年10月 | 同上 | 同上 | |
| 孟自芬 | 19 | 甘肃循化 | 1919年9月 | 同上 | 同上 | |
| 胡人哲 | 24 | 湖北孝感 | 同上 | 同上 | 同上 | |
| 唐国桢 | 21 | 湖南衡山 | 1919年10月 | 同上 | 同上 | |
| 唐若兰 | 21 | 四川巴县 | 1919年9月 | 同上 | 同上 | |
| 高奇如 | 21 | 福建闽侯 | 同上 | 同上 | 同上 | |
| 高云青 | 26 | 山西文水 | 同上 | 同上 | 同上 | |
| 陆秀 | 22 | 江苏无锡 | 同上 | 同上 | 同上 | |
| 张连玉 | 28 | 山西崞县 | 同上 | 同上 | 同上 | |
| 杨文英 | 29 | 湖南宁乡 | 同上 | 同上 | 各科成绩及格 | |
| 杨富予 | 27 | 江西泰和 | 同上 | 同上 | 同上 | |
| 叶端 | 23 | 山东聊城 | 1919年10月 | 同上 | 同上 | |
| 邓春芩 | 21 | 甘肃循化 | 1919年9月 | 同上 | 同上 | |
| 谢蕙如 | 24 | 四川成都 | 同上 | 同上 | 同上 | |

| 姓名 | 年龄（岁） | 籍贯 | 入校年月 | 毕业年月 | 毕业总平均分数 | 备注 |
|---|---|---|---|---|---|---|
| 韩玉贞 | 21 | 甘肃武威 | 1919 年 9 月 | 1920 年 12 月 | 各科成绩及格 | |
| 魏儒林 | 26 | 奉天辽阳 | 同上 | 同上 | 同上 | |
| 罗慕昭 | 22 | 四川巴县 | 1919 年 10 月 | 同上 | 同上 | |
| 罗颖华 | 23 | 湖北夏口 | 1919 年 9 月 | 同上 | 同上 | |
| 李蕴水 | 22 | 广东香山 | 1919 年 10 月 | 同上 | 同上 | |
| 鲍毓华 | | 安徽歙县 | | | | |

## 女高师 1921 年女子师范本科第九期毕业生（40 人）

| 姓名 | 年龄（岁） | 籍贯 | 入学年月 | 毕业年月 | 毕业总平均分数 | 备注 |
|---|---|---|---|---|---|---|
| 王佩莹 | 20 | 浙江绍兴 | 1916 年 8 月 | 1921 年 6 月 | 各科成绩及格 | |
| 王伯华 | 20 | 江苏丹徒 | 同上 | 同上 | 同上 | |
| 王绪贞 | 22 | 山东蓬莱 | 同上 | 同上 | 同上 | |
| 朱巍 | 21 | 江苏宝山 | 同上 | 同上 | 同上 | |
| 孔南道 | 21 | 湖北蕲水 | 1918 年 8 月 | 同上 | 同上 | |
| 李旭英 | 19 | 江西九江 | 1916 年 8 月 | 同上 | 同上 | |
| 李淑 | 21 | 湖南宝庆 | 同上 | 同上 | 同上 | |
| 余毓秀 | 19 | 浙江绍兴 | 同上 | 同上 | 同上 | |
| 沈瑞珍 | 20 | 湖北天门 | 同上 | 同上 | 同上 | |
| 周珍萱 | 20 | 江苏江阴 | 同上 | 同上 | 同上 | |
| 周季华 | 19 | 湖北罗田 | 同上 | 同上 | 同上 | |
| 郝超薰 | 22 | 河南南阳 | 同上 | 同上 | 同上 | |
| 夏玉如 | 18 | 浙江杭县 | 同上 | 同上 | 同上 | |
| 范叔懿 | 21 | 安徽合肥 | 同上 | 同上 | 同上 | |
| 高淑芳 | 21 | 直隶霸县 | 同上 | 同上 | 同上 | |

续表

| 姓名 | 年龄（岁） | 籍贯 | 入学年月 | 毕业年月 | 毕业总平均分数 | 备注 |
|---|---|---|---|---|---|---|
| 徐月璘 | 20 | 浙江平湖 | 1916年8月 | 1921年6月 | 各科成绩及格 | |
| 陶淑范 | 22 | 黑龙江龙江 | 1918年10月 | 同上 | | |
| 陈法青 | 19 | 河南西平 | 1916年8月 | 同上 | 同上 | |
| 孙雅平 | 19 | 浙江绍兴 | 同上 | 同上 | 同上 | |
| 黄志瑜 | 19 | 湖南临湘 | 同上 | 同上 | 同上 | |
| 黄淑贞 | 19 | 湖南沅陵 | 同上 | 同上 | 同上 | |
| 张凤石 | 21 | 直隶沧县 | 同上 | 同上 | 同上 | |
| 张若瑛 | 20 | 江苏如皋 | 同上 | 同上 | 同上 | |
| 张传馨 | 19 | 湖北蒲圻 | 同上 | 同上 | 同上 | |
| 张懿嘉 | 22 | 湖北安陆 | 同上 | 同上 | 同上 | |
| 贺玉儒 | 21 | 江苏武进 | 同上 | 同上 | 同上 | |
| 单宣 | 20 | 河南南阳 | 同上 | 同上 | 同上 | |
| 程季淑 | 19 | 安徽绩溪 | 同上 | 同上 | 同上 | |
| 叶葆真 | 21 | 湖南平江 | 同上 | 同上 | 同上 | |
| 杨幼芬 | 20 | 江苏无锡 | 同上 | 同上 | 同上 | 原报21岁，武进人兹该生改为20岁无锡人。 |
| 赵泽芳 | 19 | 贵州平越 | 同上 | 同上 | 同上 | |
| 赵淑荣 | 19 | 京兆房山 | 1918年10月 | 同上 | 同上 | |
| 郑振勤 | 21 | 浙江永嘉 | 1916年8月 | 同上 | 同上 | |
| 剧书香 | 19 | 直隶藁城 | 同上 | 同上 | 同上 | |
| 蒋慧如 | 21 | 江苏丹徒 | 同上 | 同上 | 同上 | |
| 钟逢贞 | 19 | 湖南桃源 | 同上 | 同上 | 同上 | |
| 檀润娟 | 18 | 安徽望江 | 同上 | 同上 | 同上 | |
| 罗承兰 | 20 | 贵州安顺 | 同上 | 同上 | 同上 | |
| 顾礽婉 | 19 | 江苏吴县 | 同上 | 同上 | 同上 | |

续表

| 姓名 | 年龄（岁） | 籍贯 | 入学年月 | 毕业年月 | 毕业总平均分数 | 备注 |
|---|---|---|---|---|---|---|
| 顾训文 | 20 | 江苏江宁 | 1916 年 8 月 | 1921 年 6 月 | 各科成绩及格 | |

### 女高师 1921 年图画手工专修科毕业生（21 人）

| 姓名 | 年龄（岁） | 籍贯 | 入校年月 | 毕业年月 | 毕业总平均分数 | 备注 |
|---|---|---|---|---|---|---|
| 王怀馨 | 28 | 湖南湘潭 | 1918 年 8 月 | 1921 年 6 月 | 各科成绩及格 | |
| 田德华 | 23 | 山东巨野 | 同上 | 同上 | 同上 | |
| 史行 | 25 | 江苏武进 | 1918 年 10 月 | 同上 | 同上 | |
| 朱凝 | 23 | 浙江杭县 | 1919 年 4 月 | 同上 | 同上 | |
| 周同 | 25 | 江苏武进 | 1918 年 10 月 | 同上 | 同上 | |
| 易婧 | 21 | 湖南汉寿 | 同上 | 同上 | 同上 | |
| 施鼎芳 | 20 | 江苏崇明 | 1919 年 9 月 | 同上 | 同上 | |
| 范季芸 | 26 | 山东泰安 | 1919 年 2 月 | 同上 | 同上 | |
| 陈佩兰 | 23 | 四川铜梁 | 1918 年 8 月 | 同上 | 同上 | |
| 孙班録 | 22 | 江苏无锡 | 1919 年 4 月 | 同上 | 同上 | |
| 许宝巽 | 29 | 浙江杭县 | 同上 | 同上 | 同上 | |
| 张芸芝 | 21 | 吉林吉林 | 1918 年 8 月 | 同上 | 同上 | |
| 张彦真 | 27 | 河南固始 | 同上 | 同上 | 同上 | |
| 张君觚 | 24 | 浙江吴兴 | 同上 | 同上 | 同上 | |
| 彭百城 | 22 | 山东临沂 | 1919 年 2 月 | 同上 | 同上 | |
| 汤玉成 | 21 | 江苏崇明 | 1918 年 9 月 | 同上 | 同上 | |
| 杨凤梧 | 24 | 湖北竹谿 | 1918 年 8 月 | 十年六月 | 同上 | |
| 刘显仁 | 23 | 湖南长沙 | 同上 | 同上 | 同上 | |
| 施德珩 | | 江苏崇明 | | | | |
| 过明霞 | | 江苏无锡 | | | | |

**女高师第一期1922年国文部毕业生（32人）**

| 姓名 | 年龄（岁） | 籍贯 | 入校年月 | 毕业年月 | 毕业总平均分数 | 备注 |
|---|---|---|---|---|---|---|
| 王世瑛 | 24 | 福建闽侯 | 1917年8月 | 1922年6月 | 各科成绩及格 | |
| 孔繁铎 | 23 | 山东曲阜 | 1919年1月 | 同上 | 同上 | |
| 田隆仪 | 24 | 江苏吴县 | 1919年9月 | 同上 | 同上 | |
| 朱学静 | 23 | 江苏上海 | 同上 | 同上 | 同上 | |
| 李秀华 | 31 | 山东朝城 | 1917年11月 | 同上 | 同上 | |
| 吴湘如 | 32 | 陕西三原 | 1919年9月 | 同上 | 同上 | |
| 吴琬 | 24 | 江苏武进 | 1919年1月 | 同上 | 同上 | |
| 孙桂丹 | 23 | 黑龙江安达 | 1919年9月 | 同上 | 同上 | |
| 孙继绪 | 25 | 山东蓬莱 | 1917年8月 | 同上 | 同上 | |
| 柳介 | 28 | 浙江杭县 | 1917年11月 | 同上 | 同上 | |
| 陈定秀 | 24 | 江苏吴县 | 1917年8月 | 同上 | 同上 | |
| 陈璧如 | 24 | 福建闽侯 | 1917年9月 | 同上 | 同上 | |
| 陶玄 | 25 | 浙江绍兴 | 1917年8月 | 同上 | | |
| 高筱兰 | 23 | 安徽霍邱 | 1917年11月 | 同上 | 同上 | |
| 黄英 | 24 | 福建闽侯 | 1919年9月 | 同上 | 同上 | |
| 程俊英 | 22 | 福建闽侯 | 1917年8月 | 同上 | 同上 | |
| 梁惠珍 | 27 | 广东高要 | 1917年8月 | 同上 | 同上 | |
| 冯淑兰 | 23 | 河南沘源 | 同上 | 同上 | 同上 | |
| 万仲瑛 | 25 | 安徽合肥 | 同上 | | 同上 | |
| 张峥漪 | 26 | 京兆霸县 | 1917年11月 | 同上 | 同上 | |
| 张龄芝 | 25 | 吉林 | 1917年8月 | 病故 | 同上 | |
| 张雪聪 | 26 | 江西萍乡 | 1919年4月 | 同上 | 同上 | |
| 汤妩筠 | 25 | 河南商邱 | 1919年9月 | 同上 | 同上 | |
| 蒋粹英 | 26 | 江苏江阴 | 1917年11月 | 同上 | 同上 | |
| 钱用和 | 24 | 江苏常熟 | 同上 | 同上 | 同上 | |

续表

| 姓名 | 年龄（岁） | 籍贯 | 入校年月 | 毕业年月 | 毕业总平均分数 | 备注 |
|------|------|------|------|------|------|------|
| 钱承 | 31 | 福建闽侯 | 1917 年 9 月 | 1922 年 6 月 | 各科成绩及格 | |
| 刘婉姿 | 22 | 福建闽侯 | 1919 年 9 月 | 同上 | 同上 | |
| 刘云孙 | 25 | 湖北榖城 | 1917 年 8 月 | 同上 | 同上 | |
| 关应麟 | 26 | 吉林海龙 | 同上 | 同上 | 同上 | |
| 关睢祥 | 23 | 吉林海龙 | 同上 | 同上 | 同上 | |
| 谭其觉 | 25 | 浙江嘉兴 | 1919 年 9 月 | 同上 | 同上 | |
| 罗静轩 | 27 | 湖北黄安 | 1917 年 11 月 | | 同上 | |

### 女高师第二期 1923 年毕业生

| 姓名 | 年龄（岁） | 籍贯 | 入学年月 | 毕业年月 | 毕业成绩 | 备注 |
|------|------|------|------|------|------|------|
| 数理系（9 人） | | | | | | |
| 江俊华 | 24 | 湖北武昌 | 1919 年 9 月 | 1923 年 6 月 | 学分修满成绩及格 | |
| 郭维琳 | 24 | 湖北武昌 | 同上 | 同上 | 同上 | |
| 张铎 | 25 | 京兆永清 | 同上 | 同上 | 同上 | |
| 张天珏 | 22 | 山西临汾 | 同上 | 同上 | 同上 | |
| 叶梅青 | 27 | 广东顺德 | 同上 | 同上 | 同上 | |
| 杨璠 | 26 | 湖南长沙 | 同上 | 同上 | 同上 | |
| 杨应陶 | 22 | 江苏崇明 | 同上 | 同上 | 同上 | |
| 刘蔺静 | 25 | 福建闽侯 | 同上 | 同上 | 同上 | |
| 关淑德 | 24 | 奉天沈阳 | 同上 | 同上 | 同上 | |
| 化学系（17 人） | | | | | | |
| 王宗瑶 | 25 | 江苏丹徒 | 同上 | 同上 | 同上 | |
| 王淑皇 | 24 | 山西文水 | 同上 | 同上 | 同上 | |
| 尤亚豪 | 24 | 江苏无锡 | 同上 | 同上 | 同上 | |
| 朱仲竹 | 27 | 陕西临潼 | 同上 | 同上 | 同上 | |

续表

| 姓名 | 年龄（岁） | 籍贯 | 入学年月 | 毕业年月 | 毕业成绩 | 备注 |
|---|---|---|---|---|---|---|
| 李相琼 | 23 | 湖南湘阴 | 1919年9月 | 1923年6月 | 学分修满成绩及格 | |
| 周敏 | 24 | 湖北罗田 | 同上 | 同上 | 同上 | |
| 周采南 | 25 | 浙江杭县 | 同上 | 同上 | 同上 | |
| 孙丽云 | 21 | 京兆大兴 | 同上 | 同上 | 同上 | |
| 郭淑龄 | 26 | 奉天沈阳 | 同上 | 同上 | 同上 | 特别生 |
| 陈健吾 | 23 | 安徽庐江 | 同上 | 同上 | 同上 | |
| 殷棽芸 | 23 | 四川西充 | 同上 | 同上 | 同上 | |
| 骆雯 | 26 | 浙江诸暨 | 同上 | 同上 | 同上 | |
| 赵耀张 | 31 | 陕西朝邑 | 同上 | 同上 | 同上 | |
| 蓝素琴 | 23 | 四川成都 | 同上 | 同上 | 同上 | |
| 刘藻芳 | 24 | 奉天沈阳 | 同上 | 同上 | 同上 | |
| 谭桂珠 | 25 | 贵州贵阳 | 同上 | 同上 | 同上 | |
| 关秉衡 | 24 | 京兆大兴 | 同上 | 同上 | 同上 | |

生物地质系（24人）

| 姓名 | 年龄（岁） | 籍贯 | 入学年月 | 毕业年月 | 毕业成绩 | 备注 |
|---|---|---|---|---|---|---|
| 王孝英 | 26 | 福建闽侯 | 同上 | 同上 | 同上 | |
| 牛淑贞 | 25 | 吉林 | 同上 | 同上 | 同上 | |
| 艾毓华 | 22 | 奉天沈阳 | 同上 | 同上 | 同上 | |
| 江学珠 | 23 | 浙江嘉善 | 同上 | 同上 | 同上 | |
| 朱光玉 | 26 | 江苏江宁 | 同上 | 同上 | 同上 | |
| 步毓芝 | 24 | 山东无棣 | 1919年10月 | 同上 | 同上 | |
| 何立桂 | 24 | 京兆宛平 | 1919年9月 | 同上 | 同上 | |
| 李淑慎 | 27 | 江西吉水 | 同上 | 同上 | 同上 | |
| 李翠芸 | 24 | 江苏江宁 | 同上 | 同上 | 同上 | |
| 周寅颐 | 24 | 安徽怀宁 | 同上 | 同上 | 同上 | |
| 徐肇文 | 26 | 浙江杭县 | 同上 | 同上 | 同上 | |

| 姓名 | 年龄（岁） | 籍贯 | 入学年月 | 毕业年月 | 毕业成绩 | 备注 |
|---|---|---|---|---|---|---|
| 徐元璞 | 24 | 浙江杭县 | 1919 年 9 月 | 1923 年 6 月 | 学分修满成绩及格 | |
| 孙簪佩 | 25 | 江苏武进 | 同上 | 同上 | 同上 | |
| 韦琼莹 | 24 | 广西西林 | 同上 | 同上 | 同上 | |
| 凌鸿瑶 | 25 | 广东番禺 | 同上 | 同上 | 同上 | |
| 陈仲华 | 24 | 京兆宛平 | 同上 | 同上 | 同上 | |
| 陈润铣 | 26 | 安徽太平 | 同上 | 同上 | 同上 | |
| 张德明 | 27 | 江西新建 | 同上 | 同上 | 同上 | |
| 张德徵 | 24 | 安徽怀宁 | 同上 | 同上 | 同上 | |
| 张荣桢 | 23 | 奉天沈阳 | | | 同上 | 1923 年 4 月补考及格，改为正科生 |
| 黄蕙君 | 23 | 湖南长沙 | 同上 | 同上 | 同上 | |
| 刘师蕙 | 25 | 湖北沔阳 | 同上 | 同上 | 同上 | |
| 刘立先 | 28 | 河南南阳 | 同上 | 同上 | 同上 | |
| 罗志英 | 25 | 云南昆明 | 1919 年 10 月 | 同上 | 同上 | |
| 家事医学系（7 人） | | | | | | |
| 佟蕙英 | 23 | 京兆大兴 | 1919 年 9 月 | 同上 | 同上 | |
| 徐涝 | 22 | 江西南昌 | 1919 年 10 月 | 同上 | 同上 | |
| 韦琼瑛 | 24 | 广西西林 | 同上 | | 同上 | 1923 年 6 月补考及格，改为正科生 |
| 杨南蘋 | 24 | 浙江临海 | 同上 | 同上 | 同上 | |
| 董玉振 | 25 | 山西阳曲 | 1919 年 9 月 | 同上 | 同上 | |
| 赵麟华 | 24 | 吉林长春 | 同上 | 同上 | 同上 | |
| 韩慎真 | | 江苏吴县 | 同上 | 同上 | 同上 | |
| 家事机织系（8 人） | | | | | | |
| 王芳莲 | 27 | 陕西三原 | 同上 | 同上 | 同上 | |

续表

| 姓名 | 年龄（岁） | 籍贯 | 入学年月 | 毕业年月 | 毕业成绩 | 备注 |
|---|---|---|---|---|---|---|
| 王毓贞 | 26 | 陕西三原 | 1919 年 9 月 | 1923 年 6 月 | 学分修满成绩及格 | |
| 邵锦凤 | 26 | 福建同安 | 1921 年 10 月 | 同上 | 同上 | 特别生 |
| 吴云芳 | 27 | 陕西南郑 | 1920 年 9 月 | 同上 | 同上 | |
| 张人瑞 | 32 | 湖南湘潭 | 1919 年 10 月 | 同上 | 同上 | |
| 赵世德 | 23 | 云南大理 | 同上 | 同上 | 同上 | |
| 郑桂沧 | 26 | 江苏宜兴 | 1919 年 9 月 | 同上 | 同上 | |
| 严重 | 25 | 湖北孝感 | 同上 | 同上 | 同上 | |

体育系（15 人）

| 姓名 | 年龄（岁） | 籍贯 | 入学年月 | 毕业年月 | 毕业成绩 | 备注 |
|---|---|---|---|---|---|---|
| 王静贞 | 24 | 云南昆明 | 1920 年 9 月 | 同上 | 同上 | |
| 王紫芝 | 21 | 福建闽侯 | 1921 年 10 月 | 同上 | 同上 | |
| 王孝颜 | 23 | 直隶清苑 | 同上 | 同上 | 同上 | |
| 石道璠 | 22 | 湖南澧县 | 1920 年 9 月 | 同上 | 同上 | |
| 石汝璧 | 23 | 山西平定 | 同上 | 同上 | 同上 | |
| 甘潌昌 | 25 | 四川西阳 | 同上 | 同上 | 同上 | |
| 李金环 | 27 | 陕西乾县 | 1920 年 10 月 | 同上 | 同上 | |
| 李秀兰 | 25 | 吉林 | 1920 年 9 月 | 同上 | 同上 | |
| 吴慧文 | 25 | 浙江义乌 | 同上 | 同上 | 同上 | |
| 孙儒珍 | 25 | 浙江临海 | 同上 | 同上 | 同上 | |
| 黄淑贞 | 22 | 湖南沅陵 | 1921 年 10 月 | 同上 | 同上 | |
| 黄宝珍 | 20 | 贵州贵阳 | 同上 | 同上 | 同上 | |
| 彭修 | 24 | 江苏吴县 | 1920 年 9 月 | 同上 | 同上 | |
| 张纹瑛 | 21 | 直隶清苑 | 同上 | 同上 | 同上 | |
| 曹惠和 | 24 | 江苏吴县 | 同上 | 同上 | 同上 | |

## 女高师第三期 1924 年毕业生

| 姓名 | 年龄（岁） | 籍贯 | 入学年月 | 毕业年月 | 毕业成绩 | 备注 |
|---|---|---|---|---|---|---|
| 英文系（21 人） | | | | | | |
| 毛端怡 | 23 | 京兆通县 | 1920 年 9 月 | 1924 年 6 月 | 学分修满成绩及格 | |
| 石道睿 | 25 | 湖南澧县 | 同上 | 同上 | 同上 | |
| 汪绮 | 23 | 江西婺源 | 同上 | 同上 | 同上 | |
| 李钟英 | 26 | 直隶定兴 | 同上 | 同上 | 同上 | |
| 卓冠英 | 26 | 广东番禺 | 同上 | 同上 | 同上 | 病故 |
| 胡淑光 | 26 | 四川广安 | 同上 | 同上 | 同上 | |
| 徐采蕙 | 25 | 浙江鄞县 | 同上 | 同上 | 同上 | |
| 徐芝 | 24 | 江苏无锡 | 同上 | 同上 | 同上 | |
| 孙熙明 | 24 | 江苏无锡 | 同上 | 同上 | 同上 | |
| 孙简文 | 25 | 江苏无锡 | 同上 | 同上 | 同上 | |
| 时昭瀚 | 22 | 湖北枝江 | 同上 | 同上 | 同上 | |
| 陈汲 | 22 | 江苏无锡 | 同上 | 同上 | 同上 | |
| 陈瑞华 | 23 | 广东新会 | 同上 | 同上 | 同上 | |
| 黄淑范 | 24 | 湖南沅陵 | 同上 | 同上 | 同上 | |
| 张馥君 | 25 | 京兆大兴 | 同上 | 同上 | 同上 | |
| 陶善缜 | 25 | 浙江嘉兴 | 同上 | 同上 | 同上 | |
| 程希文 | 23 | 浙江宁海 | 同上 | 同上 | 同上 | |
| 杨寿珣 | 24 | 贵州贵阳 | 同上 | 同上 | 同上 | |
| 钱庄华 | 22 | 浙江嘉兴 | 同上 | 同上 | 同上 | |
| 薛静贞 | 22 | 江苏无锡 | 同上 | 同上 | 同上 | |
| 罗家蕙 | 24 | 四川富顺 | 同上 | 同上 | 同上 | |
| 数理系（11 人） | | | | | | |
| 王竹岩 | 24 | 浙江山阴 | 同上 | 同上 | 同上 | |
| 田汝珊 | 23 | 山西浑源 | 同上 | 同上 | 同上 | |

续表

| 姓名 | 年龄（岁） | 籍贯 | 入学年月 | 毕业年月 | 毕业成绩 | 备注 |
|---|---|---|---|---|---|---|
| 朱芝瑛 | 25 | 直隶清苑 | 1920 年 9 月 | 1924 年 6 月 | 学分修满成绩及格 | |
| 李凤运 | 24 | 陕西蒲城 | 同上 | 同上 | 同上 | |
| 李进化 | 24 | 江苏无锡 | 同上 | 同上 | 同上 | |
| 范德琴 | 25 | 江苏无锡 | 同上 | 同上 | 同上 | |
| 高秀英 | 27 | 河南开封 | 同上 | 同上 | 同上 | |
| 许羡苏 | 24 | 浙江绍兴 | 同上 | 同上 | 同上 | |
| 张淑琇 | 22 | 江苏丹阳 | 同上 | 同上 | 同上 | |
| 汤树声 | 25 | 奉天沈阳 | 同上 | 同上 | 同上 | |
| 叶嘉慧 | 21 | 湖北武昌 | 同上 | 同上 | 同上 | |
| 理化学系（8 人） | | | | | | |
| 李淑慧 | 24 | 直隶怀安 | 同上 | 同上 | 同上 | |
| 李鸿敏 | 24 | 四川巴县 | 同上 | 同上 | 同上 | |
| 林竹筠 | 23 | 四川资中 | 同上 | 同上 | 同上 | |
| 周祖爱 | 23 | 安徽合肥 | 同上 | 同上 | 同上 | |
| 张存良 | 23 | 四川罗江 | 同上 | 同上 | 同上 | 病故 |
| 雷著兰 | 23 | 安徽怀宁 | 同上 | 同上 | 同上 | |
| 缪伯英 | 25 | 湖南长沙 | 同上 | 同上 | 同上 | |
| 鄩云鹤 | 25 | 山东利津 | 同上 | 同上 | 同上 | |
| 音乐系（11 人） | | | | | | |
| 毛应鹤 | 25 | 浙江江山 | 同上 | 同上 | 同上 | |
| 李耀辉 | 24 | 广东新会 | 同上 | 同上 | 同上 | |
| 胡兰 | 26 | 江西高安 | 同上 | 同上 | 同上 | |
| 袁慧熙 | 24 | 浙江桐庐 | 同上 | 同上 | 同上 | |
| 徐淑琛 | 22 | 福建闽侯 | 同上 | 同上 | 同上 | |
| 马文芳 | 22 | 山东益都 | 同上 | 同上 | 同上 | |

| 姓名 | 年龄（岁） | 籍贯 | 入学年月 | 毕业年月 | 毕业成绩 | 备注 |
|---|---|---|---|---|---|---|
| 梁瑞冀 | 26 | 云南昆明 | 1920 年 9 月 | 1924 年 6 月 | 学分修满成绩及格 | |
| 廖坤泰 | 26 | 云南昭通 | 同上 | 同上 | 同上 | |
| 谢蕙如 | 27 | 四川成都 | 1921 年 1 月 | 同上 | 同上 | |
| 谭彩珠 | 26 | 贵州贵阳 | 1920 年 9 月 | 同上 | 同上 | |
| 萧福瑗 | 23 | 广东香山 | 同上 | 同上 | 同上 | |

### 女高师第四期 1925 年毕业生

| 姓名 | 年龄（岁） | 籍贯 | 入学年月 | 毕业年月 | 毕业成绩 | 备注 |
|---|---|---|---|---|---|---|
| 哲学教育学系（19 人） | | | | | | |
| 丁澄芳 | 23 | 安徽阜阳 | 1921 年 10 月 | 1925 年 6 月 | | |
| 贝受琳 | 26 | 江苏吴县 | 同上 | 同上 | | |
| 宋绍曾 | 24 | 吉林 | 同上 | 同上 | | |
| 何世珍 | 23 | 安徽怀宁 | 同上 | 同上 | | |
| 何觉余 | 24 | 湖南道县 | 同上 | 同上 | | |
| 李英瑜 | 23 | 湖北汉阳 | 同上 | 同上 | | |
| 房靖民 | 24 | 安徽桐城 | 同上 | 同上 | | |
| 俞钰 | 25 | 江苏无锡 | 同上 | 同上 | | |
| 殷□ | 25 | 浙江平阳 | 同上 | 同上 | | |
| 孙祥偈 | 24 | 安徽桐城 | 同上 | 同上 | | |
| 孙韫玉 | 27 | 浙江杭县 | 同上 | 同上 | | |
| 张智扬 | 24 | 浙江海宁 | 同上 | 同上 | | |
| 张惠贞 | 26 | 山东历城 | 同上 | 同上 | | |
| 陈梅生 | 23 | 湖北黄陂 | 同上 | 同上 | | |
| 陈淑文 | 24 | 江苏江阴 | 同上 | 同上 | | |

| 姓名 | 年龄（岁） | 籍贯 | 入学年月 | 毕业年月 | 毕业成绩 | 备注 |
|---|---|---|---|---|---|---|
| 陈舜英 | 24 | 广东潮安 | 1921 年 10 月 | 1925 年 6 月 | | |
| 曾鼎铭 | 22 | 四川华阳 | 同上 | 同上 | | |
| 叶家璧 | 27 | 湖北武昌 | 同上 | 同上 | | |
| 欧淑贞 | 26 | 江苏江宁 | 同上 | 同上 | | |
| 国文学系（2 人） | | | | | | |
| 孙垚姑 | 27 | 贵州贵阳 | 同上 | 同上 | | |
| 赵静园 | 27 | 京兆宛平 | 同上 | 同上 | | |
| 理化系化学主科（15 人） | | | | | | |
| 阮淑端 | 25 | 云南昆明 | 同上 | 同上 | | |
| 辛裕倩 | 27 | 直隶涿县 | 1920 年 9 月 | 同上 | | |
| 李瑶真 | 22 | 山东安邱 | 1920 年 10 月 | 同上 | | |
| 吴碧云 | 26 | 陕西澄城 | 同上 | 同上 | | |
| 周光宜 | 24 | 四川成都 | 同上 | 同上 | | |
| 周清芬 | 25 | 湖北黄陂 | 同上 | 同上 | | |
| 范德光 | 24 | 四川南充 | 同上 | 同上 | | |
| 徐守蕙 | 24 | 安徽庐江 | 同上 | 同上 | | |
| 徐崇真 | 25 | 湖北黄陂 | 同上 | 同上 | | |
| 郭希萦 | 22 | 陕西三原 | 同上 | 同上 | | |
| 陈静贞 | 24 | 四川南充 | 同上 | 同上 | | |
| 梁秋河 | 24 | 广东顺德 | 同上 | 同上 | | |
| 黄敬瑜 | 25 | 广东香山 | 同上 | 同上 | | |
| 曾繁直 | 25 | 湖北京山 | 同上 | 同上 | | |
| 戴学南 | 26 | 浙江江山 | 同上 | 同上 | | |
| 史地系（10 人） | | | | | | |
| 孔繁钧 | 23 | 山东曲阜 | 同上 | 同上 | | |

| 姓名 | 年龄（岁） | 籍贯 | 入学年月 | 毕业年月 | 毕业成绩 | 备注 |
|---|---|---|---|---|---|---|
| 申士模 | 26 | 湖北靖县 | 1921 年 10 月 | 1925 年 6 月 | | |
| 李知良 | 27 | 江苏泗阳 | 同上 | 同上 | | |
| 李懿 | 24 | 贵州贵阳 | 同上 | 同上 | | |
| 高淑芳 | 25 | 直隶霸县 | 同上 | 同上 | | |
| 汤佩芬 | 24 | 江苏崑山 | 同上 | 同上 | | |
| 隋廷玫 | 26 | 山东诸城 | 同上 | 同上 | | |
| 刘英 | 24 | 山东泰安 | 同上 | 同上 | | |
| 谭瑶 | 22 | 四川南充 | 同上 | 同上 | | |
| 谭蕙青 | 24 | 四川南充 | 同上 | 同上 | | |
| 理化系物理主科（8 人） | | | | | | |
| 阮永德 | 25 | 安徽合肥 | 同上 | 同上 | | |
| 段奇璋 | 23 | 湖北汉川 | 同上 | 同上 | | |
| 段良崧 | 23 | 湖北汉川 | 同上 | 同上 | | |
| 陈昭宇 | 23 | 直隶天津 | 同上 | 同上 | | |
| 黄钊平 | 22 | 广东南海 | 同上 | 同上 | | |
| 彭文鸿 | 23 | 黑龙江龙江 | 同上 | 同上 | | |
| 杨自缜 | 24 | 安徽和县 | 同上 | 同上 | | |
| 刘克庄 | 26 | 四川巴县 | 同上 | 同上 | | |

# 附录 3　北京女高师入学试题选录

## 1922 年女高师招考国文新生入学试题（第一次）①

### 一　国文试题

（一）略述最近十日间之日记（文言白话不拘，但须加标点符号。）

（二）试说明左列各字之用法，并举简单之例，选四字说明之。

（1）者（2）之（3）的（4）然（5）焉（6）于（7）以（8）而

（三）试言女子积弱之故，及今后应取之途径。

### 二　ENGLISH

（1）laorrect② the following sentences：

（ⅰ）He wrote a best book.

（ⅱ）My house has fallen two weeks ago.

（ⅲ）The school was closed since yesterday.

（ⅳ）He will soon start to home.

（2）Analyze the following sentence by inentioning（ⅰ）the complete subject，（ⅱ）the complete predicate，（ⅲ）the simple subject，（ⅳ）the simple predicate，and（ⅴ）modifiers of the subject.

（a）A figure with three angles is a triangle.

（b）It is difficult to analyze this sentence.

（c）On the whole there is nothing to prove his guilt.

（3）Translate the following passage into Chinese：

A man must do his duty without fear of punishment or hope of reward. It very often happens that virtue brings respect，advancement，and prosperity.

---

① 《北京女子高等师范周刊》1922 年 10 月 15 日第 2—3 版。

② 原文如此。

But to gain these must not be the motive; for sometimes, virtue entails loss, and suffering, and even temporary ruin. The real reward of virtue lies in the approval of one's own conscience.

(4) Write a short essay on one of the following subjects:

( i ) "My favorite book"

( ii ) "A country walk"

## 三　理化试题

（一）

（a）冬日净水结冰，海洋之水，何以不结冰？

（b）盐与水混合，其温度何以较冰之温度仍低？

（二）以下之改变，属化学变化乎？抑物理变化乎？

（a）冰融　（b）金属生锈　（c）牛乳变酸　（d）蜡烛燃烧　（e）火药爆裂　（f）水变汽

（三）以下之语汇，试分辩之。

（a）电解　（b）电解物　（c）伊洪　（d）溶质　（e）溶剂　（f）溶液　（g）过饱和溶液

（四）冷浓硫酸，加于锌则无变化，然加稀硫酸则有变化，其不同之处安在？

（五）暖壶盛热水，何以能使壶中水不冷？而暖壶盛冰，何以又能使冰不易化？

（六）露，雾，雹，成功之理由安在？试分述之。

（七）雷击之理由安在？又雷电交作之际，每先见雷光，而后闻雷声，试言其故。

## 四　博物试题

动物学

（一）试略述变形虫（Amoeba）或译之为油滴虫之形状，及其生活状态。

（二）何谓保护色？试举其例。

植物学

（一）植物生活上必要之原素为何？

（二）问年轮之成因？

矿物学

（一）试述石炭之成因及其种类？

（二）问矿物之识别？

生理学

（一）试述皮肤之调节作用？

（二）问混合食物必要之理由？

（三）大循环与小循环之区别？

## 五　历史试题

（一）春秋五霸，其名为谁？战国七雄，其国何名？

（二）汉武帝罢黜百家，尊重儒术，于中国学问前途，有何影响？

（三）试述马其顿亚历山大大王，东征事业之大概。

## 六　地理试题

（一）扬子江发源何地？经过何地？流入何海？对于中国，有何利益？

（二）世界文明古国，如巴比伦，埃及，印度，中国，均发源于大河流地方，其理安在？

（三）试述欧洲重要国民及其首都？

## 七　数学试题

以绳测池深，二折其绳测之余三尺，三折测之少一尺，问池深若干？

求 $48.32 \div 381.43$ 及 $19$① 之数值，至两位小数。

凡等斜梯形可画一外接圆。

太阳之高度为 $0°$，设其时树影为 17 尺，则树高当为若干尺？

————————

① 这道题的数字有些模糊，不能确保其准确性。

## 1922 年女高师招考国文新生入学试题（第二次）①

### 一 国文试题

（一）试各述此次延迟投考之原因，及个人最近之感想（文言白话不拘，但须加标点符号。）

（二）左列各字，试释其意义，并说明其用法。

（1）然则（2）何则（3）盖（4）所（5）所以

（三）男女平等之先决何在？试各抒所见以对。

### 二 英文试题

ENGLISH

I Pase the verbs in the fallowing② sentences：

（1）Five hundred carpenters had been set at work.

（2）When to-morrow③ comes, we shall have been detained five days.

（3）Nothing will be gairred④ by hurry.

II Change the active verbs to the passive voice.

（1）The Romans cnnguered⑤ Spain.

（2）A storm has disabled the fleet.

（3）The sun will soon meit⑥ the snow.

III Fronslate⑦ the following passage into Chinese. Here are some of the rules of life which franklin made for hinrself⑧ when he was a very young man：

（1）To live very frugall⑨ till he had paid all that he owed.

---

① 《北京女子高等师范学校周刊》1922 年 10 月 22 日第 2—3 版。

② 原文如此，应为 following。

③ 原文如此，即为 tomorrow。

④ 原文如此。

⑤ 原文如此，应为 conquered。

⑥ 原文如此，应为 melt。

⑦ 原文如此，应为 Translate。

⑧ 原文如此，应为 himself。

⑨ 原文如此，应为 frugally。

（2）To speak the truth at all times; to be sincere in word and action.

（3）To apply himself earnestly to whativer [①]business he took in hand.

（4）To speak ill of no man whatever, not even in a matter of truth; qut[②] to speak all the good he knew of everybody.

Ⅳ Write a short account on one of the following subjects.

（1）my native town

（2）Patuotism[③]

## 三　理化试题

（一）周期律的重要用处是甚么？

（二）解释下列名词：酸性潮解，还原燃烧，原子。

（三）牛顿的运动的三定律请写出。

（四）何谓"共鸣""电动力"？

（五）空气中氮氧，对于吾人呼吸，有何种作用？

（六）热之传播法有几种？每种各详细述之。

（七）写出下列各种物质的分子式：食盐、石灰、明礬、石膏、硫酸。

## 四　博物试题

动物学

（一）蛾与蝶之区别如何？

（二）试列举鲸类之特征？

植物学

（一）何谓总状花序试举其列？

（二）说明茎与根之差异。

矿物学

（一）珊瑚之成因？

---

① 原文如此，应为 whatever。

② 原文如此，应为 but。

③ 原文如此，可能为 Patriotism。

（二）何谓劈开？

生理学

（一）何谓反射运动？

（二）试述胃液之性质成分及其作用？

## 五　历史试题

（一）佛教输入中国，始于何朝何帝？并说明其情形。

（二）何谓十字军东征，其原因何在？

（三）法兰西大革命之原因有几？试就所知以对。

## 六　地理试题

（一）黄河发源何地？经过何省？入于何海？其对于中国文化有何利益？

（二）苏伊士运河，为何国所修筑？何年告成？其对于世界交通有何利益？

## 七　数学试题

1. 试将 $\dfrac{\frac{3}{4}-\frac{1}{6}}{\frac{3}{8}+\frac{5}{7}} \div \dfrac{\frac{2}{3}+\frac{1}{6}}{\frac{3}{8}-\frac{4}{7}}$ 化为最简单之命分式。

2. 试解　$xy=7$
   　　　　$3x+y=10$

3. 三角形中之三分角线交于一点试言。

4. 试以 $\sin x$ 与 $\cos x$ 表示 $\sin x$ 之同数。

## 1923 年女高师招考大学预科及体育系新生入学试题（第一次）[①]

### 一　国文试题

（1）试就左列全文加以标点符号并将全文之末段（自一箪食一豆羹以下）翻成白话

孟子曰鱼我所欲也熊掌亦我所欲也二者不可得兼舍鱼而取熊掌者也生亦我所欲也义亦我所欲也二者不可得兼舍生而取义者也生亦我所欲所欲有甚于生者故不为苟得也死亦我所恶所恶有甚于死者故患有所不辟也如使人所欲莫甚于生则凡可以得生者何不用也使人之所恶莫甚于死者则凡可以辟患者何不为也由是则生而有不用也由是则可以辟患而有不为也是故所欲有甚于生者所恶有甚于死者非独贤者有是心也人皆有之贤者能勿丧耳一箪食一豆羹得之则生弗得则死呼尔而与之行道之人弗受蹴尔而与之乞人不屑也万钟则不辩礼仪而受之万钟于我何加焉为宫室之美妻妾之奉所识穷乏者得我与乡为身死而不受今为宫室之美为之乡为身死而不受今为妻妾之奉为之乡为身死而不受今为所识穷乏者得我而为之是亦不可已乎此之谓失其本心

（2）解释下列诸语之文义及词性（字旁有◎符号者宜注意）

a 汝得人焉◎耳◎乎

b 吾末如◎之◎何◎已矣

c 末之◎也已何必公山氏之◎之◎也

（3）作文（不拘文言白话）

略述中学时代肄习国文之经过

### 二　English

（1）Analyse the following sentence：—

i Among the men, who came here to-day, not one turned out to be honest.

ii We found the wolf ying dead in the very place where it was shot.

---

①　《北京女子高等范周锩》1923 年 10 月 21 日第 5—6 版。

iii He had no money with which to buy food. (note-Use diagram method)

(2) Correct the following: —

Love he not? Came he? He not saw this book. He reads not his book with care. They not slept long last night. They broke not the slate, but he broke it you not read your, book well. This letter came for me to-day or yesterday? It came not to-day , but yesterday. You not yet finished reading the letter?

(3) Translate the following sentences into Chinese: —

i Many have been ruined by buying good penny worths.

ii For age and want save while you may.

iii No morning sun lasts the whole day.

iv Fools make feasts and wise men eat them.

v Rather go to bed supperless than rise in debt.

(4) Write a brief account on one of the following subjects: —

( i ) Valuable Time.

( ii ) The Freedom of Thought.

## 三 数学试题

算术

1. 纯金在水中秤之，减其重量七十七分之四，纯银在水中秤之，减其重量二十一分之二，今有金与银之合金一块，重十八两又八分之三，但在水中秤之，则为十六两又七分之五。问此合金内含有金银各若干?

代数

2. 二次方程式根与系数之关系如何? 试详述之，并作一方程式，使含有 m+n, m-n 之二根。

3. 试由下列之比例式求出 x, y, z, 之比

$a^2 x : b^2 y : c^2 z : a x^2 : b y^2 : c z^2$

几何

4. 直角三角形内切圆之直径，等于直角二边之和与斜边之差，试证之。

5. 知三角形之三中线，试作一三角形。

三角

6. 设 $cotA = \dfrac{5}{7} cotB = \dfrac{7}{5}$，试求 $cot(A + B)$，$tan(A + B)$ 之值。

注意：任选四题为完卷，但算术、代数、几何，至少须各有一题。

## 四　史题

（一）春秋时代，有孔老墨三家，试述三家之姓名，及其学说之大略，

（二）试述汉武帝武功之大略。

（三）何谓文艺复兴？

（四）法兰西大革命之原因若何？试详述之。

## 五　地理题

（一）扬子江发源何处？于经过省份有何利益？

（二）中国沿河各港，除租借外人者外。尚有何港，可供军用？

（三）巴拿马运河。于世界有何利益？

（四）欧战后，欧洲新兴国家有几？并述其四界大概。

## 六　物理化学题（两小时交卷，答四题为完卷）

下二题内任择两题

（一）假设有一气体，容积是 50cc，压力是一气压，密置在一量筒内，量筒倒装在一个盛水银的器具，假定水银面裏外面是一个样高的。问（a）如量筒内的水银面比较外面高 20cms，又（b）如量筒内的水银面比较外面低 20cms，那么在这两种情形的时候，各要多少"压力"？各剩多少"容积"？

（二）试举数种发电之要法，并各说明其原理及用途

（三）详述热之三种传法。

下三题内任择两题

（四）下列各物的化学成分，请写出来还要用分子式表明他们。

（a）漂白粉（b）洗衣碱（c）醋（d）石灰（e）明矾（f）雾（g）（h）青铜

（五）

（a）试述暂硬水及永硬水之成因

（b）说明汽锅用硬水而成水积（Boiler Scale）之三种原因

（c）用何法可以使暂硬水及永硬水变软

（六）何谓"风化"，"潮解"，"晶爆"，并详言其理。

## 七　博物题

动物学

1. 试列举两栖类与爬虫类之异点

2. 问昆虫、蚯蚓泌尿器（Excretory organ）上之区别

植物学

1. 试说明整齐花（Symmetrical flower）与不整齐花（Asymmetrical flower）之差别并各举其例

2. 试述维管束（Fibro-vascular bundle）之构造及其种类。

生理学

1. 问血液凝固之原因及其作用

2. 试作眼球构造之略图并详其各部名称

矿物学

1. 结晶质与非结晶质应如何识别之。

2. 土壤之成因如何。

每门任作一题以四艺为完卷

## 八　常识测验第一表

下列三十题，每题括弧内附有四个答案，但其中只有一个答案正确，请你在你以为正确的那一个的下面画一横线，例如：星期三（月曜，火曜，水曜，木曜）

（1）莎士比亚（Shakespeare）（是法国的哲学家，德国的政治家，英国的诗人，墺国的将军）

（2）乃听格尔（Nightingale）（是法国的女化学家，英国的女慈善家，俄国的女革命家，意大利的女王）

（3）孟买（Bombay）属于（比利时，墨西哥，印度，丹麦）

（4）八大行星中最大的（是金星，地球，天王星，木星）

（5）世界最大的河（是密西西比河，扬子江，多恼河，尼罗河）

（6）亚洲最高的山（是昆仑山，喜马拉亚山，高加索山，阿尔泰山）

（7）"本能"这个名词原来用于（伦理学，经济学，物理学，心理学）

（8）孔子的生地（是泰山，曲阜，鲁山，洛阳）

（9）"贝子"（是药名，爵名，矿物名，用器名）

（10）"合欢"（是植物名，游戏名，曲名，书名）

（11） Ⅰ Ⅱ Ⅲ Ⅳ Ⅴ……（是埃及数字，亚剌比亚数字，希腊数字，罗马数字）

（12）"先令"（是英国货币名，法国货币名，德国货币名，俄国货币名）

（13）"纲膜"是属于（鼻子的膜，眼球的膜，咽喉的膜，耳朵的膜）

（14）发明蒸汽机关的［是牛顿（或奈端），嚇胥黎，瓦德（或华特），伦脱根］

（15）发明留声机器的（是美国的爱迭生，苏格兰的皮鲁，意大利的哥马尼，英国的斯底奔孙）

（16）"惯性"这个名词用于（心理学，物理学，化学，地理学）

（17）竹属于（禾本科，十字科，松柏科，蔷薇科）

（18）鸵鸟属于（雞类，鸠类，走禽类，鸣禽类）

（19）Cream 和 butter（香料，毒素，麻剂，滋养品）

（20）伊索寓言（动物谭，小说，滑稽谭，戏剧脚本）

（21）墺国的首都（是里斯本，百伦，维也纳，海牙）

（22）长江发源于（青海，西藏，四川，甘肃）

（23）在湖南有名的湖（是太湖，巢湖，鄱阳湖，洞庭湖）

（24）美国第一次大总统（是林肯，华盛顿，卢斯福，毕士麦）

（25）琐格拉底（是罗马的大哲学家，希腊的大哲学家，德国的大哲学家，印度的大哲学家）

（26）王阳明所生的朝代（是唐，宋，元，明）

（27）谟罕默德（是政治家，美术家，宗教家，实业家）

（28）苗人多居于（江西，贵州，江苏，安徽）

（29）南华经的著者（是老子，庄子，荀子，墨子）

（30）牛的胃（是一房，二房，三房，四房）

常识测验第二表

下列三十题，每题括弧内有五个意义。请你择其与题关系最深的二个，下面各画一横线。例如：人（身体，杖，衣服，头，齿）

1. 森林（花，木，兽，鸟，土）

2. 不洁（贫民，老人，疾病，食物，垢）

3. 童话（想象，插画，攻伐，创作，英雄）

4. 犯罪（死刑，监狱，警察，违法，不正常）

5. 戒指（直径，钻石，圆，指，印章）

6. 读法（学校，印刷，绘画，文字，言语）

7. 呼吸（肋骨，肺，胸廓，空气，气管）

8. 群集（集合，演说，尘土，兴奋，数）

9. 火（灰，危险，焰，热，木）

10. 伤风（痛，危险，鼻涕，医生，热）

11. 立方体（高，制图，容积，方块糖，对角线）

12. 西游记（孙行者，滑稽，吴承恩，神话文学，人参果）

13. 白喉（快愈，发疹，热，细菌，药）

14. 汽油（汽车，罐，液体，爆发，臭味）

15. 川（岸，鱼，船，岩石，水）

16. 贫穷（不足，小屋，怠惰，困苦，钱）

17. 街（汽车，家屋，电车，群集，通路）

18. 铁（坚，光泽，赤，重，掘）

19. 言语（齿牙，喉，脑中枢，鼻腔，声带）

20. 蒸馏水（液体，无菌，饮料，药，洁净）

21. 米（食物，西贡，量，仓，植物）

22. 鲸（鱼，动物，兽，喷水，海）

23. 肺结核（痰，药，细菌，解剖，痛）

24. 瑞士（山，湖，牧畜，共和国，好风景）

25. 嵇康（养生论，绝交书，竹林，柳，煅）

26. 苹果（篮，红色，种子，皮，甜）

27. 胰子（碱，洗濯，透明，脂肪，香料）

28. 钻石（光彩，硬度，首饰，宝石，炭）

29. 虹（七色，弓形，折光，朝晚，雨点）

30. 严复（译书，留学，侯官，文学家，官吏）

以上两表六十题都须画完，限十五分钟。

**1923 年女高师招考大学预科及体育系新生入学试题（第二次）**①

## 一　国文试题

（一）作文

试各述升学之志趣

拟到京后与亲友书

以上两题任作一题

（二）标点下列之文，旁有◎之词说明其词性；旁有＝者说明其意义。

河南乐羊子之妻者不知何氏之女也羊子尝行◎路得遗◎金一饼还以与妻妻曰妾闻志士不饮<u>盗泉之水</u>廉者不受<u>嗟来之食</u>况拾遗◎求利以污其行◎乎羊子大惭乃捐金于野而远寻师学一年来归妻跪问其故羊子曰久行怀思无它异◎也妻乃引刀趋机而言曰此织生自蚕茧成于机杼一丝而累以至于寸累寸不已遂成丈匹今若断斯织也则捐失成功稽废时◎日◎<u>夫子</u>积学当日◎知其所亡以就<u>懿德</u>若中道而归何异断斯织乎羊子感其言复还终业遂七年不返妻常躬勤养姑又远馈羊子

---

① 《北京女子高等师范周镌》1923 年 10 月 28 日第 4—5 版。

## 二 English

(1) Analyse the following sentences: —

( i ) They consider that house too small for their wants.

( ii ) He made himself quite at home in his friend's house.

( iii ) Let us stop on the way at this hotel, and stay here for the night.

(2) Correct any mistakes that you may find in the following : —

( i ) Me and my sister are much pleased with they song.

( ii ) Them there words have been badly spelt.

( iii ) He will help you considerable, if you ask himt.

( iv ) This girl is the cleverest of the two.

( V ) I hoped that you will return soon after the sun go down.

(3) Translate the following, passage into Chinese: —

Parallel proverb, Take care of the pence and the pounds will take care of themselves." The proverb is meant to teach frugality or thrift. Beware of little expenses which can be saved. Little expenses added up make a large sum: "Many a little makes a mickle".

(4) Write a short account on one of the following: —

(1) The Uses of Books, or (2) More haste, less speed.

## 三 数学试题

### 算术

1. 今有一数，其三分之一与四分之一之差为 5，问其数若干？

2. 求 $\dfrac{2}{\sqrt{2}}$ 至五位小数。

### 代数

1. 求分解以下二式之因数：

(a) $x^4 + x^2y^2 + y^4$

(b) $x^2 + 6xy + 9y^2 - 4$

2. 求解以下方程式：

$$\frac{x-a}{b-a}+\frac{x-c}{b-c}=2$$

几何

1. 求将一直线任意分作若干等份，

2. 求证由圆心至弦之中点之线，必与弦垂直，

（任作四题完卷）

## 四　史地题

（一）试述鸦片战后南京条约之大概。

（二）北美合众国独立之原因若何？试详述之？

（三）中国已开商埠，共有若干？试述其名及其所在地。

（四）试述欧战后欧洲新建国之名及其位置。（在欧洲何部）

## 五　理化试题

以下任择二题：（以四题为完卷）

Ⅰ．（a）试述下列语汇之界说（Define）：

质量（Mass）及重量（Weight）；绝对标准（Absolute Unit）；动标准（Gravitsctional Unit）；密度（Density）；比重（Specific Grairty）；能力（Energy）；工作（Work）

（b）设有一物体。较水为重。在空气中权之，为重 10.5 克（gms）。在水中权之，为重 6.3 克。试求此物体之密度与比重。（令每立方厘米（cubic cm）. 水重一克）

Ⅱ（a）试述下列语汇之界说（Define）：

比热（Speeific Heat）；隐热（Latent Heat）；融解热（Heat of Fusion）；气化热（Heat of Vaporization）

（b）试述水银寒暑表之制造法。

（c）试将水银寒暑表之通用者列举数种。并述其水点与沸点间之距离，各分为若干度。若吾人之体温，为华氏 98 度（98 Fahrenheit）。问若以摄氏表（Centigrade）测之，当为几度？

Ⅲ若以水银 10 克（gms），与多量（Excess）之浓硫酸混合；加热。其所发生之二养化硫，在摄氏表 15 度，及压力 765mm，情形之下收集之。问所得气体应占若干容积？（水银原子量为 200 克（gms）又每 64gms 二氧化硫占 22. 22 liters，容积）

Ⅳ 请详细叙述，君将如何作一实验，以证明燐在定量容积之空气中（Air in a confined space）燃烧，五分之一之空气（$\frac{1}{5}$ of the air）失去不见。问此不见之部分，究系失去，抑已变作他物？

Ⅴ 过期律（Periodie Law）是谁发明的？他有何种用处？现有何种缺点？

Ⅵ 今有硫酸铜的溶液一盃，用铁片置入，能现什么反应；这种反应，叫做何种化学反应？

倘如通电流入硫酸铜溶液；二片电极，一片是铜，一片是白金；那末他的作用怎么样？

## 六　博物试题

（1）试述海绵类之构造
（2）说明虫媒花与风媒花之区别并各举其例
（3）试列举皮肤之生理的机能
（4）下列各种矿物分记其种类及其效用
（1）方解石（2）石膏（3）硝石（4）云母（5）长石

## 七　常识测验

注意：下列五十题，每题附有四个答案，但其中只有一个答案正确。请你在你以为正确的那一个的下面画一横线。例如星期二是水曜，土曜，火曜，金曜，做的越快越好。
（1）埃及有名的古物是凯旋门，金字塔，圆形剧场，铁装战舰。
（2）1234……是罗马数字，希腊数字，亚剌比亚数字，埃及数字。
（3）三角形内角之和等于二直角，四直角，六直角，八直角。
（4）"对角线"这个名词用于天文学，地理学，几何学，图画学。

（5）直角是三十五度，四十五度，六十度，九十度。

（6）"壬"是天天干的第九位，第四位，第六位，第七位。

（7）主张门罗主义这种政治主义的，是英国，美国，俄国，德国。

（8）十二地支的第十位，是卯，未，酉，辰。

（9）寄本城以外的快信的邮费是八分，十分，十三分，十五分。

（10）在江西有名的山是泰山，庐山，黄山，衡山。

（11）武昌的名胜，是岳阳楼，黄鹤楼，滕王阁，兰亭。

（12）徐锡麟是近代一个革命钜子，官僚，新剧家，军阀。

（13）湖北大冶的名产，是铁，木，茶叶，烟叶。

（14）在湖南有名的湖，是洞庭湖，鄱阳湖，太湖，巢湖。

（15）秋瑾是近代一个女优，尼姑，女慈善家，女革命家。

（16）俄国近代一女革命家，是叫维多利亚，苏非亚，安那，娜拉。

（17）祭十二郎文的著者，是李宓，韩愈，苏轼，柳宗元。

（18）发现镭的古离夫人，是英国的音乐家，瑞典的教育家，法国的科学家，意大利的画家。

（19）新近死去的美国大总统，叫做乔治，哈丁，塔虎脱，爱迭生。

（20）中央公园中央的坛，是社稷坛，先农坛，日坛，月坛。

（21）释迦牟尼是印度人，犹太人，波斯人，亚剌比亚人。

（22）ice cream 是一种药名，草名，食物名，游戏名。

（23）卢布是美国货币名，英国货币名，法国货币名，俄国货币名。

（24）距日最近的星是水星，金星，土星，海王星。

（25）八大行星中最大的是火星，木星，地球，天王星。

（26）墺国的首都，是里斯本，百伦，维也纳，海牙。

（27）美国的首都，是纽约，华盛顿，波士顿，芝加哥。

（28）美国第一次大总统是华盛顿，林肯，塔虎脱，卢斯福。

（29）俄国苏维埃政府的首领，是列宁，巴枯宁，加拉罕，霞飞。

（30）琐格拉底是罗马哲人，希腊哲人，德国哲人，印度哲人。

（31）道德经的著者，是老子，庄子，荀子，墨子。

（32）世界最大的河是密西西比河，扬子江，黄河，尼罗河。

（33）亚洲最高的山，是昆仑山，喜马拉亚山，高加索山，阿尔泰山。

（34）达尔文是一个经济学者，生物学者，物理学者，化学者。

（35）爱迭生是美国的发明家，戏剧家，政治家，哲学家。

（36）"供给"和"需要"这两个名词，原来用于伦理学，经济学，物理学，植物学。

（37）熊属于有蹄类、食虫类、食肉类，贫齿类。

（38）竹属于禾木科，十字科，松柏科，蔷薇科。

（39）鸵鸟属于雞类，鸠类，鸣禽类，走禽类。

（40）"共鸣"这个名词原来用于化学，物理学，地理学，天文学。

（41）ⅩⅪⅤ的数是 24，26，32，44。

（42）☵是坎卦，乾卦，坤卦，巽卦。

（43）湖北有一个兵工厂，是在武昌，荆州，汉阳，汉口。

（44）太姒是一个名优，贤后，女政治家，女文学家。

（45）嵇康是一个恶人，懒人，勤勉家，手腕家。

（46）吾国首先造纸的是仓颉，蔡伦，颜真卿，王羲之。

（47）中国古来有名的诗人要推李白，曹植，苏东坡；欧阳修。

（48）牛的胃是一房，二房，三房，四房。

（49）"十"是佛教的表征，道教的表征，耶稣教的表征，回回教的表征。

（50）津浦车的方向，是东西，南北，东南，西南。

## 1923 年女高师招考大学预科及体育系新生入学试题（第三次）[①]

### 一　国文试题

学如不及犹恐失之　　说京中见闻录
二题任作一题

### 二　English

（1）Analyse the following sentences：—

（ⅰ）The sun having set, we all went home.

（ⅱ）No one knows when he will come.

---

① 《北京女子高等师范周锌》1923 年 10 月 28 日第 5 版。

（ⅲ） I believe her to be perfectly honest.

（2） Correct any mistakes that you may find in the following： —

（ⅰ） I have began to learn English you began two years ago.

（ⅱ） The letter was tore to pieces and throwed on the floor.

（ⅲ） Friendship is the virtue what I adamire most.

（ⅳ） Who do you think I meet this morning?

（ⅴ） The sailor which will spoke to you has gone to sea again soon.

（3） Translate the following sentences into Chinese： —

Exercise is necessary to health. and sport is the best way of taking it. No weariness, because the excitement destroys the sense of labour. A boy or man in training never eats or drinks mere than is good for hion. A sound mind goes with a sound body, the best athletes often the clevest at books.

（4） Write a brief account on one of tne ①following subjects： —

（ⅰ） "Knowledge is power".

（ⅱ） My mother school.

## 三　数学试题

1. 将 $\dfrac{1 - \dfrac{1}{2} + \dfrac{1}{15}}{\dfrac{1}{3} + \dfrac{1}{5} - \dfrac{1}{4}}$ 化简之

2. 解以下联立方程式：

$$\begin{cases} 3x - 4y + 3 = 0 \\ 8x + 5y - 86 = 0 \end{cases}$$

3. 求分解 $20 x^2 + 23xy - 21 y^2$ 为因数。

4. 求作已知三角形之内切圆及外切圆。

5. 求证 （ $cotA - tanA = 2cot2A$ ）

---

① 原文如此，应为 the。

### 四　理化试题（以四题为完卷）

（1）用理论并用实验以证亚几默德氏之原理。（The Principle of Ar-chimedes）

（2）（a）试用欧姆之定律（Ohm's Law）定电流之强，电路之抵抗（阻力）及电动力间之关系。

（b）试述电与磁之要别。

（3）试述成声之理。

（4）试述食盐之精制法及有关系之反应。

（5）结晶硫酸铜其组成之铜，硫，养①，水，按百分算之各若干？结晶硫酸铜百五十克有水若干？

（6）设有液体空气一瓶，若以冰置于瓶内则液体空气立刻沸腾甚烈其故安在？

### 五　博物试题

（一）试略述腔肠动物之体制并举其实例

（二）气孔之构造及保护细胞之作用

（三）试分述大脑、小脑、延髓及脊髓之作用

（四）地球之生成及构造

### 1924 年北京女子师范大学招考各科新生入学试题②

教育系预科国文试题

（一）作文

利人莫大于教说

（二）试标点下列文

魏文帝忌弟任城王骁壮因在卞太后阁共围棋并啖枣文帝以毒置诸枣蒂中自选可食者而进王弗悟遂杂进之既中毒太后索水救之帝预敕左右毁

---

① 原文如此，应为氧。

② 《国立北京女子师范学周刊》1924 年 9 月 7 日第 3—4 版。

瓶罐太后徒跣趋井无以汲须臾遂卒复欲害东阿太后曰汝以杀我任城不得复杀我东阿

　　文科预科插班生国文试题

　　（一）作文

　　孟荀异同略说

　　自述治国学方法

　　右二题任作一题

　　（二）下所录文试以语体解释之

　　昔者庄周梦为蝴蝶栩栩然蝴蝶也自喻适志与不知周也俄然觉则蘧蘧然周也不知周之梦为蝴蝶与蝴蝶之梦为周与周与蝴蝶则必有分矣此之谓物化

　　理科预科插班生国文试题

　　（一）作文

　　实业救国论

　　（二）试依据文法指正下列各句之误

　　使天下丈夫女子莫不欢然皆欲爱利之心　淮南子道应训

　　身非王公大人名族之后乡曲之誉　汉书主父偃传

　　未尝所见者则妄毁诽　汉书艺文志颜注

　　音乐专修科试题

　　国文试题

　　（一）作文

　　钟子期死伯牙终身不复鼓琴论

　　（二）试句读下所录秦少游词一首（叶韵处标识之）

　　西城杨柳弄春柔动离忧泪难收犹记多情曾为系归舟碧瓦朱桥当日事人不见水空流韶华不为少年留恨悠悠几时休飞絮落花时候一登楼便作春江都是泪流不尽许多愁

　　英文试题

　　（1）Translate the following passage into Chinese.

Oneevening as he sat reading in a comfortable armchair wrapped in a warn dressing gown, a pot of hot tea by his side, he heard a tremendous knock at the outer door of the house. Then this door was flung violently back against the wall, so that the whole building shook. In a minute, the roomdoor opened, and there Shelley stood, hatless.

(2) Aanlyse the following passage.

(3) Make any necessary corrections in the following sentences：—

(a) No one but my sister know.

(b) Neither he nor she are right.

(c) It was with a fountain pen that I write that letter.

(d) I am as good as her.

(e) Let you and I do this.

(f) Whom do they say I am?

(g) Who do you speak to?

(h) Every one of the sixty students have gone back to their homes.

(4) Fill the blanks in the following sentences：—

(a) The tain _____heavily all day.

(b) I went to see Miss Ling _____I knew well.

(c) I told my friend, _____I knew would help me.

(d) Either my mother or my sister_____coming.

(e) I_____help you whenever you wish.

(f) O that he_____here！

(g) I wish to _____you a question while you_____here.

(h) Your father told me that he _____be glad to see me.

物理学试题（选作四题）

一、试言声之屈折，干涉及升沈之理

二、何谓（1）音阶，（2）音比，（3）和音，（4）乖音

三、试光线屈折之定律

四、试言物质与能力之区别

五、试解释下列各名词：

（1）运动，（2）工作，（3）比热，（4）电子，（5）电流

博物试题

动物学

（一）试举寄生动物及共生动物之例并详其生活法之区别

（二）何谓完全变态与不完全变态试比较言之并各举其实例

植物学

（一）试就食虫植物一二种记其捕虫之装置

（二）下列各种植物属于何科：竹　梅　栗　马铃薯　蒲公英

生理学

（一）试略记皮肤之构造及皮脂腺之效用

（二）问感冒之诱发原因及其预防法

矿物学

（一）问黑曜石及浮石之成因

（二）地质时代之区别试列表以明之

历史试题

（一）试述汉武帝之武动

（二）鸦片战争之原因结果若何试略述之

（三）十字军东征之原因结果若何试就所知以对

地理试题

（一）中国已开商埠现有若干均在何省

（二）中国最大山脉有几均起于何地经过何省

（三）苏伊士及巴拿马两运河各起筑于何年其效用如何试述论之

数学试题①

1. 以 $\dfrac{21}{8}$ 除 $\dfrac{\dfrac{1}{2}+\dfrac{3}{4}-\dfrac{2}{7}}{\dfrac{1}{4}+\dfrac{1}{5}}$ 且化简之

2. 今有铜元一宗，甲乙丙三人分之，甲得三分之一，乙得四分之一，丙得五分之一，如是尚剩五十二枚，问原有铜元若干枚，并问三人各得几何

3. 试解 $\dfrac{4x-10}{5}=\dfrac{2(3x-8)}{7}$

4. 求于圆内作内切六等边形

自然科学试题

（一）气候变化之原因

（二）空气压力与风之关系

---

① 《国立北京女子师范大学周刊》1924 年 9 月 14 日第 2 版。

（三）植物之主要食物为何

（四）试说明蚊之生活史

音乐专修科第二次招考译谱试题（译简谱为正普）①

教育系预科试题②（由以下第一部及第二部中各选作二题）

第一部

一、试举"运动""声""光""热""电"之界说

二、试述物质与能力之区别

三、试述热之三种传法并各举例说明

第二部

一、假设氮（nitrogen）在平常温度可以氧化则地球当呈何现象

二、试解释下列名词：

（1）分子（2）原子（3）电子（4）自然现象（5）接触作用

三、试完成下列各公式并注明式中各物之名称

1. $2NO_2 + H_2O$

2. $2HCl + Fe$

3. $H_2SO_4 + NaOH$

4. $NH_3 + H_2O$

5. $C_6H_6 + HNO_3$

化学试题（择答四题）

（一）试述下列各名词之定义并举例以证之

---

① 《国立北京女子师范大学周刊》1924 年 9 月 14 日第 3 版。

② 《国立北京女子师范大学周刊》1924 年 9 月 7 日第 3 版。

（a）Percent Solution（百分溶液）（b）Normal Solution（标准溶液）（c）Saturated Solution（饱合溶液）（d）Molar Solution（份子溶液）（e）Supersaturated Solution（过饱合溶液）

（二）试言化学平衡之意义并详述其对于下列各种变迁所受之影响如何

（a）温度变更（b）气压变更（c）加入接触物（d）化合原料之增减

（三）何谓养[①]化作用（Oxidation）及还原作用（Reduction）并各举例以说明之

（四）十克（10g）绿化钾（KCL $O_3$）在 750mm150℃ 时可以发出若干克的氧气（Oxygen）

K＝40g　Cl＝35.5g　O＝16g

（五）试述绿族各原子之名称及其制法，性质，反应，并其相互之关系

（六）试述原子论（Atomic Theory）之大意并如何利用以解释化学反应

物理试题（择答四题）

（一）试述牛顿氏之三种"运动定律"并各举例以说明之

（二）试述杠杆之种类及其原理暨每种之机械利率若何

（三）试分述雨云霰雹及雪之成因

（四）试述下列各名词之定义及其单位

（a）容量（Volume）（b）密度（Density）（c）功（Work）（d）功率（Power）（e）能（Energy）（f）卡（Calorie）

（五）一球掷上在空气中经六秒始达地面球离手之速度为何，能至何高

（六）在标准温度气压时气之体积为二百七十克（c.c.）设气压变为 720mm 而此气之体积变为一百九十克（c.c.）问其温度在摄氏表若干度

教育系预一试题[②]（四题完卷）

甲、代数

---

① 原文如此，应为氧。

② 《国立北京女子师范大学周刊》1924 年 9 月 7 日第 4 版。

1. 化简 $\dfrac{a-1+\dfrac{6}{a-6}}{a-2+\dfrac{3}{a-6}}$

2. 求下方程式中 x 之值，

$$\dfrac{4x-1}{3}-\dfrac{3}{4}=\dfrac{x-4}{6}+\dfrac{3x+5}{4}$$

3. 求 $(a^2-b^2)^3-c^3$ 之因子

三角

1. 已知 $\sin A=\dfrac{3}{5}$ 求 $\cos A$，$\tan A$ 及 $\sec A$ 之值

2. 已知 $\sin x=\dfrac{1}{2}\sqrt{3}$，$\cos x=\dfrac{1}{2}$ 求 $\cos 2x$ 之值

文预二年级插班试题（四题完卷）

乙、代数

1. 将 227 分为两部分，大部分为五倍小部分又加五，问两部分各若干

2. 求 $(x^2-4)^3-y^3$ 之因子

几何

1. 试证一三角形内角之平分线相交于一点且此点至三角形各边之距离相等，

2. 说一线与一三角形之底平行，且又平分其一边，试证此线亦必平分其他边，

三角

1. 求下式之值

$a\sin 0°+b\cos 90°-c\tan 180°$

2. 已知 $\sin 30°=\cos 60°=\dfrac{1}{2}$，$\sin 60°=\cos 30°=\dfrac{1}{2}\sqrt{3}$，及 $\sin 45°=\cos 45°=\dfrac{1}{2}\sqrt{2}$，求（a）$\cos 75°$（b）$\sin 135°$

理预二年级插班试题①（四题完卷）

丙、代数

---

① 《国立北京女子师范大学周刊》1924 年 9 月 14 日第 1—2 版。

1. 子年为父年之 $\dfrac{2}{5}$，十年后子年为父年之半，问父子年各若干

2. 解下列二方程式

（a）$\begin{cases} 4x + 9y = 3 \\ 3x + 7y = 2 \end{cases}$

（b）$\begin{cases} x^2 + xy = 6 \\ y^2 + xy = 10 \end{cases}$

几何

1. 证由圆周上一点至直径之垂线，为直径上两分线之比例中项

2. 求一圆心之轨迹说此圆有已知之半径（r）及与已知之直线相切，

三角

1. 有梯长 30 呎斜倚屋墙，自梯足至墙根之距离 15 呎，问梯顶高出地面若干呎

2. 试证　　　$\mathrm{Sin}2x = \dfrac{2temx}{1 + t\,em^2x}$

# 附录4　北京女子高等师范学校若干问题考辨[①]

成立于 1919 年的北京女高师[②]，可谓近代中国第一所国立女子高校，在中国高等教育史，尤其是五四时期的社会文化史上占有重要的地位。遗憾的是，与女高师的历史地位和重要意义相比，相关的学术研究却显得较为薄弱。特别是有关女高师的沿革、历史定位及李超事件等史实，因种种缘故所致，学界的探讨多有抵牾，为进一步深入研究带来了诸多困惑乃至误解。本文针对上述问题分别进行梳理和考证，以就正于贤者。

## 一　关于历史沿革

北京女高师办学历史悠久，前承京师女子师范学堂，后启北京女子师范大学，最终并入北平师范大学，成为今日百年知名学府北京师范大学的前身之一。目前学界关于女高师沿革的研究，存在诸多歧异之处。具体说来，主要有以下几点。

### （一）校名变迁

目前学界对于女高师前身的论断，莫衷一是，认识模糊。概括来

---

① 本文已发表于《太原理工大学学报》（社会科学版）2016 年第 6 期。

② 北京女高师的全称为"国立北京女子高等师范学校"，是中国近代第一所国立女子高等学府。其前身是 1908 年由御史黄瑞麟奏请设立的京师女子师范学堂。至 1912 年，改称北京女子师范学校。1917 年呈请改组高等师范学校，并于当年增设教育国文专修科，设立附属中学，预备改组事宜。1919 年 4 月，经教育部批准，正式更名为国立北京女子高等师范学校。1924 年，北京女高师升格为国立北京女子师范大学。1925 年 5 月，在校长杨荫榆的高压管治下，北京女师大酿成了轰动中外的"女师大风潮"。1927 年，张作霖政府将北京国立 9 校合并为京师大学校，北京女师大成为其中的一部。1928 年，国民政府实行大学区制，将北京 9 所国立高校合并为国立北平大学，北京女子师范大学改组为国立北平大学第二师范学院，专门招收女生。1929 年教育部停止实行大学区制，批准北京大学、北平师范大学等高校独立，恢复其原有称谓，但是北平大学第二师范学院等 7 所院校则继续保持北平大学的合校建制，只是名称略有更易。如同年 12 月，北平大学第二师范学院更名为国立北平大学女子师范学院。1931 年 7 月，该校正式并入北平师范大学，由此成为今日百年名校北京师范大学的源头之一。

说，主要有 1906 年成立的北京女子师范学校①、1908 年成立的北京女子高等师范学堂②、1908 年设立的京师女子师范学校③、1909 年设立的京师女子师范学堂④等不同说法。事实上，上述说法均不准确，女高师的前身最早可追溯至 1908 年创办的京师女子师范学堂。据刊印于 1918 年的《北京女子师范学校一览》记载："光绪三十四年七月十五日于京师设立女子师范学堂，从御史黄瑞麟之请也。"⑤ 这里需要指出两点：其一，有论者就此将京师女子师范学堂的成立时间直接写成"1908 年 7 月 15 日"⑥，似有不妥。清末民初之际，在纪时问题上很多人使用的是一种中西合璧的方法，即中（农）、西（公）历混用、合用，如纪年用西（公）历或民国纪年，纪月用中（农）历。查阅《北京女子师范学校一览》可知，该书记载的历史事件若发生在民国之前，纪年用皇帝年号，纪月用农历；若发生在民国之后，纪年用民国纪年即公历，纪月则多用农历。因此，京师女子师范学堂成立的时间"清光绪三十四年七月十五日"，换成今天的公历来看，应为 1908 年 8 月 11 日。其二，奏请设立京师女子师范学堂的是清御史黄瑞麟，而不是董瑞麟⑦、黄瑞琪⑧等人。清光绪三十四年三月初十日（1908 年 4 月 10 日），他上书清廷学部，奏请设立女子师范学堂。光绪三十四年六月初六日（1908 年 7 月 4 日），清学部奉旨准奏。

　　民国成立以后，教育部规定学堂改称学校，1912 年京师女子师范学堂更名为北京女子师范学校⑨。二者均属于女子初级师范教育，旨在培养

　　① 王焕勋主编：《实用教育大词典》，北京师范大学出版社 1995 年版，第 15 页。

　　② 魏国英等编著：《中国高校校报史略》，北京大学出版社 2010 年版，第 60 页。

　　③ 王珺：《中国近代女子高等教育的发展及价值述略》，《武汉交通管理干部学院学报》2003 年第 2 期。

　　④ 刘丽华、郑智：《寻找伟人的足迹——鲁迅在北京》，北京工业大学出版社 1996 年版，第 159 页。

　　⑤《沿革纲要》，《北京女子师范学校一览》1918 年，第 1 页。

　　⑥ 何玲华：《新教育·新女性：北京女高师研究（1919—1924）》，中国社会科学出版社 2007 年版，第 15 页。

　　⑦ 吴惠玲、李墅：《北京高等教育史料·近现代部分》，北京师范学院出版社 1992 年版，第 308 页。

　　⑧《教育大辞典（10 卷）：中国近现代教育史》，上海教育出版社 1991 年版，第 192 页。

　　⑨ 以下几种说法是不正确的：有人认为 1912 年改名为"北京女子高等师范学校"，参见魏国英等编著《中国高校校报史略》，北京大学出版社 2010 年版，第 60 页；有人指出是"1913 年"改称北京女子师范学校，参见李雪季主编《跨世纪领导干部工作宝典》，九洲图书出版社 1998 年版，第 724 页。

小学教员及蒙养园保姆。随着新文化运动及女子基础教育的发展，女子师范教育迎来了向高等教育层次推进的有利形势。对于女高师成立这一重要的时间节点，学界一直存有 1915 年[①]、1917 年[②]、1920 年[③]等几种错误的观点。实际上，1917 年的北京女子师范学校只是制定了改组高等师范的计划，陆续添设了附属中学、教育国文专修科、图画手工及博物专修科等，并未真正改名为北京女高师。1919 年 4 月 23 日，教育部签发第 35 号部令，要求北京女子师范学校"应即改定名称为北京女子高等师范学校"[④]。由是可知，女高师正式成立的时间是在 1919 年 4 月。

1922 年教育部颁布了《学校系统改革案》，规定高等师范学校可以改成师范大学，也可以在普通大学内设立师范科。在接下来的高师改大运动中，民初全国独立设置的 7 所高等师范学校，除北京高师于 1923 年升格为北京师范大学、北京女高师在 1924 年升格为北京女子师范大学外，其余相继并入或径直转制为综合性大学。[⑤] 目前很多著作论及高师改大运动时，往往忽略了北京女高师改为北京女子师范大学的事实，大多强调北京师范大学是改大运动中"硕果仅存"的院校[⑥]，很显然，这种说法是不准确的。1924 年，北京女高师校长杨荫榆上呈教育部，依据《学校系统改革案》的相关规定及北京师范大学的成例，拟请改办北京女子师范大学。同年 5 月，教育部下令照准北京女高师改办北京女子师范大学。因此，北京女高师升级为北京女子师范大学是在 1924 年。[⑦]

① 《鲁迅大词典》，人民文学出版社 2009 年版，第 270 页。

② 王珺：《中国近代女子高等教育的发展及价值述略》，《武汉交通管理干部学院学报》2003 年第 2 期。

③ 毛礼锐、沈灌群主编：《中国教育通史》（第 5 卷），山东教育出版社 2005 年版，第 21 页。

④ 《教育公报》1919 年第 6 期，"命令"第 6 页。

⑤ 南京高等师范学校改组为东南大学、武昌高等师范学校改组为国立武昌大学、广州高等师范学校并入国立广东大学、成都高等师范学校并入国立四川大学、沈阳高等师范学校改组为东北大学。

⑥ 《北京师范大学校史》（1902—1982），北京师范大学出版社 1984 年版，第 71 页。

⑦ 诸如 1922 年、1923 年北京女高师改称北京女子师范大学的说法都是不正确的。参见肖凤《庐隐与〈文艺会季刊〉》，《中国现代文学研究丛刊》1981 年第 4 期；赵海菱《冯沅君在北京女高师的日子》，《新文学史料》2011 年第 2 期；《程俊英自传》，载朱杰人、戴从喜编《程俊英教授纪念文集》，华东师范大学出版社，2004 年版，第 284 页；杜学元《中国女子教育通史》，贵州教育出版社 1995 年版，第 466 页；华泽主编《面向二十一世纪上海女性高等教育研究》，上海大学出版社 2000 年版，第 60 页。

　　杨荫榆任北京女子师范大学校长后一意孤行，引发了师生们的不满，著名的"女师大风潮"由此爆发。至于风潮的过程及具体内容，是需要另行研究的问题，本文所关注的是，1925 年风潮过后，北京女子师范大学发生了怎样的变化？有的学者认为在"女师大风潮"以前，北京女子大学就已经存在，"它只是以北京女子高等师范学校的大学部的形式存在，另外还设有师范部。也就是说，这一女子大学是女师大的下属学院。因而'女师大风潮'后，大学部独立出来为女子大学就顺理成章，而重新恢复的师范部则称之为北京女子师范大学。其时已经独立设置，可能只是以两部的形式存在"。[①] 实际上，这种推断似是而非。许寿裳任职北京女高师期间（1922—1924），积极筹建女子大学，至 1924 年 6 月，女高师的组织系统确实发生了变化，出现了高等部与大学预科的设置[②]。杨荫榆继任校长后，将北京女高师改建为北京女子师范大学，取消原有的大学预科，设置了本科、预科及专修科，并无"大学部与师范部"的划分。1925 年，教育部长章士钊在国务会议上提请停办北京女子师范大学。8 月 10 日，教育部下令正式执行。部分女师大师生闻讯后，组成了校务维持会，坚决反对教育部停办女师大的命令。8 月 17 日，章士钊决定解散北京女师大，在原校址上另立北京女子大学。9 月 13 日，国立北京女子大学正式成立。对此，女师大校务维持会表示抗议，并租赁了阜成门内南小街宗帽胡同十四号作为校舍，"仍照北京女子师范大学原称及向章"[③] 继续办学，并于 9 月 21 日举行了开学典礼。至此，北京地区才出现了北京女子师范大学及北京女子大学这两所女子高校。显而易见，所谓"在 1922—1923 年时，北平女子大学就已经存在"[④] 的说法是不符合史实的。


（二）师资状况

北京女高师注重教师的专业素养，拥有一支大师云集的师资队伍，

---

　　① 安树芬主编：《中国女性高等教育的历史与现状研究》，高等教育出版社 2002 年版，第 58 页。

　　② 参见《组织系统表》（一），《北京女子高等师范周镌》1924 年第 73 期。

　　③ 《北京女子师大之宣言》，《益世报》1925 年第 3453 期。

　　④ 安树芬主编：《中国女性高等教育的历史与现状研究》，高等教育出版社 2002 年版，第 58 页。

刘师培、黄侃、胡适、李大钊、钱玄同、鲁迅、周作人、林砺儒、陈中
凡等都曾执教于此。其中，学界对于胡适执教女高师的时间存有争议：
一是"半年说"，如安徽大学胡适研究中心陆发春称"胡适在女高师教
授苏雪林等学生，确为半年时间"，"苏雪林《适之先生与我的关系》
文中'只教了我们一年，便不再教了'一语明显有误"[1]；一是"一学
年说"，如王翠艳以《胡适日记全编》为依据，认为胡适在女高师任教
恰为一学年[2]。对此，笔者又从《教育公报》上找到一条史料，记载胡
适执教北京女高师的具体时间为 1919 年 9 月—1920 年 7 月[3]，恰为一
学年，因此后者的说法更符合史实。

　　此外，诸多学者由于未看到原始资料，对北京女高师历任校长的姓
名及任职顺序多有所误。如将姚华、方还误写成"姚华为""方怀
为"[4]，把熊崇煦、许寿裳、杨荫榆错写为"熊宗煦""许寿棠"[5]"杨
荫瑜"[6]，将北京女子师范学校的首任校长吴鼎昌错认作"胡雨人"[7] 或
是"陈宝泉"[8] 等，类似的错误之处无须一一列举。据女高师校刊《北
京女子高等师范周镌》可知，从京师女子师范学堂到北京女子师范大
学，历任校长的任职情况大致如下[9]。

　　① 陆发春：《文史考辨与史实求真——以胡适与苏雪林交往二则史实考证为例》，《安徽
史学》2003 年第 6 期。

　　② 王翠艳：《女子高等教育与中国现代女性文学的发生——以北京女子高等师范为中
心》，文化艺术出版社 2007 年版，第 77 页。

　　③ 《北京女子高等师范学校周年概况报告书》（续），《教育公报》1921 年第 10 期。

　　④ 胡艳、米靖：《制度的构建与超越：北京师范大学与 20 世纪的中国师范教育》，北京
师范大学出版社 2005 年版，第 24 页。

　　⑤ 张念宏主编：《中国教育百科全书》，海洋出版社 1991 年版，第 928 页。

　　⑥ 胡艳、米靖：《制度的构建与超越：北京师范大学与 20 世纪的中国师范教育》，北京
师范大学出版社 2005 年版，第 24 页。

　　⑦ 吴惠玲、李璽：《北京高等教育史料·近现代部分》，北京师范学院出版社 1992 年版，
第 309 页。

　　⑧ 朱杰人、戴从喜编：《程俊英教授纪念文集》，华东师范大学出版社 2004 年版，第
386 页。

　　⑨ 《历任校长一览表》，《北京女子高等师范周镌》1924 年 6 月 29 日。需要指出的是，
《北京师范大学校史（1902—1982）》中的《女师大与师大合并前历任校长》，参见《北京师
范大学校史》，北京师范大学出版社 1984 年版，第 212 页，所记载的校长顺序及任期与该表略
有出入。结合《北京女子师范学校一览》（1918 年）及《国立京师大学校女子第一部一览》
（1927 年）中的相关内容，笔者认为该表是比较切合事实的。

| 姓名 | 到/离校时间 | 任期 | 备注 |
|---|---|---|---|
| 傅增湘 | 1908 年 7 月—1910 年 4 月 | 1 年零 10 个月 | 当时的总理 |
| 江翰 | 1910 年 4 月—1910 年 5 月 | 1 个月 | 代理总理 |
| 喻长霖 | 1910 年 5 月—1911 年 9 月 | 1 年零 5 个月 | 先代理总理至 9 月实任总理 |
| 吴鼎昌 | 1912 年 5 月—1913 年 3 月 | 11 个月 | 由此称校长 |
| 胡雨人 | 1913 年 4 月—1914 年 2 月 | 11 个月 | |
| 姚华 | 1914 年 2 月—1917 年 1 月 | 3 年 | |
| 胡家祺 | 1917 年 1 月—1917 年 3 月 | 3 个月 | 代理校长 |
| 方还 | 1917 年 3 月—1919 年 7 月 | 2 年零 5 个月 | 1919 年 4 月改组为女子高等师范 |
| 毛邦伟 | 1919 年 8 月—1920 年 9 月 | 1 年零 2 个月 | |
| 熊崇煦 | 1920 年 9 月—1921 年 10 月 | 1 年零 2 个月 | |
| 毛邦伟 | 1921 年 10 月—1922 年 7 月 | 10 个月 | |
| 许寿裳 | 1922 年 7 月—1924 年 2 月 | 1 年零 7 个月 | |
| 杨荫榆 | 1924 年 2 月—1925 年 10 月 | | 1924 年 5 月改组为北京女子师范大学 |

　　需要注意的是，很多论者认为杨荫榆曾出任北京女子师范大学校长，可谓我国第一位女大学校长[1]。这种论断不严谨，易产生歧义：既可以理解为杨荫榆是中国第一位女性大学的校长[2]；也可以解释为杨荫榆是中国女子大学的第一位校长。无论上述哪种理解，都是不符合史实的。杨荫榆所就职的北京女子师范大学，是中国近代第一所国立女子师范大学，因此，准确且严谨的说法是，杨荫榆是中国近代国立女子师范大学的第一位校长。

　　[1]　中国大学校长名典编辑委员会编：《中国大学校长名典》（上），中国人事出版社 1995 年版，第 89 页。
　　[2]　刘川生主编：《青春的足迹：北京师范大学青年运动纪事》，北京师范大学出版社 2009 年版，第 48 页。

（三）学科设置

1919 年 3 月，教育部颁布的《女子高等师范学校规程》规定：
"女子高等师范学校设预科、本科。前项预科、本科外，得设选科、
专修科、研究科"，修业年限是"预科一年，本科三年，研究科一年
或二年，专修科、选科二年或三年"。[①] 缘是，有学者认为依照部令改
组而成的北京女高师，"设有一年制预科、三年制本科和一至两年的
研究科"[②]。事实上，限于经费及师资缺乏等因素，北京女高师只设有
预科、本科、专修科、讲习科和补习科，未真正设立研究科。又有论
者指出，北京女高师于"1920 年改组，废部设系。当时共设十个系，
它们是教育哲学系、中国文学系、西洋文学系、历史学系、数学物理
学系、物理化学系、动物学地质学系、家政学系、体育系、音乐
系"[③]。上述论断把改组时间及学系名称弄错了。北京女高师废部设系
的时间应在 1922 年，当时校长许寿裳效仿北京大学，主张改部科为
学系，以融通文理。1922 年 7 月 29 日，女高师在教务会议上审议并
通过了《改订学科课程大纲》，规定"各部科改称学系"，设有"国
文学系、英文学系、历史地理系（暂缺）、数学物理系、物理化学系、
生物地质系、家事系、体育系、音乐系"[④]，这样就形成了较为规范、
科学的学科专业设置体系。

（四）社团及刊物

经五四新文化运动的洗礼，北京女高师形成了一种思想自由、民主
开放的校园氛围。学校鼓励学生创办各种社团和刊物，以增进学生的自
治能力和学术研究兴趣。1919 年，女高师保姆讲习科成立了幼稚教育
研究会，于 1920 年发行了会刊《北京女高师幼稚教育的研究》，而不

① 《女子高等师范学校规程》，宋恩荣、章咸选编：《中华民国教育法规选编》，江苏
教育出版社 2005 年版，第 440—441 页。
② 顾明远主编：《世界教育大事典》，江苏教育出版社 2000 年版，第 519 页。
③ 杜学元：《中国女子教育通史》，贵州教育出版社 1995 年版，第 466 页。
④ 《本校纪事》，《北京女子高等师范学校周刊》1920 年 10 月 10 日。

是多数幼儿教育论著所提及的《幼儿教育之研究》①。此外，国文专修科学生成立了文艺研究会，成为中国现代文学史上第一个由女大学生团体主办的文学社团。关于该会成立的时间，有学者认为是1919年3月②。笔者认为这个时间是值得商榷的。据《文艺会季刊》第1期的《本会记事》可知，1919年1—3月，文艺研究会的讲演部已经召开了三次常会。由此可以推断，该会在1919年3月之前已经成立。至于具体时间，囿于资料所限，尚待进一步考证。1919年6月，女高师文艺研究会创办了《文艺会季刊》（1920年改名为《北京女子高等师范文艺会刊》，以下简称《文艺会刊》）。该刊原计划为季刊，后因经济、印刷等原因未能按时出版，遂成为不定期刊物，前三期分别出版于1919年6月、1920年4月和1921年4月。由于后三期均未注明出版时间，故有论者根据"各期《会刊》刊发文章的落款日期推算"，认为后三期大约分别出版于1922年、1923年和1924年，由此指出该刊基本保持了每年一期的出版频率。③对此观点，笔者亦有所质疑。以该刊第4期为例，刘作炎的《夜中杂感》④作于1922年，而俞钰的《望着》《怀疑》⑤则写于1923年，因此，若根据刊发文章的落款日期推算，则第4期发表于1923年的推断似乎更为合理。不过，由于目前缺乏确切的史料，该刊后三期的出版时间尚待考证。

还需要指出的是，1919年五四运动后，女高师学生为宣扬五四爱国精神，创办了该校第一个政治性刊物《女界钟》。有学者认为该刊"由于到印刷局付印时遭警方干涉而夭折"⑥。不过，依程俊英回忆，该

---

① 教育大辞典编撰委员会：《教育大辞典》（第2卷），上海教育出版社1990年版，第240页；中国学前教育史编写组：《中国学前教育史资料选》，人民教育出版社1989年版，第320页；苏影主编：《北京教育辞典》，海洋出版社1993年版，第71页；唐淑、冯晓霞主编：《百年中国幼教（1903—2003）》，教育科学出版社2003年版，第83页；国立编译馆主编：《教育大辞书2》，文景书局有限公司2000年版，第655页；祝士媛、唐淑主编：《幼儿教育百科辞典》，上海教育出版社1989年版，第321页。

② 何玲华：《新教育·新女性：北京女高师研究（1919—1924）》，中国社会科学出版社2007年版，第278页；王翠艳：《女子高等教育与中国现代女性文学的发生——以北京女子高等师范为中心》，文化艺术出版社2007年版，第103页。

③ 王翠艳：《女子高等教育与中国现代女性文学的发生——以北京女子高等师范为中心》，文化艺术出版社2007年版，第106页。

④ 《北京女子高等师范文艺会刊》第4期，第64—66页。

⑤ 《北京女子高等师范文艺会刊》第4期，第54—56页。

⑥ 郑永福、吕美颐：《中国妇女通史·民国卷》，杭州出版社2010年版，第63页。

刊由于遭到印刷局的干涉，女高师学生气愤至极，"于是将《女界钟》油印，发至北京的学界"①。另据1922年发行的《北京女学界联合会汇刊》记载，北京女学界联合会于1919年5月出版了《女界钟》第二号②。由此可以推断，《女界钟》没有因印刷局的干涉而夭折，至少出了两期。

## 二　关于历史定位及李超事件

### （一）历史定位

提起北京女高师的历史地位，很多学者称它是"我国第一所女子高等学府"③，是"我国有女子高等教育机关之始"④，或是"中国近代第一所女子高等学校"⑤。不过，这些说法并不准确，没有把握它所处的历史阶段、办学性质等因素。众所周知，传教士作为西方来华势力，与西方列强侵华固然脱不了关系，但不能因为是传教士办的学校，就不承认它是中国的学校。最起码，我们应当承认，传教士在中国近代开办的各种培养中国人的学校，是在中国土地上出现的现代学校。基于这一点，显然不能将教会女子大学排除在中国近代女子高等教育之外。其实，近代中国著名的几所教会女子大学，建立的时间大都早于女高师，如华北协和女子大学创建于1905年、金陵女子大学成立于1915年、华南女子大学改建于1916年。鉴于此，成立于1919年的北京女高师，并非中国近代第一所女子高校⑥，而是中国近代第一所国立女子高等学府。

需要注意的是，女高师虽是中国近代第一所国立女子高校，但并不

①　程俊英：《回忆女师大》，载朱杰人、戴从喜编《程俊英教授纪念文集》，华东师范大学出版社2004年版，第348页。

②　《本会概况》，《北京女学界联合会汇刊》1922年，第1页。

③　王虹生等主编：《工青妇大辞典》，中国经济出版社1990年版，第46页。

④　刘捷、谢维和：《栅栏内外：中国高等师范教育百年省思》，北京师范大学出版社2002年版，第361页。

⑤　刘丽华、郑智：《寻找伟人的足迹——鲁迅在北京》，北京工业大学出版社1996年版，第159页。

⑥　有学者认为，成立于1905年的北京协和女子大学是中国近代第一所女子大学。参见张珊《中国第一所女子大学概览——记华北协和女子大学》，《山东女子学院学报》2011年第5期。

等同于它是"中国近代以来第一所国人自办的女子高等学府"①。要注意"国立"与"国人自办"的内涵并不相同:"国立"学校即指由中央政府正式设立或直辖,教育部直接管理,校长由中央政府任命,经费来自国库的公立性学校;"国人自办"的学校泛指由中国人自己创办的国立、公立或私立学校。实际上,近代国人自办的女子高等学校形式多样,包括女子专门学校、女子大学、女子高等师范学校等,如1912年由陈澄溪等创办的女子工业大学校,即属于国人自办的女子高校。因此,不能简单认为北京女高师是近代中国第一所以及五四时期唯一的国人自办的女子高等学府②。

### (二) 李超事件

五四新文化运动时期,北京女高师学生李超因不堪家庭压迫而病逝的个人悲剧,经新文化运动主将的宣传及报刊媒体的报道转变为引起社会广泛关注的公众事件。可以说,李超事件是北京女高师发展史乃至五四新文化运动史上的一个重要事件。目前学界从不同角度充分地发掘了该事件的文化内涵,成果颇丰。不过,李超事件中的几个基本史实问题,仍存在诸多谬误,需要加以考辨。

其一,李超追悼会的发起人。李超追悼会是李超事件的"重头戏",成为五四时期社会舆论的焦点。究竟由哪些人倡议发起李超追悼会?关注这个问题,其价值不仅在于知道一份名单,更重要的是,通过分析发起人的身份、性别、思想主张等,益于揭示李超追悼会的社会影响和文化地位。当然,保证这份名单的准确性是展开深入研究的前提和基础。这份发起人的名单刊登于1919年11月19日的《晨报》,其中《李超女士追悼大会启事》③一文公布了发起人的姓名。据笔者核查,他们分别为:周绍昌、李大钊、陈钟凡、胡适、蔡元培、毛邦伟、伍树芬(女士)、吴弱男(女士)、赵炳麟、关冕钧、李济深、梁漱溟、李拔超、林炳华、周家彦、林世焘、梁昌诰、秦树忠、黎桂森、林伯启、叶镜潞、罗振英(女士)、王兰(女士)、胡学恒(女士)、彭梦民

---

① 姜丽静、廖志强:《边缘处的别样行走——关于"女高师"的研究现状、研究地位及研究视角》,《高教探索》2010年第2期。

② 郑永福、吕美颐:《中国妇女通史·民国卷》杭州出版社2010年版,第59页。

③ 《李超女士追悼大会启事》,《晨报》1919年11月19日。

（女士）、罗家伦、黎启祥、康白情、杨葆俊（女士）、胡偀（女士）、陶玄（女士）、刘韵琴（女士）、雷荣甲、黄士嘉、李家容（女士）、王绪贞（女士）、孙雅平（女士）、蒋粹英（女士）、顾翊娴（女士）、王宗瑶（女士）、林伯铭（女士）、黄日葵、梁运曦、区谨、区家达、韦奋鹰、黄琮、陆善焜、谢起文、覃怀林、梁文瀚、梁惠珍（女士）、陈瀛、苏甲荣，共计 54 人。不过有论者据此所抄录的名单，或姓名遗漏、有误①，或人数统计错误②，有失严谨性。通过进一步分析可知，李大钊、蔡元培、胡适、梁漱溟均为新文化运动的代表人物，他们将"李超之死"看作解读妇女和家庭问题的样本，以此宣传妇女解放和改造社会的思想；毛邦伟、陈中凡作为北京女高师的校长及教员，他们参加李超追悼会，在一定程度上代表了校方对新文化、新思潮的支持和包容；罗振英、王兰、胡学恒、陶玄、刘韵琴、胡偀、王绪贞、孙雅平、蒋粹英、王宗瑶、梁惠珍等是女高师学生；康白情、罗家伦、苏甲荣等是北大学生，他们意识到妇女解放的重要性，继而发起李超追悼会，以期得到更多的社会关注。通过这份名单，我们至少可以看出，李超的个人悲剧，引发了当时以新文化运动名流及青年学生为主体的多方人士的关注。

其二，举办李超追悼会的时间。李超事件不仅是李超的个人悲剧，更成为当时社会讨论的焦点问题，一大批新闻媒体如《晨报》《益世报》《大公报》《申报》《民国日报》等对此进行了报道。对于李超追悼会举行的时间，有论者认为是 1919 年 12 月 13 日③，有的则认为是1919 年 11 月 19 日④，这些说法都不准确。《晨报》⑤《大公报》⑥ 的报道共同证实了追悼会的举办时间是在 1919 年 11 月 30 日。

---

① 李净昉：《性别视野中的女学生之死——以五四时期李超为中心》，《妇女研究论丛》2007 年第 5 期；侯杰、王小蕾：《文本·性别·历史——以李超为个案的研究》，《文学与文化》2010 年第 2 期。

② 参见《李大钊全集》（第 5 卷）（最新注释本），人民出版社 2006 年版，第 338 页。其中《为发起组织李超女士追悼大会启事》记载发起人共 49 人，这是不准确的。

③ 郑永福、吕美颐：《中国妇女通史·民国卷》，杭州出版社 2010 年版，第 87 页。

④ 章敏：《以〈李超传〉为中心看民国女性家庭财产继承权》，《云梦学刊》2013 年第 3 期。

⑤ 《本日学界开会追悼之李超女士》，《晨报》1919 年 11 月 30 日；《昨日李超女士追悼会情形》，《晨报》1919 年 12 月 1 日第 3 版。

⑥ 大璧：《李超女士追悼会纪略》，《大公报》（长沙版）1919 年 12 月 6 日。

其三，李超事件的影响。五四时期，李超事件不仅轰动了京城，而且波及她的家乡广西省。1920 年，广西省立第一师范学校、广西省立第二中学、苍梧女子师范讲习所等八校，举行了李超女士追悼会，"各界人士莅会者不下万人，挽歌诗联四五百轴"①。此外，浙江奉化进化小学校的教员任希贤在读罢《李超传》后，"心中同时起了'可惜''可恨'的二种感情"②：可惜的是李超矢志求学却抱憾病逝；可恨的是旧家庭制度的黑暗残暴。可以推断，李超事件已突破京城，影响到全国。

不过，有论者进而指出李超事件"已经在海外产生了一定影响"，依据的是"1919 年 11 月 30 日，一幅女士的半身像照片出现在《晨报》第三版上，照片的标题为'日本学界开会追悼之李超女士'"③。对此更有论者呼应道："李超事件惊动了全国乃至海外，日本一家报纸也刊登了李超追悼会的照片和报道。"④ 然而，此一言之凿凿的说法，实为以讹传讹，子虚乌有之事。《晨报》确实刊登了李超的照片，但照片的标题明明写的是"本日学界开会追悼之李超女士"。⑤ 始作俑者望文生义，误将"本日"看成"日本"，一字之差，谬以千里；继起者以讹传讹，更是误尽苍生了。

## 三　余论

近些年来，在中国近现代教育史研究领域中，一些长期被忽视的教育群体（如教育机构、流派等）逐渐引发了学者的兴趣，各种专题性研究也陆续展开，这无疑扩大了人们的视野。不过，至今仍有许多教育机构尚未得到充分的发掘，这其中就包括本文的研究对象——国立北京女子高等师范学校。事实上，这种研究现状与该校在中国近代教育史及社会文化史上的重要地位是不相称的。

────────────

① 《粤梧追悼李超女士纪闻》，《晨报》1920 年 2 月 14 日第 6 版。

② 任希贤：《读李超传》，《学生文艺丛刊》，1926 年第 3 卷第 5 期，第 21 页。

③ 李净昉：《性别视野中的女学生之死——以五四时期李超为中心》，《妇女研究论丛》2007 年第 5 期。

④ 陆奇、黎军、罗巧腾：《1919：震动京城的苍梧女子李超》，《文史春秋》2012 年第 10 期。

⑤ 《本日学界开会追悼之李超女士》，《晨报》1919 年 11 月 30 日。

　　首先，在中国近代教育史上，北京女高师实为我国近代早期女子教育的典范。它办学悠久，底蕴深厚，前承京师女子师范学堂，后启北京女子师范大学，成为该校历史上声名鹊起的黄金时期。作为中国近代第一所国立女子高校，女高师确立了现代意义上的办学宗旨和学科体系，开创了女子高师教育的办学模式，发凡起例，功不可没。同时，女高师办学严谨，成效卓著，在短短 5 年之内，培养了大量的英才，对我国近代教育的发展做出了重要的贡献。

　　其次，就中国近代社会文化史而言，北京女高师可谓五四时期社会文化的重镇。师生们密切关注时政和思潮的变迁，直接参与并见证了中国社会文化由传统向现代的转型。以五四新文化运动为例，北京女高师积极邀请新文化运动组织者到校讲学，宣传民主和科学思想。受他们的启蒙和指引，师生们不仅响应"文学革命"的号召，为中国现代新文学的发生做出了不可磨灭的贡献，而且积极投身社会改造运动，探索国家救亡之道。此外，女高师在五四时期的妇女解放及教育发展方面，贡献良多。

　　由此可见，无论是从近代教育史还是从社会文化史的研究视角来看，北京女高师都有着不可替代的历史地位和重要的研究价值。目前，学界有关北京女高师的研究远远不够成熟，很多问题有待各方共同努力探讨，令近代中国第一所国立女子高校再现于国人面前，为现代化教育事业提供历史镜鉴。

# 附录 5 从个人悲剧到公众焦点：传播学视野下的李超事件①

1919 年 8 月 16 日，北京女子高等师范学校国文部学生李超，因不堪家庭压迫病逝。3 个月后，胡适完成了《李超传》，北京女高师、北京大学及北京政教界人士等倡导发起追悼会。11 月 30 日追悼会当天，各界人士将近千人，主办者向来宾散发了李超的遗像和胡适撰写的《李超传》，陈独秀、胡适、蔡元培、李大钊、蒋梦麟、梁漱溟、黄日葵、罗家伦、张国焘等人发表演讲。追悼会前后，《晨报》《申报》《新潮》《大公报》《少年中国》《民国日报》等多家媒体对此展开了集中报道，从而使李超之死成为舆论焦点。

一个女学生的个人悲剧，何以小题大做，进而演变成社会公共事件？李超的个体经验在向公共空间转化的过程中，究竟是哪些因素在起作用，成就了李超事件在中国女权运动史上的经典性？这些问题与李超事件本身的价值及传播过程等因素有密切的关系，值得深入研究。因此，笔者打破集中探讨李超事件与妇女解放关系的研究框架，力图从传播学视角解析李超事件的传播过程。当然，传播过程是极其复杂的，笔者着力解析关键要素及相互间的关系以管窥李超事件的传播全程。

## 一 李超事件的传播者

传播者即传播内容的发送者，主要解决"传播什么"和"如何传播"，因此，它是传播过程的控制因素。李超事件的传播者包括李超本人及其在女高师、北大的同学和同乡、五四新文化知识分子群体、部分报刊编辑等。不同的主体为李超事件的传播进行了殊途同归的努力。

李超出生于广西苍梧一个家产不菲的大家庭，由于父母早逝无子，故过继嗣兄李惟琛以续香火，并继承家产。李超自幼接受家塾教育，颇

---

① 本文已发表于《近代中国》第 23 辑，上海社会科学院出版社 2014 年版，第 333—348 页。

具才情。民国初年，女学倡兴，她考入了梧州女子师范学校，并以优异的成绩毕业。苦于毕业后"学无师承终难求益"，李超遂决定求学于广州，"以趁此青年，力图进取"。① 遗憾的是，握有经济支配权的李惟琛并不支持她外出求学，并拒绝支付学费。李超只能靠家人的私下帮助前往广州以实现自己的求学理想。只是广州的学堂令她不甚满意，在朋友梁惠珍的鼓励下，她决定去北京女高师进一步深造。此举不仅遭到其兄李惟琛的坚决反对，就连一向支持她的嫂子也被迫断绝对其的经济支援。最终在姐夫欧寿松等的接济下，李超才得以在北京女高师旁听，后改为正科生。读书期间，李超一直承受着家中因其上学及婚姻问题而产生冲突的巨大压力，终因肺病不治而客死他乡。

李超矢志求学的经历，表明了她不断增强的女性主体意识，但囿于"家丑不可外扬"的旧思想，她生前很少与外人谈及自己的家事和遭遇，终究一个人无法承受来自家族、家庭从经济和精神方面所施加的重压。直至李超死后，朋友在整理遗稿时才发现其与家人、朋友的诸多通信，从而为人们了解其遭遇和心路历程提供了珍贵的第一手资料。

作为李超事件的第一传播者，李超本人较为沉默，但幸运的是她结识了一批敢于力争女权的朋友。李超去世后，她的同学和同乡"重其学行，悲其遭遇而慨陋俗之难除"②，一方面作《李超女士行状》发表于《晨报》以警策世人，同时将其遗稿分类编记，呈交时在北京女高师代课的老师胡适，请他为李超写点文字；另一方面决定举行李超追悼会，希望得到更多的社会关注。尽管这些青年学生对李超之死的解读是一种再创造，但如果没有他们的宣传和努力，李超生前的经历和悲剧命运将无法在公共空间得以呈现，并引发社会各界对她的关注。

综观李超事件，它之所以能成为五四时期妇女解放的标志性事例，主要在于其占据了天时、地利及人和：所谓天时，指李超之死正值五四新文化时期，有识之士倡导人的解放和改良家庭制度，妇女解放的热情亦不断高涨；所谓地利，指李超事件的发生地北京女高师，位于新文化运动的腹地，与北京大学相比邻，积极致力于女权运动，因此这种得天独厚的地理位置为李超事件的传播提供了良好的文化和

---

① 胡适：《李超传》，《新潮》1919 年第 2 卷第 2 期，第 267 页。
② 《李超女士行状》，《晨报》1919 年 11 月 15 日第 6 版。

舆论环境；所谓人和，指李超之死不仅震动京城，更让倡导妇女解放的新文化知识分子群情激愤。以蔡元培、胡适、李大钊、陈独秀为代表的北京学界积极参与李超事件，从而使该事件迅速升温，成为公开讨论的热点话题。

对新文化知识分子群体而言，李超短暂一生中最值得关注的，便是她的求学精神、婚姻问题和家庭状况。因此，他们对李超事件的传播实际上就是对该事件的重新建构和解读，以达到共享和巩固新文化运动成果之目的。

李超从广西家乡辗转来京求学的过程，展示了其以学识为重的自觉意识和力图进取的奋斗精神，这种具有积极意义的人物和事例被新派知识分子视为模范。如蒋梦麟认为追悼李超的意义在于发扬其奋斗的精神，"李超女士在世虽不久、他倒真能利用他的生活、在人生奋斗史上、立一个纪念。这是可作一个好榜样的。"[1] 胡适亦赞叹李超"个人的志气可使人发生怜惜敬仰的心"[2]，同时倡导社会关注女子教育问题。

李超之所以矢志求学，不仅在于其"深痛神州女界之沉沦，亟欲有所建树"[3]，还在于婚姻问题的不如意。1915年其兄为赋闲在家的李超订婚，对此她并未反对，只是因为定亲对象不爱读书，遂与之解除婚约。对于婚姻问题，李超曾有一番解释：

> 妹来时曾有信与家兄，言明妹此次北来，最迟不过二三年即归。婚事一节，由伊等提议，听妹处裁。至受聘迟早，妹不敢执拗，但必俟妹得一正式毕业，方可成礼。盖妹原知家人素疑妹持单独主义，故先剖明心迹以释其疑。[4]

从这段自白中可以看出，受新教育、新思想影响的李超，期望在婚姻选择上有一定的自主权，但同时又不免要顾及家人的提议，这种新思想和旧道德之间的矛盾使她备受煎熬。为逃离旧家庭的束缚，李超毅然北上求学。从这个角度看，"李超北上"与五四时期不断被言说的"娜

---

[1]　《李超女士追悼会之演说词》（续），《晨报》1919年12月22日第5版。
[2]　胡适：《李超传》，《新潮》1919年第2卷第2期，第267页。
[3]　《李超女士追悼大会启事》，《晨报》1919年11月19日第1版。
[4]　胡适：《李超传》，《新潮》1919年第2卷第2期，第272页。

拉出走"，有着一定的相似性。反观胡适所撰写的《李超传》，并未有李超曾经订婚的记载，而是突显其家庭的黑暗残暴。这种处理方式显然是胡适对李超事件的自我解读，以期将李超塑造为现实社会中敢于反抗封建家庭的"娜拉"式女英雄的形象。

此外，新文化知识分子特别注重李超事件中的家庭问题。胡适在《李超传》中针对家庭方面提出了三个发人深省的问题：一是家长族长的专制；二是女子承袭财产的权利；三是有女不为有后的问题。李超追悼会的发起人叹息其"不幸受家庭之虐待，横被摧残"，故举行追悼会"俾慰女士之灵聊以作生者之气"。①

此外，部分报刊编辑的参与推动了李超事件由个人悲剧向公共事件转变的进程。《晨报》《大公报》《申报》《民国日报》《新潮》等围绕该事件进行的报道，引发了公众对此事的关注。其中《晨报》编辑对于北京女高师校长毛邦伟"独未至且无挽联"的行为，以及向筹备处表达"该校前故学生向无追悼会"的态度表示不满，认为"该校当局竟忍出此言亦可谓别具心肝者矣"。②

综上，李超事件的传播可谓"一个事件，多种声音"，传播主体的多元化决定了传播内容的多层次和传播媒介的多样化。在李超事件的诸多传播者中，新文化知识分子群体因其人脉和见识而成为领袖，能够引导和影响其他传播主体的观点和态度，具有强大的号召力和深刻的示范作用。如胡适借《李超传》"向旧家庭旧社会作一种示威活动"③，李超追悼会发起人所撰写的启事奠定了"不幸受家庭虐待，横被摧残"④ 的基调，会场上的言论也多与此相关："无不叹旧家庭之残暴，表同情于奋斗之女青年。"⑤

## 二　李超事件的传播内容

李超作为一个早逝的普通女性，生前并无显赫事迹，死后却备受社

---

① 《李超女士追悼大会启事》，《晨报》1919 年 11 月 19 日第 1 版。

② 《昨日李超女士追悼会情形》，《晨报》1919 年 12 月 1 日第 3 版。

③ 王光祈：《改革旧家庭的方法》，《晨报》1919 年 12 月 2 日第 7 版。

④ 《李超女士追悼大会启事》，《晨报》1919 年 11 月 19 日第 1 版。引文标点系笔者所加。

⑤ 《昨日李超女士追悼会情形》，《晨报》1919 年 12 月 1 日第 3 版。

会关注，显然是醉翁之意不在酒。不同的传播主体所传播的内容因思想、社会身份、性别等不同而呈现出一定的差异。

李超事件的发生极大地震惊了新文化运动主将，他们视李超事件为一个解读妇女和家庭问题的样本，从而引发了对妇女解放和社会改革的反思。考察新派知识分子围绕李超事件所展开的论说，不仅显示了他们的妇女解放思想，亦可发现新文化阵营在五四运动之后的思想分歧渐趋明显。

李超事件发生时正值胡适为北京女高师国文部的哲学兼职教员，因而他能较早地关注它。在阅读《李超女士行状》及其生前书信后，胡适撰写了《李超传》。他之所以替一个素不相识的可怜女子作了一篇六七千字的长传，是因为"他的一生遭遇可以用做无量数中国女子的写照，可以用做中国家庭制度的研究资料，可以用做研究中国女子问题的起点，可以算做中国女权史上的一个重要牺牲者"①。胡适在撰写《李超传》之前，一直主张妇女解放首先是女性作为"人"的解放，提倡女子自立精神，反对家庭专制，并认为女子教育是妇女解放的重要途径。在此思想的指引下，《李超传》主要是围绕李超家庭成员的经济利益和思想冲突组织材料，最终提出李超事件有两大方面的问题值得思考：一是女子教育问题，二是家庭制度问题，这些都是胡适妇女解放思想的要点，借李超事件得以阐释和传播。

上述胡适对李超事件的传播主要侧重于女性方面，而蔡元培认为李超事件所反映的问题不仅限于女子一方，而是男女双方都有同样的问题，为此他提出了较为具体的总解决方法：其一，就经济问题而言，李超是不公平的财产制度的牺牲者，因此要改变经济组织，实行各尽所能、各取所需的公则；其二，就教育问题而言，大到改变教育制度，使义务教育推广至中高等教育阶段，小到设立教育基金会以资助贫困学生，减少他们的求学障碍。② 相比胡适关注李超事件所反映的问题而言，蔡元培更注重这些问题的解决。虽然他所提出的部分建议带有一定的理想色彩，但反映了其力求解决社会问题的觉悟。

深受新村主义、泛劳动主义和互助论影响的王光祈，则通过李超事件来宣传工读互助主义。他认为李超追悼会"不是开会追悼李超女士。

---

① 胡适：《李超传》，《新潮》1919 年第 2 卷第 2 期，第 274 页。
② 《李超女士追悼会之演说词》，《晨报》1919 年 12 月 13 日第 7 版。

是我们借个题目向旧家庭旧社会作一种示威运动。所以我们不必怎么样赞叹李超女士的奋斗。亦不必怎么样批评旧家族的制度。我们应该有一种家庭革命的实际运动。救出现在将死未死的女子"①。王光祈主张成立工读互助团，使男女青年养成一种工读互助的习惯，并指出这是改革社会的起点。令人欣喜的是，他的设想最终被付诸实践。1919 年底，王光祈在北京成立了国内第一个工读互助主义团体——北京工读互助团；翌年，北京工读互助团第三组——北京女子工读互助团应运而生。虽然工读互助团好景不长，但他这种敢于行动的勇气弥加珍贵。

陈独秀强调李超之死，"不是个人问题，是社会问题，是社会底重大问题"②，并由此看出社会制度的两大缺点：一是男系制，二是遗产制。他通过进一步考查男系制和遗产制的发展历史，指出俘虏制度和私有制度是二者的历史根源。那俘虏制度、私有制度的根源又来自何处呢？陈独秀认为"如照社会心理学之所言、此种恶习皆由于人类占有冲动、与劫夺本能。强国压迫弱国，尊长压迫卑幼；男子压迫女子；男子压迫男子；女子压迫女子（虐待儿妇虐待婢女之类）皆此等冲动与本能所使然"③。由此可见，陈独秀的妇女解放思想虽说在五四运动后逐渐受到马克思主义学说的影响，更加关注妇女解放与社会制度的关系。但论及李超事件时，他对于妇女解放的论述又不免受唯心主义历史观的影响。可见在此阶段，陈独秀仍处于由资产阶级民主主义向马克思主义转型的时期。

针对胡适、蔡元培、陈独秀等只提出李超事件所反映的问题并要求解决问题的做法，梁漱溟提出疑问："这种指点固是不可少的、但是我们怎样方感觉这桩事成个问题呢？怎样方觉得急迫非想法子解决不可呢？"④ 显然，与其他人注重从现实层面解读李超事件不同，梁漱溟更专注从人生哲学的角度解析李超事件。

梁漱溟认为在人的情感、欲望、知识与行动的关系中，人的情感是最基本、最强烈的。人的动作不是知识让它动作的，而是欲望和情感使之前行。从这个角度思考问题，他认为陈独秀提出的省克人类占有性是

---

① 王光祈：《改革旧家庭的方法》，《晨报》1919 年 12 月 2 日第 7 版。
② 独秀：《男系制与遗产制》，《新青年》1920 年第 7 卷第 2 号。
③ 《李超女士追悼会之演说词》，《晨报》1919 年 12 月 13 日第 7 版。
④ 《李超女士追悼会之演说词》（续），《晨报》1919 年 12 月 22 日第 5 版。

个消极的方法，而涵养与发挥情感才是人类解放和妇女解放的积极道路。梁漱溟提出的涵育情感以谋求解放，实质上是一种注重自身情感的自我解放，具有一定的道理。虽然个人情感对自我解放有重要意义，但不能忽视知识和理智的作用。人类的解放，不仅离不开主体自身的解放，同时还需要和社会解放联系在一起。因此，梁漱溟的观点又具有一定的局限性。

对于梁漱溟所提到的"到会的女宾很少、想是女子的情感薄弱、所以不能在社会活动"①，女高师学生代表孙继绪并不赞同，她认为不能忽视由教育所得的知识对妇女自身解放的重要影响，"要女子在社会上活动、必定要先使他有这种能力、这种智识"，"若要有这种判断的能力、必定要受充足的教育"，所以"我们要求女子与男子平等、必定要先要求教育的平等"。② 此外，孙继绪注重从女性经验出发分析李超事件，认为妇女自身解放还深受历史传统和旧思想的影响：一方面，现在中国女子的智识不如男子，"亦是数千年社会制度所养成的"；另一方面，李超之死在于她未能打破"家丑不可外扬"和"以穷困为耻"这两种观念。

### 三　李超事件的传播媒介

在传播学中，媒介是传播信息符号的载体，是传播内容的必经之路。具体来说，传播媒介有口语、文字、多媒体、仪式等形式。在李超事件的传播过程中，口语、文字、仪式等多种媒介形式对该事件的传播产生了深刻影响。

首先，口语传播是解读李超事件的主要表达途径。不同传播主体间的相互交流、论说或讲演，因其生动、亲切而易于打动接收者，有利于感情的联络和信息的共享。如胡适、蔡元培、陈独秀、梁漱溟及女高师学生对李超事件的讲演，"均淋漓尽致。全场感动。满座恻然。无不叹旧家庭之残暴。表同情于奋斗之女青年"③。此外，胡适在女高师代课期间，曾对班上的学生说过，他所做的《李超传》比《史记》的《汉

---

① 《李超女士追悼会之演说词》（续），《晨报》1919 年 12 月 22 日第 5 版。
② 《李超女士追悼会之演说词》（续），《晨报》1919 年 12 月 22 日第 5 版。
③ 大壑：《李超女士追悼会纪略》，《大公报》（长沙版）1919 年 12 月 6 日第 3 版。

高祖本纪》《项羽本纪》还要有价值得多。据苏雪林回忆："我们那时都把《史记》看成天下第一的著作，胡先生居然说他的文章胜过《史记》，岂非荒天下之大唐吗？但胡先生文出，女子要求承继遗产权者相继不绝，宪法为之修改，效力果然大极，谓胜过《汉高祖本纪》《项羽本纪》，绝非夸诞之辞。①"

其次是文字传播。书籍、报纸、期刊等印刷媒介对李超事件的传播起到了十分重要的推动作用。尤其是《晨报》《益世报》《大公报》《申报》《民国日报》《新潮》等围绕该事件进行的报道，使之成为舆论焦点。以《晨报》为例，其对此事的报道最详、持续时间最长、影响最大。1919年11月15日，《晨报》刊登《女高师追悼会预闻》，并附上《李超女士行状》，拉开了对其追踪报道的序幕。11月18日，《晨报》报道了《李超女士追悼会已定期》一文，宣布11月30日在女高师学校开追悼会。从11月19日—11月26日，《晨报》连续数日在头版刊登《李超女士追悼会启事》，展开对李超追悼会的密集宣传。11月30日，刊登了《李超女士追悼会筹备处启事》，并附上李超的半身照片②，以图文并茂的形式增强报道的视觉效果。12月1日，《昨日李超女士追悼会情形》详细报道了追悼会的过程，并专载胡适的《李超传》，从而扩大了这篇解读李超事件的范文在社会上的影响范围。12月13日、17日、22日陆续刊登了《李超女士追悼会之演说词》，使讲演者的思想突破追悼会而走向社会大众。12月31日，《晨报》以《李超女士之葬礼》一文结束了对李超事件的报道。可见，《晨报》对李超事件承载的信息较多，由于发行量较大且保存时间较长，对李超事件起到较好的传播效果，直到如今仍是学者们研究李超事件的重要资料来源。

再者是仪式传播，即一种借助特殊的空间，以仪式为媒介来表达象征意义和共享文化的传播活动，如纪念会、追悼会等。通常追悼会"是真情流露的，是可以感动人的。痛哭虽是消极的，然而也足以在无形里使学生们感得人间的真情，于情感教育上也有若干的效果"③。下面以

① 苏雪林：《苏雪林自传》，江苏文艺出版社1991年版，第38页。
② 照片的标题为"本日学界开会追悼之李超女士"。李净昉在《性别视野中的女学生之死——以五四时期李超为中心》，《妇女研究论丛》2007年第5期中误认为是"日本学界开会追悼之李超女士"，并由此指出该事件已经在海外产生了一定影响。经笔者查证，照片的标题实为"本日学界开会追悼之李超女士"，参见《晨报》1919年11月30日第3版。
③ 俞子夷：《出殡追悼会等之教育的价值》，《教育杂志》1924年第16卷第3期。

李超追悼会为例，详细阐释这种仪式传播的过程和作用。

## （一）李超追悼会的空间生成与构建

追悼会即为在特定场所悼念死者的仪式活动，追悼会空间的形成离不开人的因素，并能体现出追悼会筹备人员的思想和行为。李超追悼会的发起人①在《李超女士追悼会启事》中不仅简介了李超的生平，而且带有为李超鸣不平的感情色彩，认为她因"不幸受家庭之虐待，横被摧残"，"闻者莫不同深痛悼"，因而筹备追悼会"俾慰女士之灵，聊以作生者之气"①。那筹备者是如何创造一个能感知、体验的空间，在寄托哀思的基础上更能领悟追悼会的内涵和意义？笔者认为，这主要是通过追悼会外部空间位置和内部空间布局的组合来实现的。

追悼会场之所以定在李超的母校——北京女高师，是因为李超事件本身在妇女和社会问题方面的价值与北京女高师的教育内涵和模范地位有着密切的联系。北京女高师作为近代中国第一所国立女子高等学校，注重培养具有新知的女性师资，并在五四运动及其后的妇女解放中起到先锋作用。李超之死恰发生在这样一所"开风气之先"的高校，这种出乎意料但又在情理之中的反差使得李超事件非常值得玩味。因此，筹备处建追悼会场于女高师，借女子高校所独具的文化影响和性别意义以引发社会关注。

至于追悼会场的内部空间布局，据《晨报》的相关报道："该校会场本不甚大，故筹备处不得已特发男宾入场券，稍事限制。然是日莅会者仍甚多，男女约共千人以上，会场几无容足地。赠送诗文挽章者不下三百余份。会场大门及马路大门均紮彩花，会场东首紮彩棚一座，中置李女士遗像，上有蔡孑民先生所题'不可夺志'横额一幅，左右置花

---

① 发起人共54人，分别为周绍昌、李大钊、陈钟凡、胡适、蔡元培、毛邦伟、伍树芬（女士）、吴弱男（女士）、赵炳麟、关冕钧、李济深、梁漱溟、李□超、林炳华、周家彦、林世焘、梁昌诰、秦树忠、黎桂森、林伯启、叶镜潞、罗振英（女士）、王兰（女士）、胡学恒（女士）、彭梦民（女士）、罗家伦、黎启祥、康白情、杨葆俊（女士）、胡瑛（女士）、陶玄（女士）、刘韵琴（女士）、雷奋甲、黄士嘉、李家荣（女士）、王绪贞（女士）、孙雅平（女士）、蒋粹英（女士）、顾翙娴（女士）、王宗瑶（女士）、林伯铭（女士）、黄日葵、梁运曦、区譓、区家达、韦奋鹰、黄琮、陆善焜、谢起文、覃怀林、梁文瀚、梁惠珍（女士）、陈瀛、苏甲荣。以上名单可参见《李超女士追悼大会启事》，《晨报》1919年11月19日第1版。

① 《李超女士追悼大会启事》，《晨报》1919年11月19日第1版。引文标点系笔者所加。

圈二十余。会场中并散发女士遗像及胡适之先生所撰传。"① 由此可见，由于会场空间不大，筹备者只能在有限的空间内以简单、醒目的方式突显追悼会主题。一方面，在黑白主色调设计中饰以彩色，形成鲜明对比，让人产生强烈的视觉冲击力和心理感染力，"生与死"的意境得到极好地彰显；另一方面，追悼会场内部的彩棚、遗像、横幅、花圈、挽联、传单等在吸引参会者注目的同时，亦将会场分割成特定的不同空间，追悼者可通过感知这些空间以体味其所蕴含的象征意义。彩棚中间李超女士的遗像和"不可夺志"的横幅，以图文并茂的形式远距离地勾勒出李超女士的精神魅力；会场中散发的李超女士遗像和《李超传》，则以情景交融的方式拉近了追悼者与李超生平经历的距离，在此引导和感知下，参会者逐渐意识到李超事件所反映的妇女和社会家庭问题。通过上述的用心构建，李超追悼会被塑造成一个悼念李超、传播妇女解放思想的记忆空间。

（二）李超追悼会的仪式时间、内容和话语

追悼会空间的生成和构建对于李超事件的传播起到了十分重要的作用，但"这个场所为什么重要，这个事件为什么需要记住，这些都需要通过某种仪式清楚地告诉人们"②。因此，李超追悼会中的仪式活动同样是传播李超事件的重要媒介。

李超追悼会的仪式内容大致如下：（1）奏乐；（2）追悼会主席周家彦致开会词；（3）全体行三鞠躬礼；（4）读祭文；（5）奏乐；（6）女高师国文班同学唱追悼歌；（7）同乡李某报告李超女士事略；（8）来宾演说；（9）主席宣布闭会；（10）全体至广场合影留念。③ 追悼会运用乐曲、祭文、报告、演讲等多种形式营造庄严肃穆的气氛，增强会场的感染力。参与仪式的追悼者共约千人以上，"全场感动，满座恻然，无不叹旧家庭之残暴，表同情于奋斗之女青年"④。

综上内容主要从仪式的组织结构方面作了分析，此外研究仪式的语言即仪式上演说者的话语，对于整个仪式的解读也是相当重要的，详

---

① 《昨日李超女士追悼会情形》，《晨报》1919 年 12 月 1 日第 3 版。引文标点系笔者所加。
② 转引自黄东兰主编：《身体·心性·权力》浙江人民出版社 2005 年版，第 122 页。
③ 《昨日李超女士追悼会情形》，《晨报》1919 年 12 月 1 日第 3 版。
④ 《昨日李超女士追悼会情形》，《晨报》1919 年 12 月 1 日第 3 版。

见表。

**1919 年李超追悼会主要演讲者及其演讲内容一览表①**

| 演讲者 | 身份 | 演讲内容 |
|---|---|---|
| 蔡元培 | 北京大学校长 | 提出解决不幸问题的方法：一是改变经济组织，实行"各尽所能、各取所需"原则；二是改变教育制度，中高等教育实行义务教育，设立教育基金会。 |
| 陈独秀 | 国史馆编纂 | 李超由于社会制度的压迫而死，而此种不良社会制度是俘房制度和私有制度发展的结果。私有制度的根源则在于人类的占有冲动和劫夺本能。 |
| 梁漱溟 | 北京大学教授 | 反对陈独秀的"占有冲动说"，认为涵育情感是人类解放和妇女解放的积极道路。 |
| 蒋梦麟 | 北京大学教授 | 李超追悼会实为奋斗精神的纪念会，号召用奋斗精神改革旧家庭和旧社会。 |
| 孙继绪 陶玄 | 北京女高师学生 | 反对梁漱溟的"涵育情感说"，认为知识在妇女解放中同样有作用，因此要求男女教育平等。同时要求女性打破"家丑不可外扬"的旧观念。 |

由表可见，追悼会上讲演的内容并不是形式化、固定化的悼念性语言，而是关于妇女问题的讨论。讲演者根据自身的经验和思想从社会制度、人生哲学、心理学等不同角度解读李超事件，在影响彼此的同时也引导了其他参会者的想法，从而实现殊途同归——共享新文化运动主张，倡导社会改革和妇女解放。

## 四　李超事件的受传者

受传者是传播过程的终点，也是传播内容的接收者。对于李超事件而言，受传者人数众多，差异显著，目的多样，动机复杂。因此，笔者主要针对李超事件中几类重要的受传者进行分析。

---

①　据《李超女士追悼会之演说词》，《晨报》1919 年 12 月 13 日第 7 版、《李超女士追悼会之演说词》（续），《晨报》1919 年 12 月 22 日第 5 版及《昨日李超女士追悼会情形》，《晨报》1919 年 12 月 1 日第 3 版内容整理所得。

一是青年学生。李超之死极大地震动了北京女高师的学生：一方面李超矢志求学的奋斗精神为她们树立了一个好榜样；另一方面通过新文化运动主将对李超事件的解读，女高师学生对妇女解放运动和社会家庭制度有了更为深入的思考，并付诸一定的行动。据程俊英回忆，"李超的死和追悼会，给我班的刺激很大，激起了反封建婚姻的怒潮"，"冯沅君同学带头和几岁时在河南订婚的未婚夫退婚，其他同学纷纷响应"①。当庐隐得知好友王世瑛因与郑振铎相恋而遭到家庭反对时说："父母之命、媒妁之言的时代已经过去了，婚姻自主，李超就是我们的好榜样！"②

此外，李超事件还引发了青年学生对有关妇女解放问题的深入讨论。除孙继绪、陶玄在李超追悼会发表有关妇女解放的讲演外，女高师其他学生及北大学生在会后积极参与相关命题的探讨。北大学生郭梦良受蔡元培所提的设立教育基金会的启发，主张设立"女子成美会"作为当时妇女解放的一个急救方法。③对于设立"女子成美会"，庐隐也表示赞同，希望这个与妇女有密切关系的组织，应由妇女自身解决。④

总之，青年学生因受新文化、新思想的影响，对李超事件所反映出的问题进行了深刻的反思，批判旧社会制度、家庭婚姻、两性关系的不合理性，提倡民主、科学的新生活。这不仅表明青年学生作为受传者对传播内容的基本认同，而且表明李超事件在学生群体中取得了较好的传播效果。

二是教育界人士。1920年，李超事件的影响波及她的家乡广西。梧州女子师范讲习所在市学联和知名知识分子的支持下，于省女师操场举行了李超女士追悼会。其规模可谓盛况空前，"各界人士莅会者不下万人，挽歌诗联四五百轴"⑤。其中"省二中校长陈柱还登台发言，鼓励女生积极参加妇女解放运动；梧州学会长杨文照和各校学生代表先后登台发言，一致赞扬李超女士反抗封建礼教、争取妇女解放的斗争精

①　程俊英：《回忆女师大》，载朱杰人、戴从喜编《程俊英教授纪念文集》，华东师范大学出版社2004年版，第350页。

②　程俊英：《回忆女师大》，载朱杰人、戴从喜编《程俊英教授纪念文集》，华东师范大学出版社2004年版，第301页。

③　梦良：《"妇女解放"一个救急方法》，《晨报》1920年2月4日第7版。

④　卢隐女士：《"女子成美会"希望于妇女》，《晨报》1920年2月19日第7版。

⑤　《粤梧追悼李超女士纪闻》，《晨报》1920年2月14日第6版。

神，表示热烈拥护妇女的解放运动"①。浙江奉化进化小学校的教员任希贤在读罢《李超传》后，"心中同时起了'可惜''可恨'的二种感情"②：可惜的是李超矢志求学却抱憾病逝；可恨的是旧家庭制度的黑暗残暴。可见，李超事件的社会影响已突破地域界线，从而使更多的受传者接收到传播主体对妇女解放和社会改革的理念。

## 五　结语

综上所述，李超事件从个人悲剧到公众焦点的发展过程，是该事件不断被解读和重构的过程，也是一个复杂的传播过程：从最初李超的个人主体经验，经不同传播主体筛选和重构生成了不同的传播内容，这些信息或符号又通过不一样的传播媒介传递至接收者。李超事件的经典性，不仅在于其本身所蕴含的妇女、解放、社会、家庭、改革等因素与五四时期的主流文化形态关系紧密，而且还在于其不断被建构的传播过程深化了历史影响，强化了社会记忆，成就了其在中国近代妇女解放史上的典型性。

---

① 陆雄林：《李超女士追悼会》，中国人民政治协商会议苍梧县委员会文史资料编辑室编：《苍梧文史》（第2辑），1986年版，第70页。
② 任希贤：《读李超传》，《学生文艺丛刊》，1926年第3卷第5期。

# 后　记

　　这本书是我在博士论文的基础上修订而成的，凝聚着一份深深的情缘。

　　2010年秋天，我考入了心仪已久的北京师范大学，追随郑师渠教授攻读历史学博士学位。在他的指导和督促之下，我锁定了"北京女高师与五四时期的社会文化"作为博士论文的选题。这不仅接续了我在硕士研究生期间开始的对中国近代女性文化的研究，而且有助于深化我对母校北京师范大学的历史认知和情感认同。

　　感谢博士导师郑师渠教授。他对我博士论文的写作给予了悉心指导、宽容理解以及鼓励支持。博士论文从选题开题到成稿答辩，无不凝聚着他的辛劳和心血。郑老师深厚的学术功底、认真负责的学术态度及敏锐的学术洞察力使我受益匪浅，我会铭记他所教导的治学态度以及为人处世的道理。同时还要感谢李帆、王开玺、孙燕京、李志英、张昭军等诸位老师，对于他们给予我的关照和学术启发，在此一并致以最真诚的谢意！

　　感谢我的硕士导师田海林教授。从2006年至今，田老师始终在学习、生活和工作等方面给我深切的教导和关怀。今天我在学术道路上的一点点成长，首先归功于田海林老师的严管厚爱和大力支持。

　　感谢北京师范大学档案馆、图书馆的工作人员，在查阅资料中他们给予我极大的帮助。

　　感谢中国社会科学出版社的伊岚女士。为了此书的出版，她费心尤多，向我提出很多中肯建议，她的敬业和专业令我感动。

　　感谢我的婆婆、丈夫及儿子对我的关爱和支持，他们带给我许多的力量和责任。尤其要感谢从小抚养我长大、供我上学读书的爷爷、奶奶，我把这份作品献给他们，愿他们在天堂一切安好！

王　芳

2021 年 6 月　贵阳·花溪